ちくま文庫

# 世界漫遊家が歩いた明治ニッポン

## 忘れられた日本の姿

中野明



筑摩書房

# 目次

【グローブトロッター（*globetrotter*)】
世界のあちこちを頻繁に旅行する人々。世界漫遊家。

# 世界漫遊家《グローブトロッター》が歩いた明治ニッポン

# 序章

# 80日間世界一周の時代

*Age of "Around the World in 80 Days"*

## ジュール・ヴェルヌの人気小説

フランスの作家ジュール・ヴェルヌには著名な作品が多数ある。1872年に「ル・タン」紙上で連載され、翌年単行本として出版された『八十日間世界一周』もその一つと言ってよい。

この作品は、80日間で世界一周が可能だと主張するイギリス貴族フィリアス・フォッグ卿が、友人たちと議論するシーンが話の発端となる。このフォッグ卿という人物、几帳面を絵に描いたような男で精巧な時計の針のように正確に行動するのがモットーだ。また常に冷静沈着で窮地に陥っても状況を的確に判断し最善の選択ができる頭脳をもつ。そんなフォッグ卿が80日間で世界一周が可能か否か、友人と2万ポンドを賭けることになり、その日のうちにフランス人従者パスパルトゥーを従えて旅に出るのであった。

1872年10月2日20時45分、ドーバー行きの汽車でロンドンを出発したフォッグ卿は、パリを経てイタリアからスエズを経由してインドに向かう。鉄道や象の背中に乗って陸路を進み、再び海洋に出てシンガポール、香港、日本へと至る。これが11月13日のことだ。さらに太平洋を渡ってサンフランシスコ、鉄道や奇妙な乗り物を乗り継いでニューヨークに至ってそこから大西洋を渡る。いわゆる東回り航路を用いて世界一周を敢行したわけだ。

この間、フォッグ卿は万事休すかと思う事件に繰り返し遭遇する。もちろんそれらをここでいちいち説明するのは筋違いというものだろう。本国に戻ったフォッグ卿は約束の場所であるロンドンの革新クラブに急行する。しかし彼がそこに到着したのは12月21日20時50分である。約束した時間よりも5分オーバーしてしまった。しかし、この12月21日という日付は、ある理由から実際には12月20日だった（理由についてはのちにお話しする）。結果、フィリアス・フォッグ卿は2万ポンドの賭けに勝つ、というのが小説のあらましである。

『八十日間世界一周』の連載が「ル・タン」紙上で始まると、新聞の売り上げは誰が見ても明らかなほど上昇したという。しかもヴェルヌは12月21日を目指して旅行するフォッグ卿の行程と実際の日付を連動させる、という演出も施した。そのため読者はあたかも我が身が80日間で世界一周をしているかのように、自分自身をフォッグ卿に投影できたわけだ。

そのあまりの人気ぶりに大手船会社の代表がヴェルヌを訪れ、フォッグ卿に自社の汽船を利用してほしいと申し出たという。これは現在で言うプロダクト・プレイスメントという広告手法の提案にほかならない。もっともヴェルヌはこうした誘いを一切断っている。連載終了後、『八十日間世界一周』は単行本として刊行され、その売り上げは10

万部を超えた。また、劇化もされてこちらも大人気を博す(1)。

これほどの人気を得た『八十日間世界一周』は、もちろん作家ジュール・ヴェルヌの筆力によるところが大きかった。実際に読み出すと止まらない面白さだ。しかし、その筆力に加えて、ヴェルヌが選択した「世界一周」というテーマの良さにも注目すべきだろう。

18世紀のイギリスではグランド・ツアーが流行した。これは学校を卒業した若い男性が、主にヨーロッパ大陸に向けて行った旅を指す。しかしこれは裕福な貴族の子弟に限られたもので、一般の欧州人にとって旅は決して身近なものではなかった。このグランド・ツアーも18世紀末にナポレオンが登場してヨーロッパ大陸が混乱すると下火になる。これが再び脚光を浴びるのはポスト・ナポレオン時代に入ってからのことだ。

その頃になるとグランド・ツアーの参加者は、イギリスだけではなくヨーロッパ諸国やアメリカの若者にも広がっていく。これに拍車をかけたのが交通機関の進展だ。特に蒸気船と蒸気機関車の登場は、グランド・ツアーの普及ばかりか旅行範囲の拡大も大いに後押しした。グランド・ツアーの対象は中東やアジア、アメリカ大陸、さらには世界一周へと広がっていく。加えて交通機関の発展は旅行の大衆化をも促すことになる。ツーリズムを一般に開放したあのトーマス・クックが登場し、団体旅行客を蒸気機関車に乗せて有名観光地に運ぶのは19世紀半ばのことだ。もはや旅行は若い裕福な貴族だけの専有物ではなくなった。これにともなってグランド・ツアーなる言葉も古い言葉になっていく。

また、交通ネットワークの面ではスエズ運河の開通も画期的な出来事だった。フランス人フェルディナン・ド・レセップスが１８５９年に着工したスエズ運河の開削は難渋を極めるも、１８６９年11月に完成を見る。これによりヨーロッパからアジアに向かう航路は、喜望峰を迂回する必要がなくなり距離と時間の大幅な短縮を実現する。航路の短縮は、当然汽船料金の低下を促し、結果、世界を股にかけた旅の一般化に拍車をかけた。またこの69年にはアメリカ大陸を横断する鉄道が全通している。世界の距離は一挙に縮まった。

こうした旅行事情の環境変化を的確にとらえたのが、またしてもトーマス・クックだった。69年にスエズ運河開通式参加ツアーを企画すると、72年には２２２日かけて世界を一周する旅行ツアーを企画する。このツアーではクック自身が添乗員となって同年9月26日にリバプールを出発した。しかもツアーの行程には日本も滞在地の一つに組み込まれている。

さらに注目したいのが、このクックの世界一周旅行が催された年だ。これはジュール・ヴェルヌが『八十日間世界一周』を新聞紙上に連載した年と奇しくも一致する。こうしてクックばかりかヴェルヌも、世間の旅行事情の変化をたくみにとらえて、「世界一周」をテーマにした小説、すなわち商品を投じたわけである。両人とも時代を見る目があった。

## グローブトロッターの誕生

交通機関の進展と低廉化――といっても庶民にとってはまだまだ高嶺の花ではあるが――は、旅行者の人口を確実に増加させた。そして、世界のあちこちを頻繁に旅行する人々を生み出した。そして19世紀も後半になると、こうした人々のことをこう呼ぶようになった。「グローブトロッター（globetrotter）」すなわち「世界漫遊家」と――。

今やグローブトロッターと言えば、旅行鞄のブランドを想起する人が多いかもしれないが、本来は右に述べたように「世界のあちこちを頻繁に旅行する人々」を指した。この言葉は明治期に出版された書籍にたびたび登場する。例えば、江戸末期から明治にかけて先端技術を我が国に取り入れるために雇用した外国人、いわゆる「お雇い外国人」の一人であるウィリアム・グリフィスは、１８７０（明治３）年に来日して早々、「すでに横浜では世界一周の観光客がふえ、一時はその数も非常に多くなり、特殊な階級と見なされるほどになった。港の俗な言葉でその人たちのことを『世界漫遊者』と呼んでいる(2)」と書いている。もちろん「世界漫遊者」とは「グローブトロッター（グリフィスはglobe-trottersとハイフン入りで表記している)[3]のことだ。グリフィスがグローブトロッターに言及しているのはこれだけで、個人的な感情や意見に基づく説明ではない。ただ、このグローブトロッターという語は、用いる人によって肯定的または否定的いずれかのニュアンスで語られることが多い。

例えばグローブトロッターの語を否定的に用いた場合、呼称の「トロット(早足で歩く)」に象徴されるように、ギャロップ(疾走)まではいかないものの、駆け足で旅をする通俗旅行家のニュアンスが強くなる。特に祖国から離れた遠い国に長期滞在する人々は、その国の表面だけをなでるように見聞して物知り顔をするグローブトロッターに対してあまりいい印象をもたなかった。

宣教師として日本に3度長期滞在し登山家としてつとに有名なウォルター・ウェストンもその一人だ。彼は著作『日本アルプスの登山と探検(Mountaineering and Exploration in the Japanese Alps)』の中で、グローブトロッターという言葉こそ使わなかったものの、「多勢の外国人が日本を訪れ、『一時間四十マイルの速さ』で走りまわり、(急行列車の平均時速はわずかにこの半分の速さなのに)、それからいそいで本国へ帰って、通りすがりに見てきたことで権威者ぶったり、印象記を書いたりする」[4]と記している。もちろん、時速40マイル(64・4km)で走りまわる外国人とはグローブトロッターへの皮肉にほかならない。

また、ドイツの鉱山学者で、お雇い外国人として1873（明治6）年に来日し、日本の鉱業を近代産業へ育てるのに大きな貢献をしたクルト・ネットーは、リンネの分類法にのっとってグローブトロッターを次のように分類している。(5)

最初は「通俗型グローブトロッター」で、最小限の費用で最大限の旅行を実現しようとする人々だ。この人たちは怪しげな紹介状を持って現れ、立ち去るときには方々に紹介状を書いてやらなければならない。次に「科学型グローブトロッター」で、こちらはある特別の科学目的のために旅行する人々を指す。手荷物の中には何十冊ものノートがあり、アルコールや青酸カリ、捕虫網を常備している。その次が「優雅型グローブトロッター」で、高官からの立派な紹介状を所持していて、領事や大使からも猟や宴会の招待を受ける。この人たちはその国が気に入れば滞在を延長するという気前の良さをもつ。続いては「独立型グローブトロッター」で、こちらは自分のヨットを所持していてたいがいは家族を同伴して旅行する。さしずめ日本を目的地とする場合、彼らはミカド（天皇）への謁見を目的にする。さらに「王侯型グローブトロッター」は由緒ある王侯貴族の一員でたいていは軍艦に乗ってやって来る。以上がネットーによる皮肉交じりのグローブトロッターの種分けである。(6)

日本人の中にもキリスト教伝道者内村鑑三のようにグローブトロッターに否定的な人物がいた。内村は自身が主筆になった新聞「万朝報《よろずちようほう》」に匿名で寄稿して、日本へやって来るグローブトロッターを「蠅」にたとえてこきおろしている。いわく「蠅がいなければ、世界はもっと幸福になるだろう。世界周遊家がいなければ、われわれ日本人は幸福この上ないだろう」と。(7)では、グローブトロッターがなぜ蠅なのか。グローブトロッターは短い滞在期間で得た無価値な印象や意見を書き記し、その多くが日本の実情を正しく反映しておらず、世界に間違った日本観を撒き散らしているからだ、と内村は言う。それから来日する大勢のグローブトロッターは日本人を恥知らずの蓄財家や売春婦に変えてしまっている点も内村にとって腹立たしい現実だった。つまり、グローブトロッターによる日本の誤った描写、そして彼らによる日本国民の堕落、以上は日本人にとって蠅と同様に大迷惑であると、内村はグローブトロッターについて言っているのだ。

もちろん、ウェストンやネットー、内村の意見とは反対に、グローブトロッターの語を肯定的に用いる人々もいる。中でも実際に世界を股にかけて旅行する人々がグローブトロッターと口にするとき、そこには明らかに前向きなニュアンスが含まれる。

例えばイギリスの商人で自らをグローブトロッターと称したアーサー・クロウは自身の旅行記の冒頭で「〝グローブトロッター〟という烙印のもと苦労しているしいたげられた人々と同じく、私も友人から甲乙つけがたい評価を受けてきた。しかし、グローブトロッターへの強固な否定的見解には十分な根拠がないように思う。少しでもそれを証明するために、私の漫遊記のせめていくばくかでも公にすることにした」(8)と述べて自らの日本旅行を記している。実際1881（明治14）年に悪戦苦闘しながら中山道を旅したクロウは、なかなかのグローブトロッターぶりを発揮した人物である。

また1899（明治32）年に来日したアメリカ人銀行家ウォルター・デルマーは、前述のネットーにふれながら、ネットーは重要な事実を見落としていると指摘した。すなわち「日本に在住する学者や教師、宣教師は、日本や日本人に対してあまりにも好意的な見解をもつため、彼らを著作の中で理想化する嫌いがある。一方、日本在住の貿易商は、日本や日本人に対してあまりにも非好意的な見解を語る傾向にある」という点だ。これに対して、「カーゾン(9)やヘンリー・ノーマン、(10)ラドヤード・キプリング(11)といった〝グローブトロッター〟が書いたものは、嬉しいことに中立性を保っており、日本と日本人を正しく評価している(12)」と述べて、デルマーはグローブトロッターの「正当性」を主張している。

## グローブトロッターはどんな旅をしたか

このように、グローブトロッターには賛否両論がある。そして、これらの意見が戦わされたのが明治時代だった。事実、クロウやデルマーのように多くのグローブトロッターが日本の土を踏み、多数の旅行記を残してその議論に拍車をかけた。もっとも本書は、グローブトロッターに対する肯定派・否定派、いずれの主張が適切なのかを判断することが目的ではない。いずれにもくみすることなく、それこそ中立の立場で、次の点を明らかにしたいと考えている。

明治ニッポンにやって来たグローブトロッターは多数の旅行記を残している。これを渉猟《しょうりょう》することでグローブトロッターが明治ニッポンをいかに旅行したのかがわかるだろう。この点を明らかにすることが本書の主目的である。さらにこの目的を達成することで一口にグローブトロッターといっても実際多様なタイプが存在したことが明らかになるだろう。欲を言えばネットーがグローブトロッターを分類したように、異なる観点でそのタイプを帰納的に定義できる基準を見いだせればなおよい。

また付随する目的としては、グローブトロッターの目に当時の明治という時代がいかに映ったかという点がある。そもそも当時を旅したグローブトロッターと同様、現代の我々も明治時代の日本人からすると異邦人である。地理的には同胞かもしれないが時間的には明らかに異邦であり、その点で当時を旅したグローブトロッターと共通点をもつ。グローブトロッターの目に映る当時の日本は彼らにとって驚きだったように、同じ異邦人である現代の我々にも驚きに映るはずだ。これは言い換えると、グローブトロッターの旅を提示するということは、その驚きを追体験するためのエクスカーション――クックが好んで用いた言葉で「小旅行」を意味する――を読者諸兄姉に提供することだとも言える。

一方、一口に明治時代といってもその期間は約44年間である。例えば2013年を基準に44年前を考えると、それは1969年になる。当時の経済は右肩上がりで、その翌年には大阪万国博覧会で盛り上がろうとする青年期の日本だ。現代とは文化・社会とも大きく異なる。当然同じことは明治にも言える。いやむしろ、極端な文明開化を旗印にした明治社会の大変化は、60年代から現代に至る変化よりも格段に激しかった。

特に旅行に焦点を絞った場合、この変化は日本という「未踏の地」が「割と普通の観光地」に変容する過程だったと言えよう。そしてこの変容は、明治のそれぞれの時期に来日したグローブトロッターの旅行記を比較することで記述が可能になるだろう。つまりグローブトロッターの目をとおしてこの変容を目撃すること、これが付随する二つ目の目的になる。

以上、主目的および二つの付随目的を達成するために本書では次の方法を用いた。まず、時代を明治に限定して当時日本を訪れたグローブトロッターの旅行記にできる限り幅広く目を通した。ただしこの中には明らかにフィクションを交えてストーリーを構成したものがあった。もちろんこれらは除外した(13)。同様に旅の記録ではなく、日本の歴史や文化、生活に焦点を合わせたものは、除外こそしないものの主たる資料にはしなかった。あくまでも眼目となる対象は、フィクションなしで当時の旅を記録したものである。

それから旅行目的以外で日本に長期滞在している人物による旅の記録も除外した。例えば、幕末から英国公使館の館員として日本に滞在し、やがて駐日英国公使になるアーネスト・サトウの旅行記などはその一つだ[14]。サトウは英国公使館員として活躍していた1872（明治5）年から82（明治15）年の間に、日本のあちこちを旅した記録をまとめている。旅行記として、また読み物としてとても面白い。しかしこれをグローブトロッターの記録として扱うのは無理があるだろう。なにしろサトウは、決して自分自身をグローブトロッターと定義しないに違いないからだ（彼ならば自分自身を外交官と定義したはずだ）。

同様の書き手は、先にもふれたウォルター・ウェストンや、大森貝塚を発見したエドワード・モースなど多数いる。もっともこれらの旅行記または日本滞在記は、先に示した付随目的に関する有用な情報を提供してくれる。したがってこれらについてはサブ資料として利用した。また同じく国賓扱いで来日した人物（ネットーの言う「王侯型グローブトロッター」）の旅行記についても、無視するわけではないけれど参考程度にとどめた。あまりにも一般的なグローブトロッターの旅からかけ離れたものだからだ。

以上を除外したとしても、グローブトロッターの残した記録は膨大な量にのぼる。これらにあたっていくと、本当にあくびが出る凡庸な記録がある一方で、度肝を抜かれるものも多数存在する。中には、世間ではほとんど日の目を見ることのなかった貴重な資料もある。

では、グローブトロッターが闊歩《かつぽ》した明治時代にさっそく分け入ることにしよう。いざ、エクスカーションの始まりである。

# 第1章

# グローブトロッターがニッポンの土を踏む

*A globetrotter takes a step to Japan*

## 75日間で世界一周は可能か?

トーマス・クックが世界一周ツアーを売り出し、ジュール・ヴェルヌが『八十日間世界一周』を書いて絶大なる人気を誇る。これが1872(明治5)年のことだった。実はこれとほぼ同時期に世界一周を80日、否、75日で実現できると主張しそれを文章として残した人物がいる。アメリカのエドワード・プライムだ。

プライムは1814年、ニューヨークで生まれた。聖職者でジャーナリストの肩書をもつプライムには肺の持病があり過去に何度か病床にふせることがあった。1869年にもこの症状が表れると、プライムは完璧な休息をとるべく夫人とともに世界一周の旅へ出かける。もっとも旅の目的は休息だけでなく、日本やインド、エジプト、パレスチナといった遠い国々の人々がどのような宗教生活をしているのかを視察するとともに、東方におけるキリスト教の布教状況についても自分の目で確かめたい、という思いがあった。

この世界一周の記録は1872年に著作『世界一周(Around the World)』として取りまとめられた。牧師である半面、ジャーナリストの顔をもつプライムである。この著作の冒頭でプライムは当時の世界一周旅行をジャーナリストらしい目で分析している。

それが世界一周は75日あれば実現できるという彼の主張だった。

その根拠はこうである。まずニューヨークからサンフランシスコまで汽車で6日間、ここから横浜を経由して香港まで汽船で27日間かかる。さらにカルカッタ（現コルカタ）まで汽船で12日間で、アラハバード経由でボンベイ（現ムンバイ）に至る鉄道の旅が3日間だ。ここからスエズには汽船で11日間、さらにパリまたはロンドンへは汽船と鉄道で6日間、そこからニューヨークに戻るには10日間かかる——(1)。確かにプライムの計算を合計すると、ちょうど75日になる。

もっとも彼の計算には、それぞれの土地での小旅行やトランジットに要する時間は含まれていない。したがってこれはあくまでも理論上の話であって現実はそうは問屋が卸さない。もちろんプライムもこの点は承知していて、旅行者の好みに応じた行き先や行き方を考慮したならばやはり1年のうち9カ月か10カ月は必要になるだろう、と述べている(2)。実際、プライムも世界一周に1年を費やしている。

プライムがニューヨークを出発したのは1869（明治2）年8月1日のことで全通して間もないアメリカ大陸横断鉄道でニューヨークからサンフランシスコに向かう。そして9月4日には豪華蒸気船ジャパン号に乗船して一路日本を目指し、同月28日に横浜の土を踏む。日本の元号が慶応から明治に変わったのは1868年10月23日（旧暦9月8日）のことだから、プライムが日本に上陸したときは明治と改元されてまだ1年も経っていない。そういう意味でプライムは、本書に最初に登場するグローブトロッターにふさわしい人物と言えるだろう。

## 日付変更線と世界一周

プライムが乗船したジャパン号は、太平洋郵船会社が所有する。これはパシフィック・メール・スチームシップ・カンパニーの和名で、略称はPMSSCやPMSS、あるいは単にPMとも記す。同社は1848（嘉永元）年に、ニューヨークの貿易商らの出資によって設立された汽船会社で、サンフランシスコと香港を結ぶ横浜経由の定期航路が開かれるのは1867（慶応2）年1月1日だった。

ジャパン号は1867年に建造された汽船で、長さ113m、幅24m、船倉内の深さ9・6m、総トン数4351トンだった。推進装置はまだスクリューではなく外車（パドル・ホイール）を利用している。収容乗客数は1450人だ(3)。ただプライムらの航海では500人ほどの客しかいなかった。しかもそのほとんどは香港に向かう中国人だった。これはアメリカ大陸の鉄道路線建設に従事した中国人労働者が本国に帰るためだ。料金は香港―サンフランシスコ間の1等客室が300ドル（現在価値で約740万円）で、3等客室はその3分の1だった(4)。

サンフランシスコを出て13日目の9月17日深夜、ジャパン号は日付変更線を通過する。太平洋上の経度180度の地点だ。ここを越えると、東回り航路の場合にはカレンダーの日付が1日遅れ、逆に西回りだと1日進む勘定になる。ジャパン号は西回り航路をとっていたので、プライムが9月17日金曜日の夜にベッドに入り、すでに日付変更線を越えた翌朝目を覚ますと、日付は19日の日曜日になっていた。18日が飛ばされた、つまり1日進んだのである。

アメリカの作家で推理小説の生みの親エドガー・アラン・ポオの作品に「週に3度の日曜日」という短編がある。娘との結婚を希望する男が、その親父に「週に3度日曜日が来たら結婚を許してやる」と宣言されて途方に暮れるという話だ。この偏屈オヤジの前に2人の船長が現れる。いずれも1年前にこの場所を発ち世界一周して戻ってきたところだ。ただし一方の船長は東回り、もう一方は西回りで世界一周をしてきた。そのため東回りで帰ってきた船長は昨日が日曜日、西回りで戻った船長は明日が日曜日だと主張する。これは両人とも日付変更線による日にちの増減を勘定に入れていないからだ。もちろん結婚を望む2人と偏屈オヤジにとっては今日が日曜日だ。なんと偏屈オヤジの目の前に週に3度日曜日がやってきた！　こうして2人は晴れて結婚を許されることになる——というストーリーだ。

再びジュール・ヴェルヌの話に戻るけれど、彼はエドガー・アラン・ポオの大ファンだった。もちろんこの「週に3度の日曜日」も読んでいて、ここに用いられた日付変更線のカラクリを、いつか自分の小説に利用してやろうと考えた。そしてそれを実際に行ったのが『八十日間世界一周』にほかならない。

プロローグでフィリアス・フォッグ卿は、賭けの期限である12月21日20時45分に5分遅れて到着したが、それはある理由から実際には12月20日だったと書いた。フォッグ卿がとったのは東回りの航路だ。そのため日付変更線を越える際に、日付を1日遅らせなければならない。フォッグ卿はこの作業を忘れていた。したがって、フォッグ卿が約束の期限だと考えていた12月21日20時45分は、ロンドンにいる人々にとって実際は12月20日の出来事だった。だからフォッグ卿は20時45分に5分遅れたとしても、まだ期限の時刻まで23時間55分の余裕があった。賭けに負けたと勘違いしていたフォッグ卿は、すんでのところでこの事実に気付き、翌日すなわち12月21日の20時45分に、再び約束の場所に急行する。こうして賭けに勝利するというわけだ。もっとも、あの几帳面を絵に描いたようなフォッグ卿が日付変更線に気付かなかったというのは、少々腑に落ちない点ではあるのだが――。

## グローブトロッター、横浜に上陸する

話をプライムの航海に戻すと、プライムは9月27日の夜に横浜の港に入る。号砲とともにジャパン号の錨《いかり》が下ろされると、やがて汽船は現地の舟に取り囲まれる。それらはどれも櫓《ろ》で漕ぐ舟で漕ぎ手の男や女はほとんど衣服を着けていない。舟のいくつかは横浜の居住者を乗せている。彼らは友人の出迎えにやって来たのだ。また別の小舟は汽船の乗客を陸まで運ぶためにやって来た。中には別の汽船に乗り換える客を目当てにしている舟もある。プライムはこのように記す。(5)

実は当時の横浜の港には大型の船舶が着岸できる波止場や桟橋の設備がなかった。そのため、外国からの汽船や軍艦は港の沖に錨を降ろした。そして、乗客の乗り降りや荷物の揚げ下ろしには、「艀《はしけ》」や「はしけぶね」と呼ばれる小型の舟を利用した。外国人はこれを「サンパン（三板）」または「ジャンク（戎克）」と呼ぶことが多かった。いずれも中国語が語源の呼称だ。(6)ちなみに、ヴェルヌの『八十日間世界一周』では、フォッグ卿が乗っていたカーナティック号は横浜の桟橋に横づけになった、と記している。(7)これが事実と異なっているのはプライムの記述からも明らかだ。この点からもわかるように、ヴェルヌの作品はあくまでもフィクションなのである。

翌日の朝、プライムは夫人および旅のお連れ5名とともに、5人の日本人が櫓を漕ぐ艀で横浜の港に上陸する。そこは1マイルほど海岸に沿って通りが整備されていて、海に向かって外国商人の事務所が建つ。また彼らの多くは港から見上げた所にある山の手に居住しており、そこからの眺めは遠くに富士山を見ることさえできるほど素晴らしい、とプライムは書く(8)。

横浜が開港したのは1859(安政6)年のことであり、これにともない居留地も整備される。しかしその後、1866(慶応2)年11月の大火で横浜居留地は壊滅的なダメージを受ける。プライムがやって来たのはこの大火の3年後だった。プライムの記述を見ると海岸通りはすでに復興しているようだ。また大火後の再建計画では山手地区(9)も居留地に編入され住宅地として発展するのだが、プライムは山手地区の初期の様子を目撃したことになる。

一方プライムが港で荷運びに従事する人夫について記している点にも着目したい。プライムは、人夫4人のうち2人が荷車の前、残り2人が後ろについて、同じ調子のうなり声を上げながらときに1・5トンもする荷物を運ぶ、と書いている(10)。取り立てて注目すべき記述でもないように思うが、彼は荷車だけ描写して同じ運搬業務に用いる明治ニッポンの象徴である人力車については何もふれていない。この点は大いに注目すべきだ。人力車についてはのちに述べるので、その際にこのプライムの記述がなぜ注目されるべきか、再度検討したい。

## 鎌倉と江戸へのエクスカーション

日本の土を踏んだ彼らは横浜を拠点に2週間ほど滞在する。この2週間に彼らがどのような行動をしたのか、プライムは詳細には記録していない。ただしこの間に行った2度の小旅行についての記述は比較的詳しい。一つは鎌倉、もう一つは江戸すなわち東京への小旅行である。

まず鎌倉の小旅行についてである。出掛けた日付ははっきりしないが、横浜に上陸した数日後のことだろう。プライム一行は横浜から海路で南に進み金沢（現横浜市金沢区）に上陸して、そこから騎馬で鎌倉を目指す計画を立てる。

横浜と金沢の間の海路には、日本の開国のきっかけとなったペリー艦隊に関連する地名がアメリカ人によって多数命名されている。本牧沖は「トレティ・ポイント（条約岬）」、根岸湾は「ミシシッピ湾」、横須賀湾は「サスケハナ湾」というふうにだ。後二者はペリー艦隊を構成した蒸気戦艦の名称をそのまま地名にしている。これ以外にも横須賀湾沖にある猿島は「ペリー島」、今は埋め立てられた夏島は「ウェブスター島」と呼んだ。一行は帆船からペリー島およびウェブスター島を見つつミシシッピ湾を抜けて金沢の入り江に入った。

そのあと時間にして約2時間の騎乗ののち一行は鎌倉の中心部へ入る。幅約60ｍもある道が海に向かって続き、３㎞ほど行くと鎌倉の大仏があった。プライム一行がここを訪ねたのもうなずける。鎌倉の大仏はすでに幕末から外国人にとっては観光名所の一つになっていたからだ。例えばスイスの遣日使節団長として１８６３（文久３）年に来日したエーメ・アンベールも鎌倉・江ノ島の小旅行に出かけた一人だ。これはプライムらがやって来るわずか6年前のことだ。アンベールは結局、江ノ島には行けなかったけれど、鶴岡八幡宮や鎌倉大仏には訪れている。そして大仏については最も完成された傑作だと絶賛している。[11] もちろんプライムもその威厳ある姿に感嘆の声を上げた。旅行記には大仏のイラストも付している（図1-1）。これ以降も多くのグローブトロッターがほぼもれなく鎌倉を訪れ、ほぼもれなく大仏を称賛する。これはもう日本に来たグローブトロッターのお約束みたいなものだ。プライムの日本における最初のエクスカーションは、明治2年という早い時期にこのお約束を忠実に守ったものだった。

次にプライムらが向かった江戸への小旅行はどうだったか。こちらも現在の我々から見ると隔世の感がする明治ニッポンの国内旅行である。しかしその内容を紹介する前に、まず江戸という呼称についてふれておきたい。

明治政府が江戸を東京と改めたのは１８６８年9月3日、旧暦では慶応4年7月17日のことだ。つまり元号が明治に変わるより１カ月半ほど早く、江戸は東京に改称されて

図1-1　鎌倉の大仏[12]

いる。一方、プライムが来日したのは69（明治2）年だから、すでに当地の正式な呼称は東京だ。ここであえて「江戸」と書いたのは、プライムが旅行記で「Yeddo」と記しているからだ。プライムの記録には東京という呼称が一切見られない。以下も引き続き江戸という言葉を用いるけれど、これはプライムの記述に従ってのことである。

　また余談ながら、当時は東京が「とうけい」とも発音されていた。これは東京に「とうけい」とルビをふったものや「Tokei Journal」のようにローマ字で書いたものが存在するからそのことがわかる。さらに、東京をわざわざ「東京」と記述する例もあった。「京」は「京」の異体字で読みは「けい」または「げん」で「きょう」とは読ませなかった。よって、素直に読むと「東京」は「とうけい」になる。ただし日本文化史家の小木新造によると、東京と東京はいずれも「とうきょう」または「とうけい」と読まれていたと記す。過渡期にあって呼称や表記が一定しなかったようだ。そのため小木は江戸から東京への過渡期をあえて「東京《とうけい》時代」と呼ぶよう提唱している。(13)

　小木に従うと、プライムが来日した時期はまさに江戸が東京へと変遷する東京時代だった。いやむしろ東京時代が始まった直後と言うべきだろう。実際それは交通機関一つとっても明らかだ。明治といえば蒸気機関車を想起するけれど、当時はまだ新橋―横浜間の鉄道レール1本すら敷かれていない。プライムが来日した年の晩秋に鉄道建設が政府に上申され、測量が始まるのがその翌年のことだ。品川―横浜（現桜木町）間の仮開業が1872（明治5）年6月12日、新橋（現汐留）―横浜間の本開業が同年10月14日である(14)。

いずれにせよプライム一行は江戸に向かうのに鉄道を利用できない。そこで彼らは馬車2台を調達し、これに分乗して江戸に向かった。横浜―江戸間の距離は約40kmである。馬車を御するのはアメリカから来た黒人召使だ。またそれぞれの馬車の前には髷《まげ》を結《ゆ》った別当が先駆けしていた。別当とは馬の世話をする人物で、主人が外出する際には馬の前を走り、通行人を払ったり馬を走行先へ誘導したりする。彼らは、腰の周りに布きれを着けている以外は裸という出で立ちだ。しかし、彼らの肌は洋服以上に派手だ。肩から膝にかけて赤や青、濃い陰影をもつ彫り物を入れているからだ（図1-2）。プライムはこの彫り物に驚くと同時に、江戸に着いても横浜を出発するときと様子が変わらぬ別当の健脚ぶりに感心している。

図1-2　彫り物を入れた別当(15)

## 築地ホテル館への投宿

江戸の郊外から中心部に近づくにつれて群衆の数は多くなり、通りに面した店の数も増えていく。もちろん馬車に乗った彼らが目立たないはずはない。道沿いの人々は皆立ちつくしてプライム一行を見つめている。特に一行の中の女性は日本人の注目の的だ。そして彼らが通り過ぎると大きな笑い声が聞こえてくる。一行は見せ物になった気分である。

江戸の市中に入った一行はホテルに向けて馬車を走らせる。プライムはこのホテルのことを「ニホンホテル（Niphon Hotel）」(16)と記し、この国の中で最も素晴らしいホテルだと述べている。実はプライムが言うニホンホテルとは、徳川幕府が肝煎《きもい》りで建設した「築地ホテル館」を指す。

1867（慶応3）年、徳川幕府は江戸を外国人に開くことを諸外国と取り決めた。結果、築地に居留地を設けることが決まる。またこの取り決めでは外国人に適したホテルの建設も条件に含まれていた。幕府にとって居留地の造成には莫大な費用がいる。加えてホテルの建設費だ。しかし幕府財政は逼迫《ひっぱく》の極みにある。そこで勘定奉行だった小《お》栗忠順《ぐりただまさ》は知恵を絞り、当時としては画期的なスキームを作り上げた。幕府が土地を提供し、そこに民間資本でホテルを建築する。そして営業収益で施工主の投資をまかなうという考えだ。

建設場所は居留地南側に隣接する幕府軍艦操練所に決定した。次頁図1-3（上）は1849（嘉永2）年出版の江戸切絵図で、築地周辺を示したものだ。中央に見える建物の絵があるエリアが築地本願寺（西本願寺別院）で、その南（左側）にある表門から東に行った海岸沿いに「紀伊殿」とある場所に築地ホテル館があった。図1-3（下）の築地居留地の略図に「外国人旅館」と記してある箇所がその場所に相当する。上下の地図を重ねると、築地と居留地、築地ホテル館の関係がよくわかると思う。ちなみに図1-3（上）左端に「浜御殿」と見えるのは現在の浜離宮恩賜庭園で、その右側にある「尾張殿」の上部右側あたりが朝日新聞東京本社になる。

小栗はホテルの建設を2代目清水喜助《きすけ》に請け負わせた。初代清水喜助は越中の人で、江戸に出て大工となり、やがて「清水屋」の屋号でその名が広く知られるようになる。この清水屋がいまの清水建設株式会社の前身である。初代喜助が1859（安政6）年に急逝すると、娘婿の藤沢清七が清水喜助の名を継ぐ。これが2代目喜助だ。

ホテル建設の総工事費は3万両（1両4万円換算で12億円）と見積もられた。もちろん一介の大工棟梁にそんな金はない。そこで喜助は仲間を募って一口100両（同400万円）で出資金を募り、ホテルの営業を始めたあと、その収益から配当を支払うことに

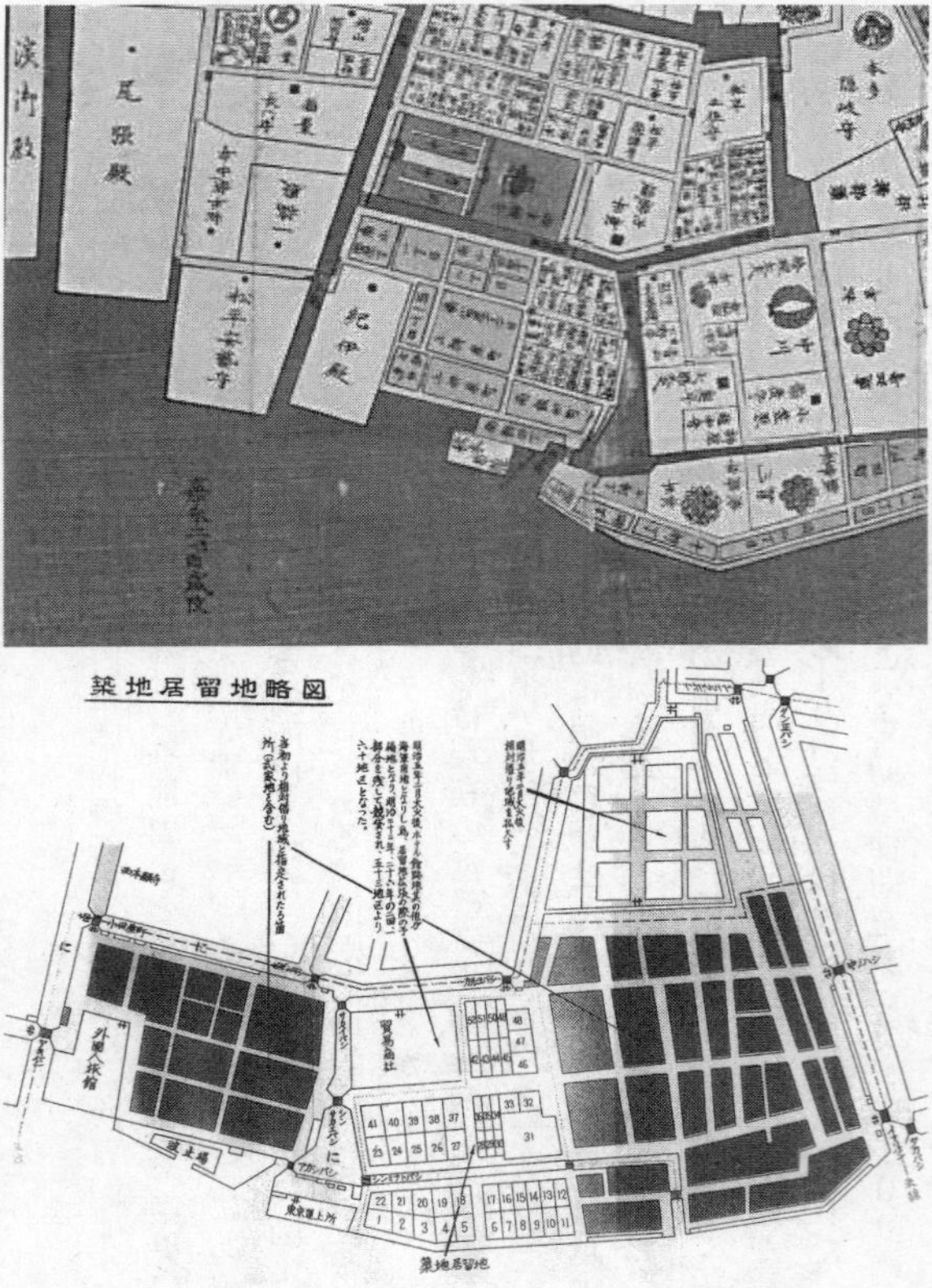


図1-3 (上) 1849 (嘉永2) 年の築地 (『江戸切絵図 築地八町堀日本橋南絵図』国立国会図書館蔵)、(下) その後の築地 (『築地居留地略図』東京都公文書館蔵)

する。これは経済通小栗のアドバイスによるものだろう。このもくろみは当初、山師の企てと呼ばれたものの、好配当が約束されていたため大口の出資者が現れたという。ホテルの建築が始まったのが慶応3年7月で、慶応4年8月に竣工している。西暦だと1868年9月後半から10月前半にかけての竣工になる。したがってプライムがこの築地ホテルを訪れたのは築後1年頃だった。

ところでプライムが「ニホンホテル」と呼んだホテルが「築地ホテル館」だとなぜ断定できるのか。まず、当時の江戸に築地ホテル館と並ぶ外国人向け宿泊施設は存在しなかった。同じ築地には岩倉具視の肝煎りで建てられた精養軒ホテルがある。しかしこれが建つのは1872（明治5）年のことだ。また、プライムは「ニホンホテル」の所在として、「海岸からきわめて近く、〝居留地〟として知られている一角の隣に建っている」[17]と記している。プライムの書く「居留地」とは築地にほかならない。以上から「ニホンホテル」は築地ホテル館に間違いない。

プライムが築地ホテル館ではなく「ニホンホテル」と称したのにも理由がある。どうも建物の呼称が一定していなかったようなのだ。プライム以外の旅行記にも「ニホンホテル」の記述があり、また「江戸ホテル」や「外国人向けの江戸のホテル」などという表記も見られる。また中には明らかに築地ホテル館を指しているのにもかかわらず「グランド・ホテル」と呼んでいるものもある。[18]むしろ築地ホテル館という正式名称あるいは略して築地ホテルと記したグローブトロッターの旅行記は管見ながら存在しない。

以上から考えると、築地ホテル館という名称は、一般（特に外国人）に広く知れわたったものではなかったと判断するのが適切だ。その中でもまだ「ニホンホテル」や「江戸ホテル」はとおりのいい名前だったのだろう。

## ナマコ壁の疑洋風建築

では、この築地ホテル館とはどのような建物だったのか。

設計はアメリカ人建築家リチャード・ブリジェンスで、[19]2代目喜助が実施設計と施工を行った。ブリジェンスは幕末に日本にやって来た建築家で、慶応期に江戸にイギリス仮公使館を建てると、その後も横浜イギリス領事館や横浜税関、新橋駅の建築にも携わっている。[20]

ホテルは本館と平屋からなり、本館は3階造りでこれに4階の小部屋と小塔（キューポラ）が屋上につく。洋風とも和風ともつかない外観で、これを擬洋風と呼ぶ。特に目を引くのが、江戸湾を望む大きなベランダ、屋上にそびえる小塔、[21]それに壁面を黒の平瓦を張り詰め目地を白の漆喰で盛り上げた日本伝統のナマコ壁である。客室は平屋に26室、本館の1階に37室、2階に39室で計102室あった。[22]

プライムはこの築地ホテル館についてかなり詳しく記録している。パブリックおよびプライベートの部屋は、広々としていて風通しがよい。調度品もなかなかのものだ。建物正面のほぼ全体には約60mの幅広のベランダがあり、ここから見る入り江の景色は素晴らしい。また、屋上の小塔から見る市街地の眺めは絶品だ。さらにホテルと入り江の間には日本風の空間が約4エーカー（約1万6000㎡）広がっており、小規模な丘や池や橋、花々や凝った形状に刈り込まれた木々が彩りを添えている。またホテルの敷地は高い塀で囲われており、正面には街に向かって屋根付きの門がある。その門に沿って日本人の護衛が詰める小屋があり、彼らの護衛なしに外国人旅行者は街に出られないようになっている。このようにプライムは記す(23)。

以上を念頭に次頁図1‐4を見てもらいたい。疑似洋風スタイルを取り入れた築地ホテル館は江戸で話題となり、錦絵の格好の題材となった。いずれもその一つである。まず、上図だけれど、こちらは入り江に向かった築地ホテル館の様子を描いている。建物前面に張り出したベランダからは江戸湾を一望できることがわかるだろう。また、小塔がアクセントになるとともに、全面ナマコ壁におおわれているのもわかる。さらに建物と海の間には確かにプライムが指摘するように丘や芝が広がり池や橋も見られる。

一方、下の図はホテルの入り口側からホテル本館を見たものだ。塀は石造りで大人の2倍はある様子だ。またキューポラのてっぺんには風見がついている。地面からこの塔

図1-4　（上）東都築地ホテル館之図（一曜斎国輝画）、（下）東京築地ホテル館（東京都立中央図書館特別文庫室所蔵、歌川芳虎画）

の先端まで、その高さは94尺（約28m）あったという。[24]

もっともこのホテルの未来は明るいものではなかった。そもそもホテルが隣接している築地居留地の人気がいまいちだ。というのも大型の汽船が築地居留地の近くに停泊できなかった。そのためここを拠点にしてビジネスをしようという外国人が少ない。結果ホテルは閑古鳥が鳴く。プライムが宿泊したときも、一行以外にはたった4、5人しか宿泊客がいなかった。

女性グローブトロッターでプライムに遅れること約2カ月の1869（明治2）年11月に来日したマルガレータ・ヴェップネルもこの築地ホテル館に70（明治3）年1月11日から宿泊した。[25] 彼女も、到着したその日にはヨーロッパ人3名の宿泊客しかいなかった、と記している。ちなみにこのヴェップネルは世界一周途上に日本に立ち寄っていて、女性一人旅いわゆるレディー・トラベラーとしてきわめて早い時期に日本を訪れた人物である。

いわば開店休業状態にあった築地ホテル館の運命を決定づけたのが72（明治5）年4月3日（旧暦2月26日）、和田倉門外より発した火事である。火の手は銀座一帯を焼き払い築地居留地まで達した。この大火により築地ホテル館も灰燼に帰す。よってその雄姿を見られたのはわずか3年半ほどにしか過ぎない。言い換えると、たった3年半しか存在しなかった築地ホテル館に宿泊したプライム（それにレディー・トラベラーのヴェップネル）の記述はなかなか貴重なものなのである。

## 明治2年の時代背景

築地ホテル館で旅装を解いたプライム一行は、さっそく市街見物に出かける。ホテルの門をくぐり通りへ出るプライムだが、すぐに前へ進めなくなる。大勢の男や女、子供が彼らを取り囲んだからだ。とはいえ江戸の民衆が暴力を振るうわけではない。みな機嫌のよい人たちだ。人垣の中をプライムは築地ホテル館の近くにある大きな寺を訪問したと記している。これは居留地北西に隣接する区画にあった築地本願寺だろう。

翌日、一行は浅草観音の見物を計画していたがこれは雨で中止になり、雨があがった翌々日に愛宕山《あたごやま》へ出かける。高みから見る街の景色は素晴らしく、遠くにかつての大君《タイクン》の居城が見える。現在は皇城だ。そのあと麻布善福寺にあったアメリカ仮公使館を表敬訪問し、東京を訪れたグローブトロッターが必ずといってよいほど訪問する芝増上寺に向かう。その威風堂々とした建造物や光沢を放つ内装にプライムらは目を見張る。そしてここを最後に一行は横浜への帰途につくのであった。

この江戸見物の間、彼ら一行には8、9名の二本差しが護衛にあたった。護衛は一行が馬車に乗っているときには馬車を囲み、また馬車から降りると一行のそれぞれに付き添った。旅行とはいえ相当物騒な様子である。そもそも彼らがこれほど厳重に警護されるのには相応の理由があった。これは当時の時代背景を考えれば容易に納得がいく。

1868年に江戸が東京と改称になり、その後元号が明治に変わったのはすでにふれたとおりだ。さらに翌年には東京遷都が事実上決定する。これにともなって明治天皇は69（明治2）年4月18日（旧暦3月7日）に京都を離れて東京に向かう。このとき天皇の親兵が勤王と攘夷《じょうい》を旗印に、帝が京都を立ち去らず、また外国人と交際して身を汚すことがないようにと嘆願した。元号が明治に変わったからといって、幕末から吹き荒れた外国人排斥思想、いわゆる攘夷思想が消え失せるわけではない。しかしこの願いが聞き入れられないとわかると、彼ら親兵は天皇に付き従って江戸を目指す。その数2000名をくだらなかった。結果、外国人および政府にとっても不都合なことが生じた。

この親兵一団が江戸に向かう際、遭遇した外国人に乗り物から降りるよう強制した。その中には江戸駐在のイギリス代理領事やその夫人もいた。騎馬の外国人が島津久光の行列を乱した理由で斬り殺されたのはわずか7年前だ。不承不承ではあれ、外国人も一団の要請を受け入れざるを得なかったのだろう。

イギリス公使ハリー・パークスは外国人に対するこうした無礼について猛然と抗議する。そのような中、当のパークス本人も事件に巻き込まれる。外相と会談後、帰宅の途についたパークスを目がけて、2人の暴漢が斬りかかってきたのだ。パークスはかなりのスピードで馬を走らせていたため、暴漢の狙いははずれた。馬から飛び降りたパークスは暴漢の片方を取り押さえる。幸いパークス自身に大きなけがはなかったようだ。

プライムの来日直前に起こったこの事件は彼の耳にも入っていた。このことはプライムが旅行記に記している。外国人にとって危険な江戸に行くべきか行かざるべきか——。プライム一行は江戸行きについてかなり思案した。しかし、江戸に行かないのならば日本に来なかったも同然との考えに至り、すでに見たような江戸行きを強行したわけだ。行く先々でまとわりつく護衛はうっとうしいというよりも、彼らにとっては頼もしい存在だった。グローブトロッターは護衛なくして歩けない。それが明治初年の江戸すなわち東京だった。

大きなトラブルもなく、鎌倉や江戸への小旅行を含めて横浜に2週間滞在したプライムは、太平洋郵船会社のコスタリカ号に乗船し、神戸・長崎経由で上海を目指す。プライムは横浜出港の明確な日付を残していないけれど、1869(明治2)年10月10日頃と考えてよい。

# 第2章

# ツアーに参加するか、紹介状を握るか

*Taking part in a tour or getting the letter of introduction*

## クックの世界一周旅行

1872（明治5）年9月26日、ホワイト・スター・ラインのオセアニック号が、ニューヨークを目指してイギリスのリバプールを出航した。ホワイト・スター・ラインは、イギリスの汽船会社で、1871年3月にリバプール―ニューヨーク航路を開いている。同社は大型の船舶をいち早く投入することで知られており、中でも1912（明治45）年4月に就航し処女航海の折に氷山と接触して沈没した4万6328トンのタイタニック号は特に有名だ。

このホワイト・スター・ラインがリバプール―ニューヨーク航路に最初に就航させたのが3037トンのオセアニック号だ。タイタニック号と比較するとトン数は10分の1に満たないものの当時としては巨大客船の一つだった。そして冒頭に記した1872年9月はオセアニック号が進水してまだ1年半しか経っていない。乗客はいまだ新造船の雰囲気を十分に満喫できたに違いない。そしてこの乗客の中に旅行代理店としてその名を世界にとどろかすことになるトーマス・クック&サン社の創業者トーマス・クックがいた（図2-1）。

イギリスのダービーシャー近郊にあるメルボルンで1808年に生まれたクックが、

いわゆる旅行代理業を始めたのは1841年のことだ。そして彼の名を一躍世間に知らしめたのが、1851年に行われたロンドン万国博覧会への小旅行企画だった。ハイドパークに設けられた世界最初の万国博覧会会場には、ジョセフ・パクストンが設計した、鉄とガラスによるメイン会場「水晶宮《クリスタル・パレス》」が威厳たっぷりに鎮座している。この博覧会は600万人もの来場者を集め、そのうち16万5000人はクックが扱った旅行者だったという(1)。クックはその後も業容を拡大し、扱うエクスカーションもイギリス国内から海外へと手を広げ、やがてそれは世界一周に至る。プロローグでも述べたように、その最初の222日間世界一周ツアーがトーマス・クック添乗のもと、先に記した1872（明治5）年9月26日に始まった次第だ。

図2-1　トーマス・クック(2)

　クック一行は大西洋を渡ってニューヨークを目指し、その後大陸を横断してサンフランシスコに至り、11月1日に日本に向けて出航する。そもそも日本は開国してまだ日が浅い。欧州人にとって日本はベールに覆われた国だ。しかも、アメリカ大陸と中国大陸を結ぶ路線上に日本はある。仮に世界一周を企てるならば、この国はぜひとも訪問したいところだ。したがってクックが行程に日本を組み込んだのもある意味で必然的だった。メンバーはクックを含めて10名で、イギリス人男性2名、スコットランド人、ギリシャ人、ロシア人が各1名、アメリカ人男性3名、それにイギリス人とアメリカ人の女性が各1名という構成である。

一行が横浜に到着したのは11月26日で、ここを29日に発っている。その後、兵庫、長崎に寄港して上海に向かう。長崎を出発したのは12月2日頃のようだ。日本滞在期間は決して長くはない。しかし、クックはことのほか日本が気に入ったようで、滞在期間を延長できないことを悔しがり、今回のツアーで日本以上に興味を引かれる場所はないに違いない、と記している(3)。

いま「記している」と述べたけれど、実はこの世界一周の旅の間、クックは「ザ・タイムズ」紙や友人のいる「レスター・プレス」紙などに手紙を書き送りこれが新聞に掲載されている。そしてこれらの手紙をひとまとめにした著作『海と外国からの手紙(Letters from the Sea and from Foreign Lands)』を世界一周から戻った1873年7月に出版している。クックが残したこの著作には当時の明治ニッポンを知る上でなかなか興味深い事実が多数見て取れる。まず注目したいのはクックが記した「彼らは鉄道と電信から社会改善の教訓を大きく学んでいる。二本差しの戦士はほとんどいない。これら向こう見ずな無法者に代わって改善された警察制度が整備されている」[4]という一文だ。

100文字にも満たないこの文章からでも、変化する明治の旅行環境を読み取れるのだから面白い。前にもふれたように、日本で最初に鉄道が開通したのは新橋―横浜間で、品川―横浜間の仮開業が1872（明治5）年6月12日、全線開業が同年10月14日だった。つまりクックが来日した当時は本開業から間もない頃だった。一方、電信は鉄道よりもサービス開始が早く、70（明治2）年1月26日[5]に東京―横浜間の電信線が開通している。

もちろんクックら一行は開通したばかりの汽車に乗って江戸に向かっている。11月27日のことだ。クックも東京ではなく江戸と記しているので、以下、この表記を用いよう。先に見たプライムらは馬車で江戸に向かったから、ものの数年で旅行の仕方が変わった。

さらに目に見えて変わったのが「二本差しの戦士はほとんどいない」という点だ。これに関連してクックは、「我々のような一行が江戸を見物しようと思うと、ほんの1年前までは護衛が必要だった」[6]とも書いている。確かに明治2年に来日したプライムには護衛がついていた。しかし明治5年にもなるとその必要がなくなっていたわけだ。プライムが来日した時期と比べると、これも日本の旅行環境の中で大きく変化したものの一つに数えられよう。

## 人力車で江戸市中を疾走する

これらに加えてまだ注目したい変化がある。クックはこう書く。「昨日我々は、13台の人力車それぞれに車夫が2名つき、通りを何マイルも引いてもらった。我々がガタガタ音を立てて大通りを通っていくと、人々は笑い声と歓声を上げるのであった。そして我々が店舗や陳列場や寺で止まると、群衆が我々のまわりに集まってくるのであった⑺」

これは江戸におけるクック一行の様子を記したものだ。外国人が13台の人力車を連ねて江戸市中を走り回ったら、当然江戸の人々の関心を引くだろう。ただし、ここで注目したいのは13台の人力車で江戸を疾走したという点ではなく、人力車そのものである。

もう一度、前章で見たプライムの旅行記を思い出してもらいたい。彼の旅行記に人力車という言葉は一度も出てこなかった。それとは対照的にクックやそれ以降日本にやってくる多数のグローブトロッターは必ずと言ってよいほど人力車について記している。これはプライムが乗り物に興味がなかったわけではない。そもそもプライムは人力車を目にしなかったと考えられる。だから記録として残さなかった。

人力車の発明には諸説があって、その起源はいまだはっきりしない。京都の中風の老人が駕籠《かご》では不自由なので小さな荷馬車を使い始めたのがその起源とする説や、靴直し兼宣教師のゴーブルというアメリカ人が乳母車を改良して作ったという説などがある。[8]

その中で最も有力なのが筑前の人、和泉《いずみ》要助《ようすけ》が初めて人力車を発明したという説だ。和泉は鈴木徳次郎、高山幸助《こうすけ》の2名とともに旧暦の明治3年3月17日に人力車営業願いを東京府に申請し、早くも3月22日、東京府はこれに許可を出している。

人力車の発明者が誰かはともかく、これが人力車営業の始まりだと考えると、明治2年に来日したプライムが人力車を目にしなかったのもうなずける。また仮に人力車が走っていたとしても、その数はごくわずかだっただろう。実際、和泉要助らに人力車の営業が許されると以後その数は急激に増加する。なんと2年半後、すなわちクックが来日した明治5年の末には、東京府下の人力車数は総計1万1040台になっていた。これが明治9年には東京市内だけで2人乗り人力車1万3853台、[9] 1人乗り人力車1万6117台、計2万4470台になる。人力車は明治初年の大ヒット作だった（図2-2）。

図2-2　明治9年頃の人力車[10]

クックはこの人力車がことのほか気に入ったようで、母国に戻ったら人力車を一般に展示したいという理由で1台注文し、ロンドンの自分宛てに輸送してもらうことにした、と述べているほどだ。[11] もっとも、「展示したい」という点がミソのようで、クックは人力車を世界一周ツアーのPRに活用しようと考えていたのではないか。これが正しいとすると、さすが旅行代理業を一大産業に育て上げただけあってなかなかしたたかな人物である。

## 世界一周の旅費は1000ドル

横浜を出発したクック一行は兵庫に寄港し、この間に大阪に出かけて造幣局を見学している。造幣局の建設工事が始まったのは1868（明治元）年のことで71（明治4）年に創業式が行われている。だからクックらは完成間もない造幣局を訪れたことになる。ちなみにこの造幣局は、その後も多くのグローブトロッターが訪れる観光スポットになっている。

神戸から長崎、さらに上海に向かった一行の旅はその後も続き、222日間かけてイギリスに戻ったクックが新聞に寄稿した手紙をとりまとめて1冊の本にしたことは先に書いた。この著作が面白いのは、単なる旅行記ではなくその巻末にクック社のツアー告知が掲載されている点だ。しかもその中には2回目の世界一周ツアーの告知がある。次頁の「クックの世界一周旅行」は広告に記されている世界一周の内容を訳したものだ。これを見れば当時の世界一周パッケージ・ツアーの内容が一目でわかるだろう。

## クックの世界一周旅行[12]

### 次回の世界一周旅行（予定）

1873年8月30日頃**リバプール**発。
9月20日頃**ニューヨーク**発。
ナイアガラの滝に立ち寄り2日間過ごし、**デトロイト**経由で**シカゴ**へ。
9月28日頃**シカゴ**発。
**ソルトレークシティ**に2日間滞在し、10月6日頃に**サンフランシスコ**着。時間が許す限り**ヨセミテ**渓谷に滞在し出航までに**サンフランシスコ**に戻る。
10月16日、**日本**に向けて出航。
11月10日頃**横浜**着。
**横浜**を汽船で発ち、瀬戸内海を通って11月14日頃に**兵庫**着（**大阪**に向かう）。そして**長崎**に寄って約6日間で**上海**へ。
最初の汽船で**上海**を発ち香港へ。ここでは**広東**への小旅行に必要な時間を十分とる。
**香港**からP&O汽船の定期便で**シンガポール**、**ペナン**、**ポイント・デ・ゴール**（**セイロン**）、**マドラス**そして**カルカッタ**へ。
**カルカッタ**着は1874年1月1日頃。
**インド**で1カ月過ごし、**セランポール**や**ベナレス**、**アラハバード**、**カウンポール**、**ラクナウ**、**アグラ**、**デリー**などへ。グレートインド半島鉄道で**ボンベイ**に戻る。**デリー**滞在でタイミングが合えば**ヒマラヤ**へ。
**ボンベイ**から**アデン**へ。**スエズ**着は2月1日頃。同月14日頃に**エジプト**着。オプションで**パレスチナ**を通って**ナイル**の旅へ。聖地を旅するのに絶好のシーズン。
**アレキサンドリア**から**ロンドン**への旅は1週間。多様なルートあり。ハワード氏（筆者注：このツアーの添乗員）はパレスチナ・ツアーへ同行。
旅行者は添乗員サービスなしで**ロンドン**に戻れるであろう。しかしもし必要ならば同行する添乗員を用意する。

旅行期間はだいたい6カ月が目安で、ツアー料金は300ギニー（315ポンド）または金貨1575ドルだった。[13] ギニーは英国で用いられた通貨の単位で、1ギニーは1・05ポンドに相当する。第9章で詳しく述べるように、当時（明治7年）1円は1・0158ドルで取り引きされていたから、世界一周ツアー料金の「300ギニー＝1575ドル」は、日本円で約1550円（現在価値で3875万円）した。[14]

この料金には、鉄道や蒸気船の1等チケット、諸々の特別チケット、アメリカの鉄道の寝台車、70日分のホテル宿泊料とリフレッシュ・ルーム使用料、駅からホテルまでの移動および荷物の運搬などが含まれている。ナイルおよびパレスチナのツアーはオプションで、追加料金は100ギニー（105ポンド）または金貨525ドルである。また、これとは別に添乗員や宿泊代がつかない世界一周のチケットも用意されていた。こちらの価格は200ギニー（210ポンド）または金貨1050ドルとなっている。[15] 明治初年にはだいたい1000ドル（現在価値で2600万円）あれば世界一周の足だけは確保できたようだ。

## 個人旅行で世界を旅する

今も昔も団体ツアーに参加する客は、道中でのトラブルを最小限にしようと、いたれりつくせりの旅を選ぶのではないだろうか。これに対して団体旅行に属さず個人で旅する人は、道中での楽しみに注目してそれを最大限にしようと考える。このように考えると両者は旅行に対するアプローチが異なっている。その特徴を表すと、前者はゲーム理論が言うところのミニマックス思考であるのに対して、後者はマックスミニ思考として位置づけられるのではないか。

ミニマックス思考では、複数の選択肢がある場合、利得よりもむしろ損失に注目する。つまりいくつかの選択肢がある場合、まずそれぞれの損失について考える。そして、その中から最も損失が小さくなりそうな選択肢を選ぶという考え方だ。個人で旅行していたら旅先でどのようなトラブルに巻き込まれるかわからない。必ず見るべき観光資源を見逃すかもしれない。これらはいわば損失だ。この損失を最小化しようと思うと、団体ツアーに申し込むのが無難であろう――という考えに行き着く。クックによるパッケージ・ツアーは、利用者がもつこうしたミニマックス思考の心理を上手に突いた。

一方、ミニマックス思考と対照的なのがマックスミニ思考だ。こちらは損失よりもむしろ利得に着目する。複数の選択肢がある場合、それぞれについて最低でも得られる利得について考える。そしてその最低の利得の中から最も大きな利得を得られる選択肢を選ぶ。なるほど、あらかじめ決められた行程では損失を最小化できるものの、利得を積極的に底上げするのは難しい。そこで団体ツアーに申し込むよりも個人旅行を選択し、自在に決められる行程の中に最大の楽しみを見つけ出すというマックスミニ思考の方針が成立する。

もちろん旅行におけるミニマックス思考とマックスミニ思考のいずれが優れているかを判断するのは難しい。結局は旅する人それぞれの考え方に依存するのだろう。そのためクックの時代から現在に至るまで、団体ツアーも個人旅行もいずれも消滅せず存在しているわけだ。

仮にクックの時代に個人で世界一周を試みる場合、1000ドル支払って世界一周の足を確保したら、旅の楽しみを底上げするための最も有力な手段は旅先にいる知人を頼ることだろう。しかもその知人がその旅先で大きな力をもっているほど旅行者にとっては都合がよい。その最もわかりやすい例が、在外公館に友人や知人がいるケースだろう。あなたという存在がその友人や知人にとって重要ならば、あなたは下にも置かない歓待を受けるに違いない。

とはいえ、誰もが公館に友人や知人をもつわけではない。ならば在外公館以外に有力な頼れる筋はあるだろうか。その一つとして、しかも有力な頼みの綱として頭に浮かぶのが、その国でビジネスを営む人たちだ。ここではクックの団体旅行者に対比する意味で、在日ビジネスマンを頼った個人旅行の一例として、1873（明治6）年に日本にやって来たグローブトロッター、エガートン・レアードを取り上げてみよう。

エガートン・レアードの祖父はウィリアム・レアードといって、マージー川に臨むリバプールの対岸にあるバーケンヘッドにバーケンヘッド・アイロン・ワークス社を設立した人物だ。その息子ジョンは同社の経営を引き継ぎ、1829年に世界最初といわれる鉄製の船舶を製造した。またバーケンヘッド代表として下院議員にも当選している。このジョン・レアードは子宝に恵まれた人物で10人を超える子供がいた。そのうち男子は5人で、その中の末の子が1847年生まれのエガートン・レアードだった。したがってエガートン（以下レアードと称す）は、バーケンヘッドの名士である造船会社オーナーの息子、イギリス下院議員の御曹司という立場にあった。

## ジャーディン・マセソン商会の食客

26歳になるレアードが1873（明治6）年3月1日にサンフランシスコを発ち、横浜に到着したのは3月29日のことだった(16)。そして4月25日に中国に向けて長崎を発っている。日本滞在は1カ月弱である。

注目したいのは横浜に上陸したレアードが、すぐにジャーディン・マセソン商会の「W――氏」という人物に会いに出かけている点だ。ジャーディン・マセソン商会は、1832年に中国の広東で、ウィリアム・ジャーディンとジェームズ・マセソンによって設立されたイギリス系貿易会社だ。横浜には開港とともに進出して居留地一番に商館を構えた。長州藩の井上聞多（馨）や伊藤俊輔（博文）がイギリスに密航する際、ジャーディン・マセソン商会の支援があったのは有名な話だ。当時の日本において有力な貿易商社の一つであるばかりか、180年以上たった現在も香港を拠点に国際コングロマリットとして活動を続けている。

レアードが訪ねた「W――氏」とは、支店長を務めていたエドワード・ウィットールか、当時はウィットールの部下でのちに支店長になるW・B・ウォルターのいずれかだろう。(17) レアードはホテルを引き払って商会に併設している屋敷に滞在するよう勧められているから、少なくともこれは支店長ウィットールの指示だったのだろう。またレアードは、ウィットールやウォルターとは面識がなかったものと思われる。というのも、知人ならば「古くからの友人」などのように、レアードは何らかの形容を用いて旅行記に記したはずだからだ。

こうした初対面のケースで威力を発揮するのが紹介状だ。これは当時、見知らぬ土地を旅する際、より快適な旅行を満喫するための常套手段になっていた。紹介状の一例として考えられる文面があるので以下に記しておこう。

拝啓　父上様

駐日アメリカ合衆国公使、C・E・デロング閣下をご紹介申し上げます。氏については度々お便りしている通りです。この度数ヶ月間にわたり一時帰国されますが、ボストン訪問のご希望があるようです。僕はこちらで氏に大変お世話になっており、機会があれば氏の滞在が快適なものとなるよう父上がご尽力下さるものと信じております。

デロング氏はサムナー氏への紹介を喜ばれると思います。何卒《なにとぞ》よろしくお願いいたします。

敬具[18]

チャーリー・ロングフェロー

筆者のチャールズ（チャーリー）・ロングフェローについては次章で詳しくふれることにして、レアードは同様の紹介状を携えてウォルターを訪問した——とは残念ながら記していない。しかし、バーケンヘッドの有力者であるジョン・レアードが息子のために紹介状を用意するなどたやすいことだっただろう。またジャーディン・マセソン商会のウィットールまたはウォルターが同様の紹介状を受け取ったとしたら、バーケンヘッドの名士の依頼をむげにはできない。しかもその御曹司だ。だから彼らは商館に併設する屋敷への滞在をレアードに勧めたのだろう。このように事が進めばレアードの日本滞在は快適なものになろう。そしてこの快適さはおそらく団体ツアーでは手にできないものになること間違いない。

そのためか、レアードに遅れること2年の1875（明治8）年に来日したベンジャミン・カーティスJr.のようなグローブトロッターも存在した。アメリカ合衆国最高裁判所判事を父にもつ弱冠20歳のカーティスはハーバード大学を卒業するや、世界一周旅行に出掛けるのだが、その際におびただしい数の紹介状を携えたと旅行記に書いている。(19) なるほど、人的ネットワークに乏しい若き個人旅行者にとって頼るべきは紹介状というわけである。そういえばクルト・ネットーが示したグローブトロッターの種分けにある「通俗型グローブトロッター」は紹介状に執心していたことを思い出す。

## 遊歩区域と外国人内地旅行

話をレアードに戻そう。すでに見たエドワード・プライムやクックの団体ツアーと、レアードの日本国内旅行が大きく異なるのはその訪問先だ。レアードは鎌倉や東京、神戸、大阪、長崎のみならず箱根や京都へも訪れている。

そもそも当時の外国人は日本全国を自由に旅行できたわけではない。外国人が自由に外出できるのは、横浜・神戸・函館・長崎・新潟の開港場とそこから10里（約40㎞）四方の遊歩区域内に限られていた。また東京築地と大阪川口の開市場は開港場と同様に貿易活動を行えた。横浜と東京の往復は差し支えなく、のちに東京と大阪も遊歩区域が設けられている。ただし外交官についてはその限りでなく日本国内を旅行する自由が認められていた。

もっとも遊歩区域を越えて旅行をしたいという外国人の要望が出てくるのは当然のことで、政府では病気療養や学術研究に限って遊歩区域外——これを「内地」と呼ぶ——の旅行を許可した。その許可証が外国人旅行免状だ。外国人の旅行に関する制度は1869（明治2）年頃から整備が始まり、1875（明治8）年6月にこの外国人旅行免状に一本化される。

旅行者は自国の公使または領事を通して外務省に申請して免状を取得することになっていた。グローブトロッターたちはこの外国人旅行免状を「パスポート」と呼んでいた。彼らの旅行記にはこのパスポートに言及する箇所がたびたび登場する。また、まれに自分が所有していたパスポートを旅行記に掲載して出版している人物もいる。次頁図2-3はその一例だ。

この外国人旅行免状はアメリカの実業家ロバート・S・ガーディナー（免状には「ロペルト・エス・ガーヂネア」とある）が、1892（明治25）年に来日した際に取得したものだ。ガーディナーの旅行免状を見ると、「国籍」や「姓名」のほかに「旅行趣意」

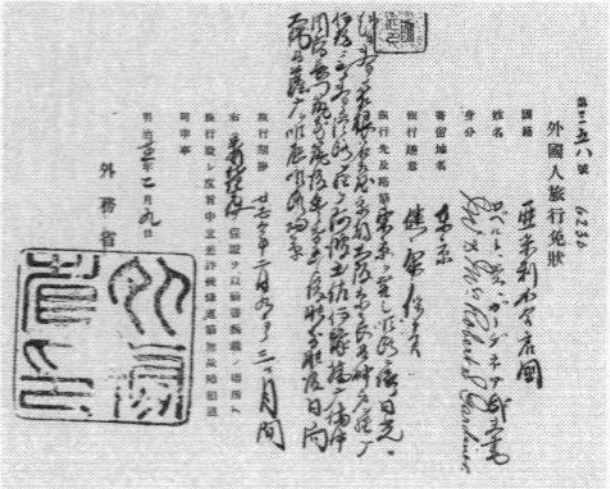

図2-3　外国人旅行免状[20]

などの項目がある。右で述べたように国内旅行免状は学術調査や病気療養を旅の理由にすれば取得できた。よってガーディナーの「旅行趣意」も「健康保養」とそれに準じる内容になっている。また「旅行先及路筋」には行き先を明記する。ガーディナーは日光や京都はもちろんのこと、阿波（現徳島）や土佐（現高知）、伊予（現愛媛）、日向（現宮崎）、鹿児島などを明記している。「旅行期間」は「廿五年二月九日ヨリ三ヶ月間」となっていて発行も同じ日付だ。免状の期間は最大3カ月が一般だったから、ガーディナーのケースもその例にもれない。ただ旅行が終わったらこの免状を政府に返却することになっていた。ガーディナーは返却せずに本国に持ち帰ったようである。

それはともかく、仮に行き先が江ノ島や鎌倉だと横浜からの遊歩区域内だ。だから外国人旅行免状は必要がない。しかし、箱根や京都になるとその限りではなくなる。例えば箱根方面の場合、横浜からの遊歩区域の西側は、小田原の東を流れる酒匂川《さかわがわ》が境界になっていた。箱根は酒匂川より西に位置するから遊歩区域外だ。レアードが箱根への旅に行ったのは明治6年のことであり、外国人旅行免状に一本化される前のことだ。この頃神奈川県は外国人の箱根・熱海温泉旅行を個別に許可していたのでレアードのケースもそれにあてはまると考えてよい。もっとも面倒な諸般の手続きはジャーディン・マセソン商会が代行したのだろう。

箱根は湯治場として著名で、すでに江戸時代初期には「箱根七湯《ななゆ》」と呼ばれ多くの湯治客が訪れる場所だった。七湯とは湯本・塔之沢《とうのさわ》・堂ヶ島《どうがしま》・宮ノ下・底倉・木賀《きが》・芦之湯を指す。通常湯治の日数は「一廻り」「二廻り」「三廻り」などと呼ばれていて一廻りは7日に相当する。これを「一七日《ひとなぬか》」と呼んだそうだ。(21)二廻りだと「二七日《ふたなぬか》」、三廻りだと「三七日《みなぬか》」になり、箱根での湯治となると「箱根三七日湯治」とも言われるように3週間が常識だった。これは江戸からの往復も考えると1カ月仕事の湯治となる。

ところが江戸末期頃になると伊勢参りや富士詣でに向かう集団旅行者が箱根七湯を訪れるようになる。彼らは一夜でその場を去るから「一夜湯治」とも呼ばれた。いわば湯治場が観光スポットに変容していくわけだ。このタイミングで日本は開国となり、横浜や東京からも比較的近いこともあり外国人が箱根にやって来るようになる。

4月5日の日曜日、レアードは人力車で横浜を出発した。まずは約60㎞離れた小田原へ向かってここで1泊する。この旅でレアードは料理人を先に行かせて食事の用意をさせている。刺し身に代表される日本食が食べられない外国人はコックを連れて旅行することが多かった。また予算的にコックを雇うのが難しい場合、料理のできる専用車夫を雇うことになる。

翌6日、レアードは小田原から宮ノ下を目指す。ここへ至る道は人力車が通れる広さがない。そのためレアードは駕籠（レアードはmorimonと記している、[22]図2-4）で宮ノ下に向かっている。宮ノ下まで人力車が通れる道が完成するのは1887（明治20）年を待たなければならない。[23]鉄道が開通するのはさらに先のことである。

グローブトロッターの多くは人力車を高く評価する一方で駕籠の評価は概して低い。レアードもその例に漏れずこの駕籠にはずいぶん辟易《へきえき》したようだ。というのも、足を伸ばすスペースがほとんどなく、膝を顔の前に折り曲げて座る必要があるからだ。実際、身体のでかい外国人が駕籠に乗る姿は、滑稽に映ったに違いない。特に太っている外国人ならばなおさらである。

宮ノ下に着いたレアードは、最上級の茶屋に部屋をとった。おそらく彼が投宿したのは老舗旅館奈良屋だろう（図2-5）。富士屋ホテルが旅館藤屋を買い取ってホテルとして営業するのは1878（明治11）年のことだ。だからレアードがここに来た時期にはまだ富士屋ホテルは存在しない。3泊4日の箱根滞在で、レアードは隣室の日本人に食事に招かれ、芦ノ湖では遠くに富士山を目撃する。また、混浴に驚いて入浴を拒否し、お歯黒の女性に興ざめし、猛スピードで疾走する飛脚に驚き、腰に差す煙管《きせる》を刀と勘違いすることもあった。

## 明治6年の京都博覧会を訪れる

　宮ノ下から駕籠と人力車を乗り継いで10時間かけて横浜へ戻ったレアードの次の目的地は京都である。時代が明治になってからも京都は外国人にとって閉ざされた街だった。一般外国人の入京に対して最初に許可が出たのは1872（明治5）年だった。この年に京都博覧会が開催されており、それに伴って80日間だけ外国人の入京が認められたのである。西本願寺・建仁寺・知恩院を会場にした期間中の入場者数は4万7000人を数え、そのうち外国人は770人だった[26]。1872年までに京都に入ることができた外国人は全部で10人前後だったから、外国人770人という数はかなり大きいと考えてよい[27]。

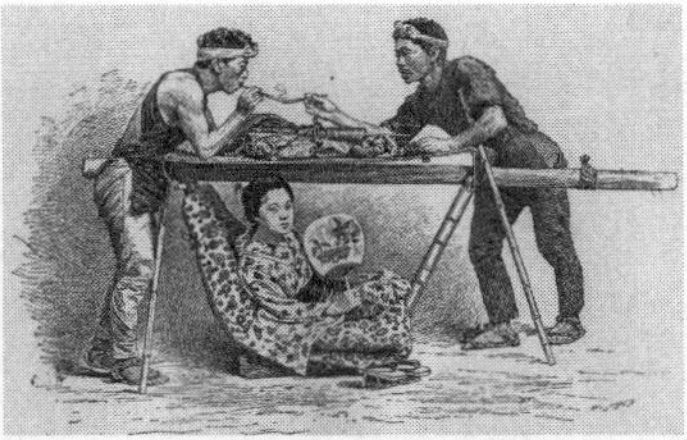

図2-4　駕籠[24]
図2-5　奈良屋ホテル（長崎大学附属図書館蔵）[25]

　第1回目が好評だったこともあり京都博覧会は毎年開催されるこ

とになる。第2回は期間が1873（明治6）年3月13日から6月30日までで会場は御所に変わった。もちろん外国人の入京も認められた。レアードはこの機会を活用して京都見物に出かけようと考えたわけだ。もっとも京都は内地だから「入京免状」が必要であり、これは神戸の領事館を通じて入手できた。

横浜を4月12日に発ったレアードは、14日早朝4時に神戸に上陸する。ジャーディン・マセソン商会の代理人のはからいで入京免状も入手したレアードは、蒸気船で大阪の川口居留地に至り、その日はここで1泊して京都を目指す計画だ。ちなみに明治6年はまだ神戸—大阪間の鉄道が完成していない。完成は1877（明治10）年のことだ。

レアードは川口居留地で自由亭ホテル（レアードは「Dutai's Hotel」と綴っている）に投宿したと記述するが、これは注目に値する。このホテルは長崎の料理人で日本における西洋料理の草分け的人物である草野丈吉《くさのじょうきち》が経営するホテルだ（図2-6、2-7）。草野は1863（文久3）年に、長崎伊良林《いらばやし》に西洋料理店「良林亭《りょうりんてい》」を開店した。この店のなじみに薩摩藩の五代才助（友厚）がいた。維新後、外国官判事兼大阪府判事に就いたこの五代が、草野を大阪へ呼び寄せて居留地の隣接地に外国人向けホテルを建てさせたのが自由亭ホテルだった。築地居留地に築地ホテル館があったように、その大阪版が自由亭ホテルだと考えればよい。草野が出す西洋料理はたいへん評判が高かった。実際レアードも自由亭ホテルでディナーを食していて、草野が出した食事を「第一級のディ

図2-6　草野丈吉[28]
図2-7　外国人向御料理自由亭[29]（放送大学附属図書館蔵）

ナー」だったと評している(30)。

翌4月15日、外はあいにくの雨ながらレアードは人力車で京都を目指す。朝7時に自由亭ホテルを出発して、目的地に到着したのは午後4時頃だった。外国人用のホテルとして寺が用意されており、その晩はここで宿泊する。そして翌日は京都博覧会場へと足を運ぶ。

会場には皿や水盤、花瓶などの陶磁器を制作する男女がいる。ある者はろくろを回し別の者は絵をつけている。さらに漆工芸品や銀細工、古武器、楽器などの展示が続く。庭に出ると騎馬の若者が馬を走らせながら的に向かって矢を射っていた。おそらく流鏑馬《やぶさめ》の実演だろう。さらに別会場に入ると骨董品や織物、生糸、彫刻、竹細工、ガラス製品、ブロンズ製品、古銭などが展示されていた。

展示品の多くは即売が前提になっていた。しかし出品物のガイドブックがないので外国人にはその価値がわからない。こうした不満は第1回の京都博覧会の際にもあったようだ。その反省からだろうか。博覧会専用ではないものの、まずは外国人向けの京都観光案内書がこの第2回京都博覧会に合わせて作られている。著者は山本覚馬《かくま》という。覚馬は会津藩士で、のちに京都府顧問となる人物で、この京都府顧問時代に新島襄《にいじまじょう》とともにキリスト教精神にのっとった学校の設立に尽力する。これがいまの同志社大学だ。また、新島は覚馬の妹八重《やえ》を嫁にとっている。したがって山本覚馬と新島襄は義兄弟にな

## 山本覚馬による京都旅行案内の「御所」(31)

**GOSHO**

**Gosho the old residence of the Emperors of Japan and the building where the Exhibition is taking place is the most splendid palace in this country.**

**The building in the midle of the inner wall is called Shisinden and was the old seat of the government of this country.**

**That in the right of the above named edifice is Sheirioden.**

**There are six splendid gates in the outerwall and three in the inside and thus they are called Kumon or nine gates.**

**No one was admitted to the palace except the Kuges or the high officers in this court till the opening of the Exhibition.**

**Accordingly the people are anxious to visit the palace at this time.**

**It is about 15 Chios from Sanjio in the direction to the northeast.**

御所

天皇の旧居である御所は博覧会開催地でありこの国でも最も壮麗な場所である。

内部中央の建物は紫宸殿と呼びかつてこの国を統治した政治の拠点であった。

紫宸殿の右隣には清涼殿がある。

外壁には六つの見事な門があり、また内部にも三つの門があるので、それらは九門すなわち九つの門と呼ぶ。

博覧会が開かれるまで、御所には公家や高級官僚以外は誰も立ち入ることができなかった。

その結果、現在、多くの人がこの地を訪れたいと強く思うようになっている。

三条から北東に約15町。

る。NHKでは2013年に八重を主人公にした大河ドラマを放映したので山本覚馬の名前を覚えている人も多いのではないか。

覚馬が著したガイドブックは『外国人旅行者のための京都および周辺名所案内(The Guide to the Celebrated Places in Kiyoto & the Surrounding Places for the Foreign Visitors)』で、1873(明治6)年に京都の出版社から発刊された。(32) 御所や知恩院、清水寺、三十三間堂、さらには琵琶湖など、京都および周辺の著名スポット46カ所が絵入りで簡潔に紹介されている(前頁の「山本覚馬による京都旅行案内の『御所』」)。

残念ながらレアードは覚馬のガイドブックについて旅行記で全くふれていないから、おそらく所有していなかったのだろう。のちにガイドブックを頼りに日本国内を旅行するグローブトロッターについてふれることになるが、レアードが頼りにしたのはガイドブックではなく現地の商社だった。そして彼のような現地の伝手《つて》を頼る個人旅行者がいる一方で、クックの団体ツアーに参加したグローブトロッターも存在した。明治初年に訪れたグローブトロッターにも個人旅行と団体旅行がすでに並存していたことは、ちょっとした驚きでもある。

なお、その後のレアードであるが、博覧会訪問の翌17日は朝から金閣寺を訪れている。そしてその晩に京都を発って伏見に向かい、ここから大阪へは三十石船を利用している。そのあと、神戸に数日滞在したあと、22日の早朝に長崎行きの汽船に乗り込んでいる。

レアードが長崎を発って上海に向かったのは4月25日の午前8時だった。もちろんレアードは上海で使用する紹介状をしっかりと持っていたに違いない。

あなたがグローブトロッターを目指すとしたら、ミニマックス思考で団体ツアーに参加するだろうか。それとも有力な紹介状を握ってマックスミニを目指すだろうか。もちろん選択肢はこの二つだけではない。本書はこれ以降、その選択肢をいくつも紹介することになる。

# 第3章

# ボヘミアン・グローブトロッターの金満旅行

*The richest tours by Bohemian globetrotters*

## 米の国民的詩人の息子が目指す日本

クルト・ネットーがグローブトロッターを種類分けした中に「優雅型グローブトロッター」が存在した。この類のグローブトロッターは、本国の高官からの立派な紹介状を所持していて、領事や大使からも猟や宴会の招待を受ける。そしてその国が気に入れば滞在を延長することにもやぶさかではない。彼らはその国が面白ければ長期滞在するし、飽きてしまえばどこかよそへ移動する。世間の枠にははめられない自由奔放さは、俗世間のしがらみに縛られず勝手気ままに暮らすボヘミアン気質とでも言えようか。

このボヘミアン・グローブトロッターについて、お雇い外国人として東京大学の教壇に立ったバジル・ホール・チェンバレンは次のように述べている。「芸術的で文学的な世界漫遊家は、しばらくの間は、日本の茶盆的生活（日本娘に茶盆で給仕される生活）を喜んで楽しむであろう。なぜならば、倦《ママ》きたと思ったら、その瞬間に荷物をつめて出てゆけばよいからである。お雇い外国人は、そんなふうに陽気に生活を送るわけにはゆかなかった。生計を立てなければならないからである。人間は、逸楽の国《ロータス・ランド》に生活することを強いられるならば、それはもはや逸楽の国ではなくなる。ここから、日本に住むお雇い外国人と、自分の想像の美しい色彩を使って日本を描く文学的紳士たちとの間に、和解し難き反目が起る」

なるほど「生計を立てる」ために日本に長期滞在する外国人にとってグローブトロッター、中でもボヘミアン・グローブトロッターには複雑な感情を認めざるを得ないことがチェンバレンの言葉からよくわかる。そもそも、ボヘミアンな生活を送れるのはその人の性格に与《あずか》ることも大きいだろうが、それにも増してそうした生活を可能にする資金力が欠かせない。潤沢な富を背景にした自由奔放な旅行三昧の生活は、一つの場所で仕事をして金を稼いで暮らす者にとってはうらやましくもあるし嫉妬の対象でもあろう。実際ボヘミアン・グローブトロッターの行状をつぶさに見ると、正直なところ一度はこんな経験をしてみたいものだとため息が出る（チェンバレンの反目もこの「ため息」から生まれたのではないか！）。まずその一例、いや典型として掲げたいのがチャールズ・ロングフェローである（次頁図3-1）。

チャールズの父親ヘンリー・ロングフェローはアメリカが生んだ国民的詩人である。チャールズが来日した頃には、本国アメリカのみならず欧州にもその名が知れ渡っていた。日本の事情も同様で、サミュエル・スマイルズの『セルフ・ヘルプ（自助論）』を『西国立志編』として翻訳した中村正直は、1870（明治3）年にロングフェローが作った著名な詩「ザ・ビレッジ・ブラックスミス」を「打鉄匠歌」として日本に翻訳紹介している。『西国立志編』の出版が71（明治4）年だから、中村によるロングフェロ

図３-１　和装のチャールズ・ロングフェロー（Courtesy National Park Service, Longfellow House-Washington's Headquarters National Historic Site）

ーの訳出はそれよりも早い仕事である。

それはともかく、ヘンリー・ロングフェローは最初の妻を亡くすと、ボストンの豪商ネイサン・アップルトンの娘フランシスと結婚する。アップルトンは電力による綿の機《はた》織り工場をいち早くアメリカに導入して巨万の富を築いた人物として著名だ。一方は国民的名声を有する詩人、他方は莫大な資産をもつ家庭に生まれた令嬢、この両人の長男がチャールズ・ロングフェローである。

チャールズ・ロングフェロー（以下ロングフェローと称す）は母フランシスを17歳のときに亡くし祖父と母親の莫大な遺産を受け継ぐ。北軍として従軍した南北戦争から戻ると、１８６６年に叔父トム・アップルトンとスループ船による大西洋横断を皮切りに世界のあちこちを気ままに旅して歩く。そして、71（明治4）年5月31日にサンフランシスコから横浜行きのチケットを購入すると、「急に日本に向け出港。ご機嫌よう。手紙は横浜市オリエンタル銀行宛に送られたし[2]」という電信を父親ヘンリー宛てに打って日本に向かったのである。

ロングフェローが横浜に到着したのは6月25日のことだった。以後、この最初の訪問も含めロングフェローは3度日本の土を踏む。中でも最初の滞在は73（明治6）年3月13日に長崎を離れるまで約21カ月半の長きにわたる。この間のロングフェローの活動を見ると、まさに旅を楽しみ人生を謳歌しているというふうである。そもそもロングフェローには大きな資産がある。加えて父親が国民的に著名な詩人だ。さらに非常に人当たりの良い性格だったようで、新しい環境にもすぐなじめたようだ。加えてスマートでとてもハンサムな顔立ちをしている。さぞかし女性にもてたのではないか。実際ロングフェローは日本で多くのガールフレンド（愛妾と言ってもいいかもしれないが）に囲まれて暮らすようになる。

それはともかく、ロングフェローが旅装を解くと早速アメリカ領事らとお連れになり、公使館のメンバーとともに箱根宮ノ下へ行楽に出掛けている。これはヘンリー・ロングフェローの名が紹介状よりも効いたということだろうか。騎馬で東海道を進む一行は5名でこれに洋装の役人2名が付き添った。明治4年時点でもいまだ外国人に護衛がついている。ロングフェローらも全員ベルトに拳銃を着けていた。そういえば明治5年に来日したクックが、1年前までは護衛が必要だったと述べていたが、まさにそのとおりである。考えてみれば団体旅行者を引率するクックが現地の情報に暗ければ、そもそも旅行代理業ビジネスは成立しないわけだ。

## ロングフェロー、明治天皇に謁見する

小田原に着いた一行はここで昼食をとり、続いて駕籠で宮ノ下へ向かう。投宿したのはあのレアードものちに宿泊する奈良屋だ。すでに述べたようにレアードの来日は1873（明治6）年でロングフェローよりも2年遅い。そのレアードは人力車と駕籠を用いて宮ノ下に向かった。つまり市街から外れた地域でも護衛は必要でなかった。ほんの数年で時代は変わっている。

ときにロングフェローはこの奈良屋で、とんでもない人物に出会っている。元土佐藩主で今は隠居の身の山内容堂《ようどう》である。容堂は一行を夕食に招き、連れの女たちに歌や踊りを披露させたという。そしておそらくこの容堂と出会った関係であろう。その後ロングフェローは江戸（彼も「江戸」と記しているのでこの呼称を使う）でやがて三菱の創業者となる岩崎弥太郎にも出会う。弥太郎は土佐藩の最下級武士の出身で商才が認められ異例の出世を遂げた人物だ。ロングフェローが日本に滞在して1カ月近くがたった8月3日、弥太郎はアメリカ公使チャールズ・デ・ロング（C・E・デロング）らを招いた2日も続く宴会を開いている。待合い政治を得意とした弥太郎としてはアメリカ高官に

取り入っておき、将来何らかの余禄を期待したのだろう。この招待客の中にロングフェローもいた。

一方、弥太郎が催した宴会で意気投合したのか、アメリカ公使デ・ロングがロングフェローにとんでもない提案をする。ミカドすなわち明治天皇に会ってみたくはないか、というものだ。それというのもハワイと日本の間に修好通商条約が結ばれることになり使節団長をデ・ロングが務めることになっていたからだ。その際にハワイ国王からの親書を明治天皇に手渡す。そのお供として一緒に来ないかというお誘いだ。こんな誘いを誰が断るだろうか。

こうしてロングフェローは、ハワイ国使節団の書記官代理に任命され、皇城すなわちかつての江戸城で明治天皇に謁見する。8月14日のことだ。明治天皇を前にしたデ・ロング公使は威儀を正して使節団を一人ひとり天皇に紹介する。もちろんロングフェローもである。「僕はハワイ国書記官として紹介され、笑いをこらえるのに苦労した(3)」とは明治天皇を前にした彼の弁だ。

デ・ロングらによる明治天皇謁見のニュースは「ニューヨーク・タイムズ」紙が71(明治4)年9月21日付で報道している。その記事が次頁図3-2だ。下から10〜11行目に「a son of HENRY W. LONGFELLOW」とあるのがわかる。ちなみに自分の息子が外交官になったと新聞が報じていることを友人から聞いた、と記したヘンリー・ロング

**JAPAN.**

**The American Minister in Audience With the Mikado—Negotiation of a Treaty With Hawaii.**

*Yokohama (Aug. 22) Correspondence Sacramento Daily Union.*

For many years past the Government of Hawaii has vainly endeavored to obtain a treaty with Japan. Our late Minister, VAN VALKENBURGH, was selected by the King to act as the diplomatic representative of Hawaii, and although he promptly accepted, nothing came of his drowsy efforts; and then the British Envoy accepted the trust with cries of "hear, hear!" &c., from the Press, and again was the Tenno made aware of the desire of the Sandwich Islands to establish commercial relations with his subjects. Sir HENRY PARKES met with no better success than his bosom friend and colleague, VAN VALKENBURGH, and again did Hawaii remain without credence at Court. During all of this time EUGENE M. VAN REED, an esteemed American resident of this city and an earnest friend of the Hawaiians, had been using his best endeavors to secure the ratification of a treaty, but all of no avail until now. By last steamer arrived a commission from the King of Hawaii empowering the American Envoy Extraordinary, CHARLES E. DELONG, as Hawaiian Plenipotentiary to conclude a treaty. The commission arrived by United States mail of July 25; a notification was served on the 1st instant; an audience was appointed and held with the Mikado on the 14th, and the treaty signed and formally ratified on the 19th—in all, a period of less than a month was occupied in accomplishing an object which representatives of less energy had failed to accomplish after years of misdirected endeavor. The audience was held at the Castle, and inasmuch as there were no citizens of Hawaii in Japan eligible for a suite, DELONG selected as his attendants several American naval officers who were present in full uniform, and, as Acting Secretary of Legation, a son of HENRY W. LONGFELLOW, who is en route around the world. The audience was had at 12 M., and all of the customary forms were observed, as at the first audience of DELONG, as Minister Resident of the United States of America, at which your correspondent had the honor of being present. The reception of the party was unusually kind, as in the brief speeches herewith you will observe. The Mikado paid the Envoy a marked compliment.

図3-2　「ニューヨーク・タイムズ」1871年9月21日の記事「アメリカ公使が帝に謁見——ハワイの条約協議で」

フェローの手紙がある。ヘンリーの友人が指摘した報道とは、このニューヨーク・タイムズの記事のことであろう。ヘンリーは友人にその記事を送ってほしい旨の手紙を書いているが[4]、彼がこの記事を入手できたのかどうかまではわからない。しかしどこの国も子を思う親の気持ちは一緒のようである。

## 日本のあちこちを旅する楽天家

デ・ロング公使はロングフェローのことがよほど気に入ったようだ。今度はロングフェローを蝦夷《えぞ》の視察旅行に誘っている。公使一行の一員として自由に日本国内を旅できる特権は、あちこちから紹介状をかき集めるグローブトロッターからすると羨望の的だ。もちろんロングフェローもこの申し出に快く応じている。メンバーは2人のほかにイタリア人書記官1名、アメリカ陸軍軍人2名である。汽船で蝦夷に直行して内地を視察し、帰りは東北地方を徒歩で周遊しながらゆるゆると江戸に帰ってくる計画だ。実際の行程は87頁の「ロングフェローの蝦夷・東北旅行」に示したとおりだ。

一行は太平洋郵船会社のエリエール号で横浜を発ち仙台を経由して函館に向かう。そして9月16日より20日間、蝦夷の西部を周遊する。そのあと本州に渡り陸奥湾沿岸の野《の》辺地《べち》から江戸に向けて駕籠と徒歩による旅を敢行する。野辺地の出発は10月14日で、途上、日本三景の一つ松島の絶景なども堪能し、江戸着が11月4日だった。ロングフェローによると、蝦夷で640㎞、東北縦断で800㎞を踏破した旅だったという。注目すべきはこの蝦夷・東北の旅が1871（明治4）年という早い時期に行われていることだろう。蝦夷・東北の旅では、第6章で詳しくふれるイザベラ・バードが著名だが、ロングフェローの旅はそれに先立つこと7年前である。

また、旅の途上では多くの日本人が護衛として付き添っており、攘夷論者の斬り込みを警戒してロングフェローらはリボルバー（回転式の連発拳銃）を携帯しているのも箱根の小旅行と同様だ。もっとも彼ら一行がサムライの不意打ちを恐れて、緊張しつつ旅をしていたかというととんでもない。それは漫遊旅行、あるいは散財旅行とも言えるも

小樽
石狩
余市
蝦夷（北海道）
篠津
岩内
札幌
歌棄
有珠山
千歳
礼文華
長万部
勇払
樽前岳
有珠
白老
山越内
室蘭
幌別
落部
峠下
駒ヶ岳
鷲ノ木
函館
湯川
津軽海峡
青森湾
野辺地
青森県
七戸
五戸
秋田県
三戸
一戸
小鳥谷
沼宮内
岩手山
渋民
盛岡
岩手県
花巻
黒沢尻
水沢
金成（宮城県）
一関
佐渡島
山形県
古川
松島
金華山
仙台
塩竈
白石
岩沼
新潟
福島
新潟県
福島県
郡山
太平洋
白河
栃木県
大田原
群馬県
宇都宮
長野県
小金井
古河
茨城県
埼玉県
山梨県
江戸（東京）
神奈川県
千葉県
富士山
静岡県
東京湾
N
0
100km

## ロングフェローの蝦夷・東北旅行

### ロングフェローの蝦夷の旅

**1871年9月**

16日 函館→湯川《ゆのかわ》→沼ノ岱《ぬまのたい》
17日 沼ノ岱→峠下《とうげした》→宿野辺《しくのべ》
18日 宿野辺→鷲ノ木《わしのき》→山越内《やまこしない》
19日 山越内→遊楽部《ゆうらっぷ》→長万部《おしゃまんべ》
20日 長万部→礼文華《れぶんげ》
21日 礼文華→有珠《うす》
22日 有珠→室蘭《むろらん》→幌別《ほろべつ》
23日 幌別→白老《しらおい》→勇払《ゆうふつ》
24日 勇払→千歳《ちとせ》
25日 千歳→札幌《さっぽろ》〜27日
28日 札幌→篠津《しのつ》→石狩《いしかり》
29日 石狩→銭函《ぜにばこ》→小樽《おたる》
30日 小樽→余市《よいち》

**10月**

1日 余市→岩内《いわない》
2日 岩内→歌棄《うたすつ》
3日 歌棄→長万部
4日 長万部→落部《おとしべ》
5日 落部→鷲ノ木→大野
→宿野辺→函館

### ロングフェローの蝦夷から江戸への旅

13日 函館→野辺地《のべち》
14日 野辺地→七戸《しちのへ》
15日 七戸→五戸《ごのへ》
16日 五戸→三戸《さんのへ》→一戸《いちのへ》
17日 一戸→小鳥谷《こずや》→沼宮内《ぬまくない》
18日 沼宮内→渋民《しぶたみ》→盛岡〜19日
20日 盛岡→花巻
21日 花巻→黒沢尻→水沢
22日 水沢→一関《いちのせき》→金成《かんなり》
23日 金成→古川
24日 古川→仙台〜25日
26日 仙台→塩竈《しおがま》→松島
27日 松島→仙台→岩沼
28日 岩沼→白石
29日 白石→福島
30日 福島→郡山
31日 郡山→白河
11月1日 白河→大田原
2日 大田原→宇都宮
3日 宇都宮→小金井→古河
4日 古河→利根川を船で江戸
(築地ホテル館)

のだった。

例えば盛岡では骨董品を見たいというお触れを出して部屋にたくさんの品物をもってこさせている。ロングフェローなどは旅の途中で、骨董品あさりが過ぎて資金が底をつくことに気付くのだが、それでも仙台に着いたら借金の交渉をしよう、などと考えているからのんきなものである。

しかも、ロングフェローの国内旅行はこれにとどまらない。1872（明治5）年4月には前章でふれた第1回京都博覧会に訪れている。つまりロングフェローは、京都の門戸が一般外国人に開かれた明治5年に入京した770人の一人だったわけだ。また京都訪問のあとは1週間かけて和船による琵琶湖クルージングを楽しんでいるし、大阪では骨董品を大量に買いあさっている。さらに長崎ではパーティーに明け暮れ、これに飽きたらず江戸に自分の屋敷を構えるまでになる。加えて日本といえば「フジヤマ、ゲイシャ」である。ロングフェローはこの富士山の頂上にも登っている。1860（万延元）年9月、駐日イギリス大使ラザフォード・オールコックらが外国人として初めて富士山に登った。ロングフェローの富士山登頂はそれからちょうど12年遅れの1872（明治5）年9月7日のことだった。

このようにロングフェローは明治初年にかなり気ままに日本の各地を訪ねている。しかもその旅はどこか楽天的で、未知の土地をこの目にしてやるなどといった力みはまったく感じられない。まさにネットーが分類した、領事や大使からも猟や宴会の招待を受け、その国が気に入れば滞在を延長する「優雅型グローブトロッター」である。

いや、ロングフェローにはこうした既存の分類枠を適用できないのかもしれない。ロングフェローは、73（明治6）年3月13日に長崎を離れて中国やサイゴン、バンコク、シンガポールに滞在したあと3年ぶりにアメリカに戻る。このシンガポールでの旅では軍艦にも便乗させてもらっているようだから、「王侯型グローブトロッター」に近い振る舞いをしている。さらに12年後の1885（明治18）年に2度目の来日を果たす。このときは友人のヨットで日本各地を航海しているから、ロングフェローは「独立型グローブトロッター」でもあったわけだ（もっともロングフェローの場合、友人のヨットではあったが）。このようにロングフェローの旅の仕方は、ネットー式では分類不能と言わざるを得ない。

## 自家用スクーナーで世界一周

先にも述べたように、ロングフェローのような気ままな旅をしようと思うと、本人が旅行を愛していて金に余裕があることが必須の要件になる。加えてロングフェローには父親の名声があった。旅好き、金、名声と、ロングフェローはまさに三拍子そろったグ

図3-3　ブラッセイ一家[5]

ローブトロッターだったと言える。もっともロングフェローだけがそうしたグローブトロッターだったわけではない。今から紹介するグローブトロッターは、資金力の面ではロングフェローを遥かに上回るだろう。また確固たる社会的地位を有している点もロングフェローとは異なる。ただしその分、ボヘミアン気質ではロングフェローよりも大いに劣るのだが。

　その人物はイギリスの政治家トーマス・ブラッセイという（図3-3）。ブラッセイの父親で同名のトーマス・ブラッセイは鉄道建設の請負業としてその名を馳せた人物で、中でも１８４７年から48年にかけてのグレート・ノーザン鉄道の請負事業は彼の名を一躍有名にした。さらに彼の請負ビジネスはイギリスだけにとどまらず、イタリア、カナダ、オーストラリア、そしてインドへと広がっていった。その結果、一代で７００万ポンドもの富を築いたと言われている。現代の価値に換算するとおよそ８兆７５００億円といったところか[6]。

　ここで取り上げるトーマス・ブラッセイは、この億万長者の上の桁をいく人物の長男だ。ブラッセイは１８３６年生まれで長じて政治家の道を目指す。63年にはイングランド北西部の港湾都市バーケンヘッド代表の下院議員候補として出馬するも、第２章でふれたエガートン・レアードの父親ジョン・レアードの前に敗れている。その後68年にイースト・サセックスのヘイスティングスから選出されて下院議員となり86年までその地位にあった。

ブラッセイがイングランドの南部にあるワイト島カウズを発って世界一周の旅に出かけたのは、この下院議員在職時の1876（明治9）年7月6日のことだ。彼の父親は70年に鬼籍に入っている。よってブラッセイには莫大な遺産があった。そのため旅行の仕方も半端ではない。彼が乗っているのは「自家用」の蒸気機関付き快走帆船サンビーム号だ（図3-4）。

図3-4　ブラッセイのサンビーム号[7]

サンビーム号は74年に建造された、全長57・9m、幅11・7m、深さ7・6m、総トン数334トン、3本マストのスクーナー型[8]ヨットだ。蒸気機関は64馬力の2シリンダーである。このヨットを購入するだけでも莫大な金がかかっただろう。しかしこれを動かすのにもこれまた金がかかる。そもそもブラッセイ自身がこの船を操舵するわけではない。まして や彼が機関の整備や食事の支度をするわけでもない。つまり専任のスタッフが必要になる。ブラッセイは彼らを雇い、給金の支払いや日々の食事も供給する。こうして初めて船は動くわけだ。

　ここまで書けば、かなり多くの人間がサンビーム号に乗り込んでいたと想像できよう。その数なんと43名である。ブラッセイとその夫人アンナ、それにトーマス、マーベル、マリエル、マリーの4人の子供たちというブラッセイ一家を筆頭に、一家の友人、船長、航海士、機関士、大工、給仕、コック、メイド、看護師などという構成だ。さらに犬2匹、鳥3羽、ペルシャ猫1匹が付随する！　なんとも大所帯による大移動なのである[9]。

　イギリスを発ったブラッセイ一行は、大西洋を南西にとり南アメリカを目指す。そして南米大陸の南端にあるマゼラン海峡を抜けて大陸沿いに北上し、チリのバルパライソから太平洋を横断する。途中タヒチを訪れ、そこから北上してハワイに入り、ホノルルから一路日本を目指す。横浜に到着したのは1877（明治10）年1月29日のことだ。ワイト島カウズを出航してからすでに半年以上が経過している。

　日本での滞在はこの日から2月19日までの約3週間だった。そのうち約10日間は日本沿岸の航海や悪天候による出航待ちに費やしているから、日本の土を踏んでいたのは2週間にも満たない。厳密に言うとその間も船で寝起きしているから、実際に日本の土を踏んだ期間はもっと短くなる。彼らの目的はあくまでも世界一周、しかも11カ月という期間内にイギリスに戻る旅だ。日本はその寄港先の一つに過ぎなかった。

　もっとも、ちょっと立ち寄った日本ではあるけれど、ブラッセイ一家にはイギリス公使館がじきじき対応にあたっている。それもそのはずだろう。本国の下院議員だから公使館としても粗相は許されない。横浜に到着した一行は、まずブラッセイ夫人らが上陸して領事館に挨拶に出向き一家宛ての手紙を何通か受け取る。ブラッセイ本人は疲れているという理由からキャビンで休息をとっていた。領事ごときに自ら出向く必要はないということだろうか。ブラッセイ一家の日本到着は横浜の領事からイギリス公使ハリー・パークスに連絡がいったようだ。翌日の朝、サンビーム号には多くの訪問客が来船するが、その中にはブラッセイ宛てにパークスからの招待状を届ける者がいた。翌日ブラッセイは東京のイギリス公使館を訪問することになる。

そのお返しということだろうか、ブラッセイ夫人はパークス夫人とその友人たちをサンビーム号に招待し昼食を楽しんでいる。要するにブラッセイ一家は日本を深く旅する気はあまりなくて、むしろ彼らの旅行は社交に重きを置いているのだ。そもそもブラッセイ夫人は、この旅行について記した著作のタイトルを『サンビーム号の世界一周—11カ月にわたる海上の我が家（Around the World in the Yacht 'Sunbeam,' our home on the ocean for eleven months)』としている。まさにサンビーム号は一家にとって移動する邸宅だった。したがってパークス夫人らの招待は、海上の我が家に友人を招いて昼食をとった、という図にほかならない。考えてみれば豪勢な話だ。

## 神戸―京都間鉄道全通式で明治天皇に謁見

こんな有力者ブラッセイに対して、日本には恫喝外交でならしたパークスが何かと配慮をしている節が見られる。その一つにサンビーム号の日本寄港問題があった。サンビーム号は軍艦でも商船でもない。世界一周途上の私的快速艇だ。このような特殊な船舶が日本にやって来たのはこれが初めてだった。日本政府はこの船の取り扱いに困ったようだ。そこでパークスは政府に圧力をかけ、他国の場合と同様サンビーム号は税関を強制されることも、税関を通ることで発生する税金の支払いも免除させている(10)。

さらに京都の小旅行ではパークス自らがブラッセイ一家の宿を訪ね御所に案内する労をとっているし、加えてパークスは、ブラッセイが明治天皇に謁見できるようにセッティングさえしているのである。子細は次のとおりだ。

2月2日の午後8時半、サンビーム号は横浜を離れて神戸を目指す。神戸の港に錨《いかり》を下ろしたのは2月4日の日曜日午後9時のことだ。実はこの翌日の1877(明治10)年2月5日、神戸―京都間の鉄道が全通する。その開業式に明治天皇が京都・大阪・神戸の駅にお出ましになり、各駅ではセレモニーが行われ各国からの来賓が明治天皇に謁見する予定になっていた。

2月5日の朝7時、港と停泊中の船舶を結ぶ艀《はしけ》がサンビーム号に横付けになりイギリス領事および公使ハリー・パークスからの手紙がブラッセイに届く。開業式列席への誘いである。これはパークスからのサプライズとしてブラッセイに贈られた極上の贈り物のようだ。ブラッセイが喜んだのは言うまでもない。

神戸駅は松や椿、赤い南天で美しく装飾されている。駅舎の外には特設会場があってこちらも松で装飾され、そこには龍と鳳凰が花で描かれている。ブラッセイはイギリス海軍予備員の制服を着用して神戸駅のプラットフォームでミカドの到着を待つ。やがて空砲が鳴り響き、楽団の演奏が皇室列車の到着を告げる。ミカドがプラットフォームで出迎えられ、行列の先頭に立って敷物の上を歩き高座に姿を現す。開業式が始まるとやがてハリー・パークスが祝辞を述べ、同伴している5人のイギリス人を明治天皇に紹介する。もちろんこの中にトーマス・ブラッセイも加わっている。それに対して明治天皇は聞き取れないほど小さな声で返答した。こうしてトーマス・ブラッセイは明治天皇への謁見という栄誉に浴せたのである。

ネットーは「独立型グローブトロッター」を、自分のヨットを所有していて、たいていは家族を同伴して旅行し、日本を目的地とする場合、彼らはミカドへの謁見を目的にする、と書いた。これは全くトーマス・ブラッセイのことを指している。いや、ネットーはブラッセイ夫人の著作を読んで、ここから「独立型グローブトロッター」という種を設けたのかもしれない。

## 西南戦争の始まりを知る

ブラッセイ夫人の旅行記には、当時の明治の世情がうかがえる貴重な記録もある。明治天皇の謁見から1週間たった2月11日の朝7時頃、神戸港に停泊中のサンビーム号に2人の日本人が伝言を携えて来船した。最初ブラッセイはメッセージの意味がわからなかった。しかしやがて鹿児島で反乱軍が大挙して決起し、彼らが何艘かの船舶を略奪したことがわかる。

日付に注目してもらいたい。明治10年の2月である。そう、西南戦争の火ぶたが切って落とされたことをブラッセイは知ったのだ。この年の1月29日、政府陸軍省は草牟田《そうむた》火薬庫にあった兵器弾薬を大阪に移すため夜間に船舶へ積み込もうとした。西郷隆盛のもとに集っていた私学校の生徒がそれを知り、この兵器弾薬を押収したのだ。この収奪行為は草牟田火薬庫さらに磯《いそ》の海軍火薬庫の襲撃へと規模が拡大していく。そして2月12日に、西郷隆盛、桐野《きりの》利明《としあき》、篠原国幹《しのはらくにもと》ら3名の連名で、政府尋問のため兵を率いて上京する旨を鹿児島県令に通達する。こうして西郷軍は熊本に向けて発つわけだ。ブラッセイらがニュースを得た時期とは西郷軍が動きだすまさに直前のことだった。

その後の西南戦争のことを簡単に書いておくと、西郷軍は熊本城に攻め込み2月22日には総攻撃するも攻略に失敗する。また3月1日には田原坂の攻防が始まり、以後、西郷軍は前進困難となり徐々に後退していく。そして9月には鹿児島に戻り城山に立てこもると、西郷ら幹部は洞窟で暮らしながら最後の抵抗を試みる。しかしすでに天から見放されていた西郷は9月24日、政府軍の銃撃を受け別府《べっぷ》晋介《しんすけ》の介錯により自決し、残る西郷軍も玉砕してここに西南戦争が終結する。

もっとも西郷軍の行く末などブラッセイ一行にとってはあずかり知らぬことだった。2月19日の午前8時半、下関に投錨《とうびょう》していたサンビーム号は、悪天候のため長崎行きを諦めた代わりに、門司西部の部《へ》埼《さき》灯台を見ながら南下して豊後水道を抜け太平洋に出る。そして一路香港を目指すのである。その後、マカオ、シンガポール、ペナン、コロンボ、アデン、そしてスエズ運河を越え、5月26日にワイト島カウズに戻っている。

その頃西郷は熊本城から退却して同県水上村江《え》代《しろ》から人吉《ひとよし》に向かっていた。またこの同じ日に西郷とともに幕末の戦渦をくぐり抜けた木戸《きど》孝允《たかよし》が病死する。

江戸時代は急速に遠くなっていくのであった。

# 第4章
# 東海道で行く人、中山道で来る人

*Globetrotters go via Tokaido and those come via Nakasendo*

## 明治7年の中山道の旅

江戸時代の道路といえば東海道と中山道が頭に浮かぶ。これに甲州道中、日光道中、奥州道中が加わって五街道となる。これらは当時の幹線道路と言ってよい。そしてこのような幹線道路があるのならば、これを活用して東京から京都に向かうとか、その逆をたどるとかといったグローブトロッターが出てくるのは当然の成り行きだろう。

例えば中山道を走破した旅行記としては、序章でもふれたイギリスの商人アーサー・クロウによる『クロウ日本内陸紀行（Highways and Byeways in Japan）』が日本語訳になっていて著名だ。(1) クロウが中山道を旅したのは1881（明治14）年の6月10日から7月3日にかけてである。(2) この旅行にあたり人力車夫兼通訳でコックもできる日本人を雇っていたクロウは、京都を出発して中山道を走破しさらに日光に至っている。

ところがこのクロウよりも先にほぼ同じルートを通って京都から日光に至った人物がいる。イギリスのブリッジス夫妻で、その旅行記がF・D・ブリッジス夫人による『女性旅行家の世界一周旅行記（Journal of a Lady's Travels round the World）』として残っている。ブリッジス夫妻は1878（明治11）年8月の終わりに世界一周旅行に出かけ、79（明治12）年2月15日に太平洋郵船会社のシティ・オブ・トキオ号で日本にやって来た。6月にサンフランシスコに向けて出発しているので日本滞在は約4カ月間だ。この間にブリッジス夫妻は江ノ島、東京、神戸、奈良、京都と定番の観光地を巡ったあと、中山道を通って日光に向かう。京都を発ったのがおそらく同年4月29日で、5月15日に日光に着いているから17日間の道中である。

明治12年という時期に夫婦で中山道を旅するとは、なかなかの猛者とお見受けした。が、これよりもさらに早い時期に中山道を踏破したグローブトロッターがいる。その人は「アイラのキャンベル」という異名をもつジョン・フランシス・キャンベルである。キャンベルは古代ケルト語の一つであるゲール語の研究者で、1822年にイギリスのスコットランド地方にあるアイル島のアーガイルで生まれた。キャンベルが西ハイランド（スコットランド）の民間伝承を収集しそれを現代語に翻訳して、1860年から62年にかけて出版した『西ハイランドの昔話（Popular Tales of the West Highlands）』4巻本は、本国イギリスでゲール語に対する注目を高める契機となった大作だ。日本でいえば柳田国男や宮本常一といった民俗学者に近い人物だと考えればよい。

キャンベルが西回りで世界一周の旅に出たのが1874（明治7）年6月6日のことで52歳になる年のことだ。サンフランシスコから太平洋郵船会社のグレート・リパブリック号で横浜に入港したのが同年10月29日深夜、そして翌日30日に上陸している。中山道に向けて東京を発ったのは12月14日のことで京都に到着したのが1月11日だ。当時はまだ外国人旅行免状が一本化していない時期だ。そのためキャンベルは、イギリス公使ハリー・パークスをとおして、横浜―京都間ならほぼどこでも旅行できる「国内旅行免状」を手に入れている。

旅のメンバーはキャンベルも含めて6名で、フランス人ヴィダル博士、同じくフランス人ポール・カリー、それに従者坂本正直、料理人の小吉（Koiti）、通訳の加賀山（Kangaiama）である。このメンバーに関してキャンベルは、それぞれの体重を記しており、当時の外国人と日本人の体格の差が一目瞭然になって面白い。これによるとキャンベルが２０８ポンド（94・3kg）、ヴィダル博士が同じく２０８ポンド、カリーが１８３ポンド（83kg）という外国人に対して、日本勢は小吉が１４０ポンド（63・5kg）、加賀山が１２１ポンド（54・9kg）、坂本が１１０ポンド（49・9kg）となっている。[3] また、注釈も付いていて、小吉は「とても大きな日本人料理人」、加賀山は「小さな通訳」とあるから、外国人から大きく見えても63・5kgである。だからやはり日本人の身体は小さかった。

## 体重が20kg減った過激な旅

次にキャンベル一行がとった行程を日付順に示したのが左の「キャンベルの中山道踏

## キャンベルの中山道踏破

### 1874（明治7）年12月

14日　東京→鴻巣（現埼玉県鴻巣市）

15日　鴻巣→新町（現群馬県高崎市）

16日　新町→富岡（現富岡市）

17日　富岡→下仁田《しもにた》（現群馬県甘楽郡）

18日　下仁田→松井田（現安中市）

19日～20日　松井田→軽井沢
（現長野県北佐久郡）

21日　軽井沢→小田井（現長野県北佐久郡）

22日　小田井→望月（現佐久市）

23日　望月→和田（現長野県小県郡）

24日　和田→和田峠・下諏訪間の茶屋

25日～27日　下諏訪（現諏訪市）

28日　下諏訪→塩尻峠→本山《もとやま》（現塩尻市）

29日　本山→藪原（現長野県木曽郡）

30日　藪原→上松《あげまつ》（現長野県木曽郡）

31日　上松→野尻（現長野県木曽郡）

### 1875（明治8）年1月

1日　野尻→落合（現岐阜県中津川市）

2日　落合→大井（現恵那市）

3日　大井→細久手（現瑞浪市）

4日　細久手→太田（現美濃加茂市）

5日～6日　太田→加納（現岐阜市）

7日　加納→今須（岐阜県不破郡）

8日　今須→米原（現滋賀県米原市）

9日～10日　米原～汽船～大津

11日　大津→京都

破」だ。中山道の旅人は日本橋を出て板橋宿、蕨《わらび》宿（埼玉県蕨市）、浦和宿（埼玉県さいたま市）、大宮宿（同さいたま市）と北上していく。キャンベル一行が最初に投宿したのは日本橋から数えて7番目の宿駅に相当する鴻巣《こうのす》だった。キャンベルは基本的に江戸時代から続く中山道の宿駅で宿をとる。明治時代も街道の宿場は現役だった。ただしキャンベルの行程は純粋に中山道を踏破したものではない。というのも新町宿（群馬県）で中山道からはずれて富岡にある富岡製糸場に立ち寄っているからだ。

　富岡製糸場は日本初の近代製糸工場で完成したのは1872（明治5）年7月のことだ。そして同年10月に操業を始めている。よってキャンベルらがここを訪れたのは操業開始から2年後のことである。キャンベルは300人の日本人女性が一つの部屋で蒸気と熱湯の力を借りながら繭から糸を紡いでいる様子を見学している。さらにキャンベルは、彼女たちは小ぎれいで元気がよく、決してみすぼらしくなく、可愛らしく、目がキラキラと輝いていてバラ色で健康そのものだ、とも記す(4)。意外ながら富岡では、毎晩湯に入りお白粉《しろい》をつけるのが女子のみだしなみで、逆に化粧をしない女子は身だしなみが悪いと言われたそうだ(5)。きれいに化粧した女性が300名もいきいきと働いていたら、かなり壮観だったに違いない（図4-1）。

　富岡で1泊した一行は再び中山道に戻る。また一行のヴィダル博士とは、富岡製糸場の医師イジドール・ジャン・ポール・ヴィダルだったようで、彼は途中まで一行を送り富岡に戻っている。その後キャンベルらは本格的に中山道へと歩を進めるわけだが、12月ももう終わりだから寒さは厳しい。宿屋の中ですら気温が1度しかない日もあった。しかもこの寒さに加えて中山道には難所の峠が少なくとも五つある。碓氷《うすい》峠、和田峠、塩尻峠、鳥居峠、馬籠《まごめ》峠がそれだ。中でもキャンベルは12月24日のクリスマスイブに和田宿と下諏訪宿の間にある和田峠で猛吹雪に遭遇して遭難しそうになる。要するに冬山での行軍である。

図4-1　富岡製糸場工女勉強之図（群馬県立図書館蔵）

下諏訪に着いた一行は、和田峠越えの疲労を回復するためであろう、ここで数日の滞在を決める。下諏訪はいまも温泉で著名だが、宿からは露天風呂が見えていて、キャンベルはそこで男女入り交じって入浴する様子に驚いている。中でも風呂からあがった男女が裸のまま番傘をさして（その日は雨が降っていた）、自分の家に戻る姿に仰天し、「これがこの国における無垢な衣装だとしたら、このエデンの園はちと寒過ぎはしまいか(6)」と、キャンベルはつぶやくのであった。では、キャンベルらも混浴を楽しんだのか。いや、そうはしなかった。中庭に浴槽を運んでもらい、そこで入浴している。

下諏訪を過ぎると宿場は塩尻、洗馬《せば》、本山《もとやま》と続き、境川を渡るといわゆる木曽路の始まりだ。ここからさらにいくつかの宿場や峠をやり越して宮ノ《みやの》越《こし》宿をしばらく行くと、中山道の中間である江戸・京都双方からちょうど67里28丁（約２６６㎞）の地点に着く。大晦日の朝8時半には浦島太郎が竜宮城から持ち帰った玉手箱をこの地で開けたという伝説が残る上松《あげまつ》宿を出発し、年が改まった１８７５（明治8）年1月1日、野尻宿で目を覚ます。キャンベルは元旦も休むことなく、この日は妻籠《つまご》宿を経て12時半には馬籠《まごめ》宿に至っている。

中山道の難所を過ぎたキャンベルが、琵琶湖畔に米原湊《まいばらみなと》をもつ米原宿に到着したのは1月8日のことだった。もっとも本来の中山道に米原宿はない。この宿は北国街道の宿場に数えられている。キャンベルはこの米原から中山道本来の陸路ではなく汽船を使って琵琶湖を航行し大津（現浜大津）に向かう。もうここまで来れば京都に着いたも同然だ。キャンベルにもそんな安堵の気持ちがあったのではないか。大津で2泊したキャンベルは１８７５（明治8）年1月10日付で母親宛てに手紙を書いている。その中でキャンベルは、２３８ポンドあった体重がいまや１９２ポンドになったと記している。[7] キャンベルが手紙で記す元の体重は、先に示した旅行前の体重２０８ポンドと微妙に異なる。

だが手紙の方が正しいとすると、この中山道の旅でキャンベルの体重は46ポンド、約20kgも減ったわけだ。厳冬期の中山道はそれほどハードな旅だったのである。

## 東海道を旅したグローブトロッター

中山道を旅したグローブトロッターがいたとしたら、当然東海道を旅した人物もいただろう。その一人に『シドモア日本紀行（Jinrikisha Days in Japan）』を残したエリザ・ルアマー・シドモアがいる（図４‐２）。シドモアは旅行作家で日本以外にも、ジャワやインド、中国の旅行記を著している。もっとも日本では旅行作家のシドモアよりもアメリカの首都ワシントンのポトマック河畔にある桜の生みの親として有名ではないか。ポトマック河畔の桜は日本からアメリカに寄贈されたもので、１９１２（明治45）３月に初めて植樹がされた。当時のポトマック河畔は殺伐とした場所だったという。これをなんとかしようと考えていたウィリアム・タフト米大統領夫人ヘレンに桜の植樹

図４‐２　エリザ・ルアマー・シドモア(8)

を提案したのがシドモアだった。

シドモアが初めて日本の土を踏んだのは1884(明治17)年のことで、その後繰り返して日本を訪れている。『シドモア日本紀行』の初版が出版されるのは1891(明治24)年のことで、その後同書の改訂版が1902(明治35)年に出版されている。東海道の旅行記についてはすでに初版に見られる。ただ、この旅行記には詳しい年月日が記されていない。そのため、シドモアが東海道を旅したのは、明治18年から23年の間と推測せざるを得ない。(9)

一行はシドモアを含めた外国人女性2名、外国人男性1名、日本人ガイド1名である。宮ノ下を出発したシドモアは芦ノ湖に向かい箱根峠を通って三島を目指す。ここから人力車を用いた旅に切り替え、清水、静岡、藤枝、金谷《かなや》(現島田市)、浜松、浜名湖、豊橋、有松《ありまつ》(現名古屋市)を経由して名古屋に至っている。日数は判然としないが、この間5泊程度しているようだ。

名古屋にしばらく滞在したのち再び人力車で京都を目指す。こちらの行程は三島―名古屋間よりもあいまいで、名古屋からいきなり滋賀県の長浜に飛び、さらに大津から京都に至っている。行程だけとれば別に驚くような旅でもない。またシドモアは、東海道以外にも日本のあちこちを旅している。しかし旅先として少々変わっているのは富士登山程度で、あとは鎌倉、江ノ島、日光、宇治、奈良、大阪、神戸、有馬と定番の観光地が続く。

そもそも、シドモアという人は、「熟語会話集に頼りながら、単独で中山道《なかせんどう》や僻地《へきち》を旅する外人は、現地での思いやりや安らぎは、まず期待できません。そういう人間は巡礼階層と見なされ、お客様扱いによる部屋の世話や特別料理からは、全く無縁となります。雇ったガイドが主人を少々騙《だま》したりするにせよ、得られる旅の快適さや便宜はコストに見合ったものとなります」(10)という考え方の持ち主だ。まず旅の快適さが最優先で、それを確保するためにお金を積むという考え方だと言ってもよい。彼女の考え方を延長すると快適な旅を追求すればするほど金がかかる。では、真に快適な旅の行き着く先は？　そう、湯水のように金を使える王侯貴族の旅になろう。

1891（明治24）年に軍艦アゾフ号で来日したロシア皇太子ニコライが、京都観光の際に川島織物《おりもの》所を訪れたときのことだ。川島織物所は川島甚兵衛が天保年間に設立した悉皆《しっかい》屋（染め物、洗い張り請け負い）で、明治期に入って2代目甚兵衛が渡欧してゴブラン織りを研究しこれを伝統技術に加えることで織物に新境地を開いた。ニコライが来日した明治24年に国内初の宮内庁御用達となっていて、現在の川島織物セルコンにつながる。川島織物所ではニコライの訪問にあたり壁面や天井を綴錦《つづれ》で豪華に飾った小宮殿のような休憩所を二つ設けた。その上で工場での染色過程を解説したという。ニコライはこれにいたく感激し「二つの休憩所の建物、壁掛け、机、椅子その他一切の装飾品を買い上げた」[11]というのだ。金に糸目をつけない旅行は上を見ればきりがないのである。

## 石畳とワラジ履き

それはともかく、旅先でのシドモアの記述には、当時の明治ニッポンを知る上で大いに着目すべきところがある。例えば箱根峠の石畳を歩く際にシドモアらは靴にワラジをかぶせ、また馬を引く農民やその馬もワラジをはいて滑りにくくしていると書いている。[12]

図4-3　石畳を駕籠で下る女性[13]

いまも東海道や中山道の旧街道を行くと昔ながらの石畳の道が残っている（図4-3）。街道を石畳にする工事は決して明治時代に始まったものではなく、古いものだとすでに江戸時代の初期には行われていた。もちろん雨が降って道がぬかるむのを防ぎ旅人が歩きやすいようにするための措置だ。しかしこの石畳をスニーカーで歩いてみると決して快適な道だとは思えない。特に雨や雪で足元が悪いと、よく滑るため注意を要する。シドモアも革靴かブーツだったのだろう。そのため石畳でよく滑るため靴にワラジをかぶせたわけである。

では、ワラジだと石畳も滑らないのだろうか。これが滑らないのである。私はこのことを鳥取県三朝《みささ》温泉の東方にある国宝投入堂《なげいれどう》へ向かった際に身をもって理解した。投入堂に至る道は文字通り道なき道で修験道の修行の場になっている。ときには岩を素手でつかみながら、あるいはときにロープを頼りにしながら、断崖をよじ登る地点が途上のあちこちにある。ここへの入山は革靴はもちろんスニーカーも厳禁で、グリップのきいた長靴やスパイクの付いていない登山靴などが必要になる。これらの持ち合わせがない場合、入山口でワラジに履き替える。もちろんワラジは有料だ。装備がなかった私は、スニーカーは不可でワラジならば可というのも妙なものだと思いつつ、ワラジに履き替えて山道に入った。

このワラジの威力がよくわかったのは、最初の断崖をよじ登るときだ。ワラジが岩に食い込む、いや、岩を嚙むと言った方がふさわしい。雨水で濡れた岩でもワラジだと岩の表面をしっかりとつかまえられるのがよくわかった。誰しも経験があるように足を滑らすときというのは思いもかけないときである。仮にここの岩場で滑ったら、大怪我だけでは済まない可能性が高い。そのためシドモアが靴にワラジをかぶせた意味はよくわかる。彼女の記録は、当時、足元の悪い街道を歩くグローブトロッターの姿を彷彿とさせてくれる。

さらに注目したいのが馬の蹄《ひづめ》だ。当時の馬は蹄鉄《ていてつ》をつけていなかった。そのため蹄を

図4-4　米俵を運ぶ駄馬と馬子（長崎大学附属図書館蔵）

保護するために馬沓《うまくつ》という馬専用のワラジを履かせた（図4-4）。シドモアが見たのはこの馬沓である。ワラジ履きならば石畳でも滑りにくい。言い換えると当時はワラジが普段の履物だったから石畳にして歩きやすくした。革靴やスニーカーを前提にしていなかったということだ。

それからシドモアが人力車について記した箇所がある。車夫が2人の場合、人力車をどう引くかというものだ。この記述も注目に値する。シドモアによると、車夫が2人の場合、1人は梶棒の中に入り、もう1人は梶棒からの綱を肩に渡してその前方を走る。一方、丘を降るときは、前の走者が梶棒を手にしてブレーキ役になる。また丘を登る際には前の走者が後ろに回って車を押したというのだ。(14)

外国人は体重が重いから、たいてい1台の人力車に車夫2名がつく。トーマス・クックが人力車で江戸市街を駆け回ったときもそうだった。しかし2人の車夫が人力車を引く場合、両名ともが梶棒の中に入ると安易に想像してしまいがちだ。これが間違いであることはシドモアの記述から明らかになる。

また本当に太った外国人の場合や上りの山道などでは、1台の人力車に3名の車夫が必要になることもあった。では車夫が3人だとどういう引き方になるのか。さすがのシドモアもそこまでは書いていない。この点に関しては絵を示すのが手っ取り早そうだ（図4-5）。

これは『富士屋ホテル八十年史』に掲載されている3人の車夫による人力車だ。絵を描いたのは1870年代以来富士屋ホテルを利用してきたC・B・バーナードという人物で宮ノ下に至る様子を示したものだ。図から明らかのように、車夫が3人の場合、梶棒引き、綱引き、後ろからの押しと、役割分担したことがわかる。

図4-5　車夫3人の人力車[15]

## コトーの手ぶら東海道の旅

シドモアの記述からワラジと人力車の2例を挙げたけれど、このように見ると彼女の旅行記は当時の日本社会を知る上で格好の素材を提供してくれる。それらについては今後も機会があれば適宜引用するとして、ここではシドモアとは別に東海道を人力車で旅した人物をもう一名紹介しておこう。フランス人ジャーナリストで職業旅行家エドモン・コトーだ。

コトーは1881（明治14）年9月11日に人力車で横浜を出

## コトーの東海道の旅

### 1881年9月

11日[16] 横浜→神奈川→保土ヶ谷→戸塚→藤沢→江ノ島

12日　江ノ島→小田原→塔ノ沢→宮ノ下

13日　宮ノ下→芦之湯→元箱根

14日　元箱根→三島→沼津→原→吉原

15日　吉原→富士川の渡り→蒲原《かまはら》

16日　蒲原→江尻→久能山→静岡

17日　静岡→丸子→岡部→藤枝→島田→金谷→日坂→掛川

18日　掛川→見付→池田→浜松→新居《あらい》

19日　新居→二川→豊橋→岡崎

20日　岡崎→知立《ちりゅう》→有松《ありまつ》→名古屋

21日　名古屋滞在

22日　名古屋（汽船）→四日市→亀山→関

23日　関→水口→石部

24日　石部→草津→瀬田→大津→追分→京都

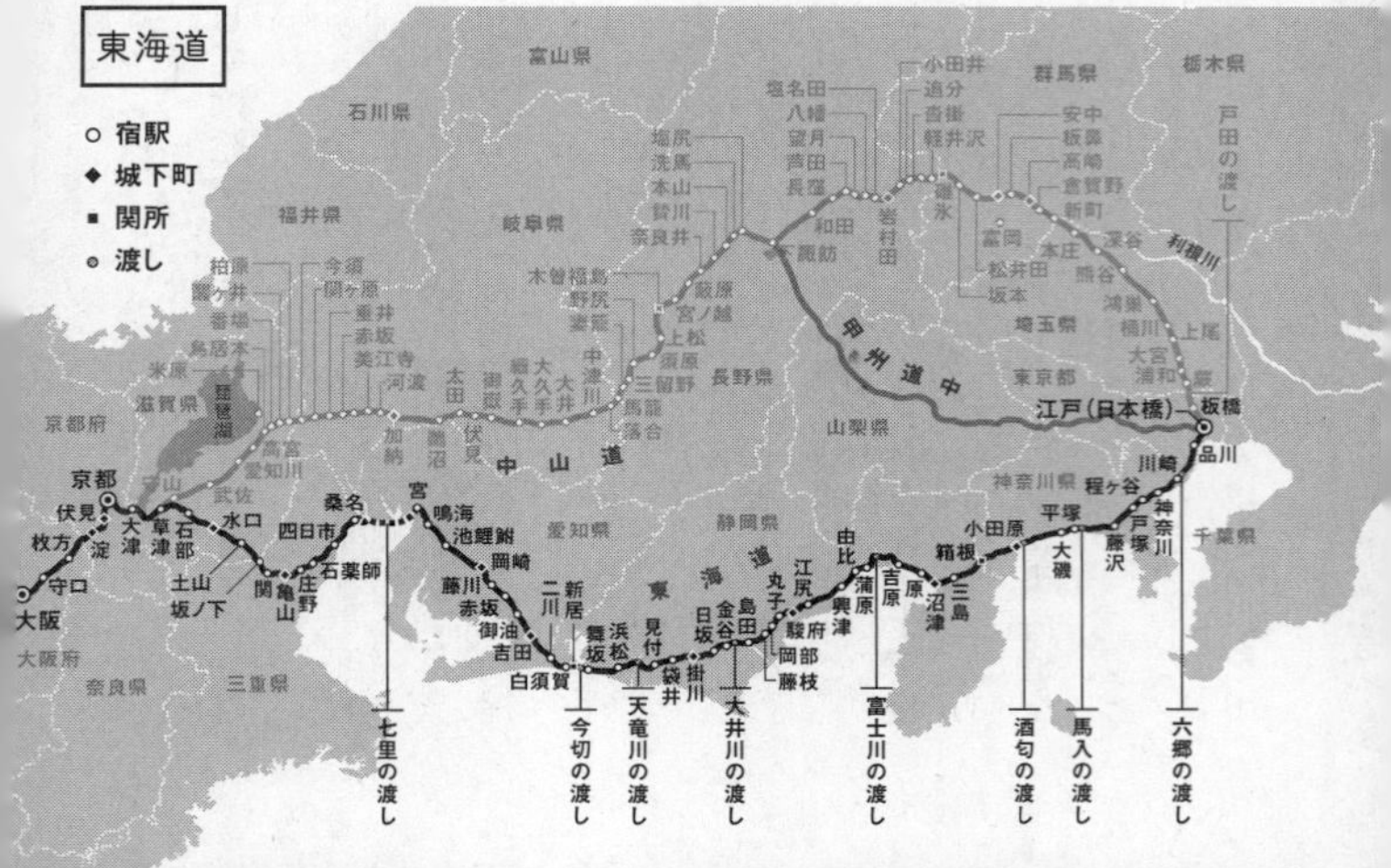

発し東海道を通って一路京都を目指した。これはシドモアの東海道人力車の旅よりも少なくとも3年は早い。またちょうどこの明治14年6月には、アーサー・クロウが京都から日光に向けて中山道を旅している。東海道で行く人もいれば、中山道で来る人もいる。要するにそういうことだった。

またコトーの旅の仕方は、快適性を求めるグローブトロッターとはやや異なっていた。持ち物はコートや数着のシャツ、ハンカチに紙製のナプキン、これらをいれた小さなバッグ一つだけである。そして道中は通訳の「タカヤマ君」と同じように純日本式に生活する。もちろん食事も日本食だ。ちなみにシドモアの場合、食事はすべてガイドが調理して専用の高いテーブルに並べられたという。これに対してコトーはもっとネイティブな流儀で旅行をしようという考え方だ。ある意味で軟派旅行に対する硬派旅行と考えてもよい。もっともコトーの旅もキャンベルほど硬派とは言えないかもしれないが。

コトーの旅行記では日付と行き先が割と細かく記されている。これを元にコトーがたどった東海道の旅を再現した(「コトーの東海道の旅」)。ちょうど2週間の旅である。この間コトーはほとんど人力車を利用している。ただし箱根では駕籠、名古屋の熱田と四日市の間では汽船を使った。途中、大雨のため富士川の渡りで足止めをくったが、旅の途中の予期せぬトラブルといえばその程度だったようだ。名古屋に丸一日滞在した他は移動しとおしだった。その間見物したのは、静岡の久能山《くのうざん》や浅間神社、駿府城、名古屋城、大津の三井寺などである。

気ままな旅で問題になるのが宿泊地での宿の確保だった。コトーは14日の晩、原で泊まろうとした。ところが旅館では宿泊を断られる。通訳のタカヤマ君ははっきり理由を言わないけれど、コトーは宿の主人がヨーロッパ人を宿泊させたくないと確信する。このように一見《いちげん》の外国人は招かれざる客として、よく宿泊を断られた。

これにも理由があって、宿の主人は外国人の宿泊を警察に届ける義務があった。宿によってはこの届け先の警察が非常に離れている場合がある。また外国人は料理や設備にうるさい。これに対応するのがとても面倒だった。コトーの場合、宿泊を断られたと記すのは一度きりだが、中山道を旅したアーサー・クロウの場合だと繰り返して断られたと記している。須原《すはら》宿で断られ、安中《あんなか》宿でも拒否される。さらに宇都宮の宿でも拒絶されている。

しかし断られて「はいそうですか」ではその晩は野宿になる。したがって外国人も対抗策をとる。満室を理由に断られたら、警察や役所などに直行してパスポートを提示して、公的機関からきちんと認められた旅行者であることを示して、泊まる宿がないことを訴える。そして警察官に宿へ同道してもらうわけだ。警察官は「なぜ外国人を泊めないのか」(17)と宿の主人を叱りつける。すると満室だったはずの宿に決まって空室が見つかるのだ。虎の威を借りる狐もこういう場合ならば仕方がない。

## 日本式の宿屋に宿泊する

コトーはこの東海道の旅の間、2カ所の旅館でその宿泊明細を記している。一つは宮ノ下で宿泊した奈良屋だ。宿泊と食事付きで洋式が上2円50銭、中2円、下1円75銭、和式が上65銭、中55銭、下40銭だったという(18)。旅行の初めに万事日本風で行くと決めたコトーである。奈良屋では65銭の部屋をとっている。ちなみに明治19年当時、小学校教員の初任給は5円だった（現在価値で約10万円(19)）。奈良屋は高級旅館だったから洋式の上はもちろん、和式の上でもかなり高価なことがわかる。またコトーは静岡の吉原（現富士市）の宿代も次のように記している。

茶代《ちやだい》あるいは到着時のチップ　三〇銭
夕食と朝食代（二人分）　六〇銭
外国人用部屋代（特別室）　五〇銭
合計　一円四〇銭
（四フラン二〇）
宿の主人より贈物　扇子一本(20)

茶代というのは部屋代とは別に女中に支払う心付けのことを指す。この制度は外国人には理解しにくかったようだ。イギリス公使官員アーネスト・サトウ、イギリス海軍軍人アルバート・ホウズ編著による1881（明治14）年初版の外国人向け旅行案内書『中部・北部日本旅行案内（A Handbook for Travellers in Central & Northern Japan）』によると（この本についてはのちに詳しくふれる）、この茶代は1人あたり20銭から40銭が相場で、2人の場合だとその1・5倍、3人だと2倍になる。(21) コトーが支払った茶代は2人分で30銭だ。これは『中部・北部日本旅行案内』に記されている1人あたり20銭のちょうど1・5倍にあたる。

当時の典型的な日本式宿屋の造りについてはアーサー・クロウが、美江寺《みえじ》（岐阜県）で宿泊した宿屋を典型的な日本の宿として次のように紹介している。(22) まず入り口を入ると土間がある。土間は部屋の高さより約70㎝ほど低くなっていて路面と同じ高さだ。土間の周りには廊下がめぐらしてあって、畳に上がる前にここに腰掛けて靴やブーツを脱ぐ。クロウは書いていないが、通常はここで宿の女中が足を洗ってくれる（図4-6）。台所と上等でない部屋は土間に接しているのが普通で、上等な部屋は奥の方にある。そこはミニチュアの湖水や橋、石の灯籠がある庭に面している。庭の周囲には廊下がめぐらしてあって、毎朝ここに真鍮《しんちゅう》の洗面器が出る。宿泊客はまわりを気にすることなくここで洗面や身づくろいをする。

さらにクロウによると、宿屋の風呂は、浴槽が木製で深さ約1m、直径約50㎝から60㎝だ。底には小型の鉄の釜が入っていてこれで湯をたく。水中からは屋根へ煙突が出ている（図4-7）。風呂は夕方5時頃から沸かされると、以後、一切水を換えることなしに宿泊客は次々とその湯に入るのである。宿屋の風呂といえば、大人数で入浴できる大浴場と思いがちだが、温泉場でない限り五右衛門風呂かそれに類する風呂が一般的だった。しかし深さ約1m、直径が約60㎝の浴槽の湯に全宿泊客が入るのだからこれはかなり汚い。そのため外国人は他の客が入る前に入浴できるよう宿に掛け合うか専用の風呂を用意してもらうこともあった。

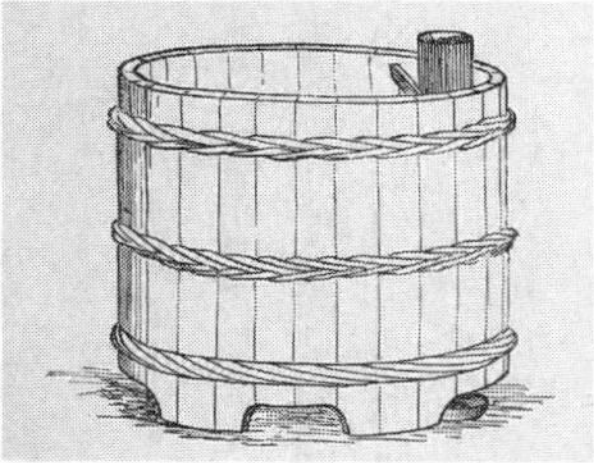

図4-6　女中に足を洗ってもらう旅人(23)
図4-7　当時の浴槽(24)

この点に関してコトーが面白いことを記している。彼が2人のイギリス人と一緒に奥日光の湯元温泉に訪れたときのことだ。コトーは混浴などお構いなしで大勢の男女の中に入っていく。

一方、連れのイギリス人はそうではなかった。彼らは他人と一緒に入浴することを嫌がり、宿屋に特別仕立ての風呂を注文した。そういえば冬の中山道を旅したキャンベルもそうだった。加えてキャンベルもイギリス人だ。コトーは続けてこう書く。「中庭に運ばれてきたのは満々と湯を湛えた桶で、彼らが渋々体に湯をかけると、女中を始め宿の使用人はむろん近所の人々までが好奇心の目を注いだ。西洋人を見慣れていない彼らはイギリス人の白い肌や、とくに大佐の大きなお腹を見て大笑いをした」[25]。これは開放的なラテン系フランス人、人見知りするアングロサクソン系イギリス人という民族性の違いをかいま見るようだ。フランス人やイタリア人の男性が日本人女性から好かれるのは、彼らがもつラテン系気質のなせる技なのかもしれない。

## 日本宿での騒音

風呂の事情のみならず当時の日本の旅館では現代の我々からしても奇妙に思える光景がたくさん繰り広げられていた。その一つが騒音だった。コトーは9月18日の晩に宿泊した新居の旅館で、旅行客が近所の茶屋でドンチャン騒ぎをしていて、唄や太鼓がうるさくて眠れなかったと記している。現代の我々からすると「それはお気の毒様、当たりが悪かったようだね」と言いたくなる出来事だろう。ところが同様の状況が当時の旅館ではひんぱんに起こった。

例えばケルン東洋美術館を設立したアドルフ・フィッシャー（第10章参照）が1895（明治28）年に軽井沢で宿泊したときのことだ。隣室に遊び人たちが芸者を連れて茶屋から戻ってくると、やにわに楽器の音、歌声、それに甲高い笑い声を夜中たてたというのだ。「時々わたしは襖をがらっとあけ、この無遠慮な隣人たちの仲間入りをしようかとすら考えた」[26]とはフィッシャーの弁だ。襖を隔てた隣の部屋で大騒ぎされたらたまらない。もちろんフィッシャーは隣に怒鳴り込むことなく、騒音に耐え続けた。

次章で詳しく紹介する世界漫遊家アルバート・トレーシーも、騒音によって眠れぬ夜を過ごしている。下の階にいる騒々しい旅行者が、給仕に叫んだり、歌の断片を吟詠したりして、騒音をまき散らしたのだ[27]。また別の宿では巡礼者のお唱和にも悩まされたとトレーシーは記す。真夜中に低くつぶやくように詠唱する祈りに眠りを妨げられ、夜明けにも朝の祈りで起こされたという[28]。

シドモアにも騒がしい宿泊客の記録がある。豊橋で宿泊した彼女は、廊下が大きな風呂に通じている部屋の一つに案内された。風呂にはいつも誰か入っていてがやがやと騒がしい。しかも裸の彼らがシドモアの戸口の前を行ったり来たりする。この騒音は夜半過ぎまで途切れることはなかったという。さらに翌朝の4時頃である。シドモアの部屋の前の庭で咳払いや鼻をかむ音、唾を吐く音がする。シドモアがそっと覗いてみると、

12~13人の宿泊客がその庭で歯を磨いていたのである。当時は先端が細く切り込んだ繊維状のヤナギの小枝を歯ブラシに利用した。この歯ブラシや歯磨き粉の空箱が庭に無造作に捨てられていたとシドモアは書いている(29)。

それから煙管の騒音について書いているグローブトロッターも多い。煙管で刻み煙草を吸う場合、火皿から灰を落とすために柄を火鉢に打ち付ける。この音が真夜中であろうと、あちこちからして安眠を妨害する。また雨戸を開ける音に悩まされたグローブトロッターもずいぶんいる。日本の宿屋では夜間に雨戸を閉め、朝の一定時になると女中がこれを一斉に開ける。グローブトロッターが寝ている部屋も同様で、何の前ぶれもなく女中が入ってくると雨戸をガタガタとやる。どこかの部屋のドンチャン騒ぎで眠れなかった翌朝、雨戸が出す不調法な音で起こされたら、いったいどんな気分になるだろう。

さらに日本の宿で快適に眠るには、騒音とは別にもう一つ大きな敵がいた。ノミだ。特に夏場は大量のノミがいて構わず人間の血を吸った。予防措置をとっておかないと夜寝られない。最も効き目があるのはキーティング・ブランドの防虫パウダーを寝間着の中に散布することだ。またグローブトロッターによっては独自の対策をする者もいた。その点については次章でふれよう。

以上見てきたように、開港場から陸路経由で足を延ばそうと思うと、交通の便は悪いし設備の整っていない宿で宿泊する必要がでてくる。そうなると雑多な支障がいろいろと発生する。仮に騒音や奇妙な習慣に悩まされず快適な旅をしたいと思えば、僻地への旅は諦めなければならない。結果、この路線を志向するグローブトロッターは、開港場や著名な観光地を中心に旅することになる。どちらかというとこの方面に顔が向いていたのがシドモアだろう。しかしそれでも彼女は街から離れた場所を旅したのだから偉い。対して、キャンベルやクロウ、コトーは、もっと現地の生活に融け込むような旅を志向した。

快適な旅を追求するか。冒険的な旅を求めるか。これは現代の旅にも通じる問いだ。東海道や中山道を往来したシドモアやキャンベル、クロウ、コトーの旅を見ていると、同じ問いに当時のグローブトロッターも思い悩んだのではないだろうか。そんな気がしてくる。

# 第5章

# ガイドブックを片手にバックパッカーが行く

*Backpackers travel with guidebooks*

## 単独で中山道や僻地を旅する外人

前章で記したように、エリザ・シドモアは、「熟語会話集に頼りながら、単独で中山道や僻地を旅する外人は、現地での思いやりや安らぎは、まず期待できません」と述べた。このシドモアの指摘に対してバックパッカー精神旺盛な方ならば「いやそんなことはない。言葉が通じなくても心は通じるものだ。よって現地での思いやりや安らぎも期待できるのである」と反論するに違いない。

確かに先に見たジョン・フランシス・キャンベルやアーサー・クロウ、エドモン・コトーはシドモアとは異なる流儀で旅をした。ただし彼らにもやはりガイドが付いていた。キャンベルのように従者がいた者もいる。厳密に言うならば彼らは、シドモアが言う「単独で中山道や僻地を旅する外人」というわけではない。

では本当にガイドなしかつ単独で中山道や僻地への旅に出た強者はいなかったか。現代風にイメージするならば『地球の歩き方』を片手に僻地をうろうろするバックパッカーの明治ニッポン版である。もちろんここまで書くのはそんなグローブトロッターが実際に存在したからだ。その人物の名はアルバート・トレーシー・レフィンウェルという(図5-1)。

本章ではこの明治ニッポン版バックパッカーの旅を紹介するわけだが、目的はそれだけではない。現代のバックパッカーはガイドブックすなわち旅行案内書を肌身離さず携行する。では明治ニッポン版バックパッカーはどうだったのか。レフィンウェルの旅をとおして、この第2の論点についても検討するのが本章のもう一つの目的である。

レフィンウェルは米ニューヨーク州にあるカユーガ湖畔にあるオーロラに1845年に生まれた。祖父も父親も医者の家庭で、長じて自身も医者になる。また、医業に従事するかたわら生体実験に反対する論客として著名になり、動物保護や子供の保護を訴える米ヒューマン協会の理事も務めた。

図5-1　アルバート・トレーシー・レフィンウェル[1]

レフィンウェルは大の旅好きで、1881（明治14）年から82（明治15）年にかけて、日本や中国、ビルマ（現ミャンマー）、インド、モロッコなどを巡り、そのあともパレスチナやエジプトを訪れている。そして、92（明治25）年には、ガイドをつけずに日本を旅した記録『ガイドなしの日本放浪（Rambles through Japan without Guide）』をイギリスの出版社からアルバート・トレーシーの筆名で出版している。

## 佐倉と日光へ一人旅の訓練

アルバート・トレーシー・レフィンウェル——以降は著作の筆名をとって彼のことをトレーシーと呼ぼう——が日本を訪れたのは1881（明治14）年7月11日のことだ。前章でふれたアーサー・クロウやエドモン・コトーと同じ年に滞日していたわけだ。トレーシーの日本滞在は約3カ月で、その間に横浜や東京はもちろん、佐倉・日光・中山道・京都・奈良・高野山・堺・大阪・岡山・広島・宮島・下関・長崎を巡っている。明治十年代に日本にやって来たグローブトロッターとしてはかなり内地まで入り込んだ人物と言えよう。しかもガイドなしのバックパック・グローブトロッターとしてである。

もっともこの旅の間、トレーシーにずっとガイドがつかなかったわけではない。トレーシーは最初からガイドなしでの旅も考えた。しかしいきなり挑戦するのもリスクが大きい。そこでまずガイドを雇って近場の旅でトレーニングしようと考えたのだ。トレーシーはその行き先として佐倉と日光を選んでいる。

日光はともかく佐倉とはまた地味な場所を選んだものである。関東以外の人ならば、佐倉と言われてもどの辺りの土地なのかイメージするのが難しいのではないか。これは現在の千葉県佐倉市を指す。国立歴史民俗博物館（通称・歴博）のある市で、その筋では有名かもしれない。トレーシーが佐倉を選んだのは、どうやらアルジャーノン・ミットフォードの著作『古き日本の物語（Tales of Old Japan）』の中にその名があったのが理由のようだ。

ミットフォードはイギリスの外交官で、幕末の日本でイギリス公使パークスやその部下アーネスト・サトウとともに働いていた。同書は1871（明治4）年に出版されたもので、日本に関する情報が少ない当時にあってベールに覆われた国を知るための必読書だった。トレーシーもこの著作を読んでいて、その中にある佐倉を舞台にした義民伝説佐倉惣五郎に興味をもってここを訪れたようだ。トレーシーが旅行記の中でミットフォードや佐倉惣五郎の話にふれていることからも、そのことがうかがえる。

トレーシーが佐倉に向かって東京の精養軒ホテルを発ったのはよく晴れた7月21日の早朝だ。精養軒ホテルは岩倉具視の従者をしていた北村重威《しげたか》が明治4年（一説に明治5年）に築地で創業したホテルだ。この精養軒は1872（明治5）年に起こった銀座の大火で焼失し、トレーシーが来日した頃には采女町（現東京都中央区銀座）に移転していた。トレーシーは佐倉に向かうにあたり、この精養軒ホテルでなかなか工夫をこらした準備をしている。まずガイドについては北村の手配で英語の話せない車夫兼ガイドを雇った。これは日本での一人旅に慣れるため、あえて英語の話せない者を選んだのであろう。またトレーシーは手荷物を最小限にして旅行鞄一つにしている。これは長旅で何が必要になるかを見極めるのが狙いだ。以上からもトレーシーにとって佐倉の旅がガイドなし一人旅のトレーニングだったことがよくわかる。

トレーシーは東京から市川、八幡《やわた》を経由して船橋に入り、大和田から臼井に至る。ここで1泊したのち、翌日佐倉に入っている。そして、その日は船橋まで戻りここで1泊し、その翌日精養軒ホテルに戻っている。この2泊3日の小旅行の間、トレーシーはこれといったトラブルに遭遇することはなかった。トラブルらしきものといえば、外国人旅行免状の「旅行先及路筋」に佐倉方面が記されていなかったことを宿屋の亭主に指摘されたこと（これは大事に至らなかった）、それと宿屋での騒音くらいなものだろうか。第1回目のトレーニングは万事良好に終了した。

佐倉への旅で肩慣らしをしたトレーシーはもう一度ガイド付きでさらに長距離の旅に出発する。今度の行き先は日光だ。日光もグローブトロッターが訪れる定番の観光スポットだ。ただし日光の名が頻繁に登場するようになるのは箱根よりもあとのことだ。1874（明治7）年に冬の中山道を旅したジョン・フランシス・キャンベルの旅行記にも日光が登場する。これはグローブトロッターが日光を訪れた早い例だと言っていいと思う。キャンベルの頃はもちろんのこと、トレーシーが来日した明治14年当時も東京と日光近辺を結ぶ鉄道は完成していない。そのためトレーシーは人力車で約145㎞先の日光に向かった。7月29日のことである。

トレーシーは日光行きの旅で3台の人力車を用意した。1台はトレーシー用、もう1台は日本人通訳が乗り、最後の1台にはトレーシーの荷物を満載する。前回の旅では軽装を旨としたトレーシーであったが、今回の旅では可能な限り多くの荷物を持参している。こうすることで長距離の旅で今度は何が「不必要」かを知るのが狙いだ。荷物の多くは食料品で、パンや缶ミルク、ジャム、マーマレード、ベーコン、コーヒー、ウスターソース、普通のピクルスにからし漬けピクルス、シカゴ製缶詰肉、リービッヒの肉エキス[2]などだ。これらの荷物は旅行用の革鞄ではなく柳行李に詰め込んだ。

図5-2　日光・鈴木ホテル（長崎大学附属図書館蔵）

7月31日、日光に着いたトレーシーは、鉢石町の神橋近くに鈴木喜《き》惣次《そうじ》が明治4、5年頃に創業した鈴木ホテル（図5-2）に投宿する。このホテルには1879（明治12）年に京都から中山道を通って日光に向かったブリッジス夫妻や、トレーシーと同年に中山道を旅したアーサー・クロウも宿泊している。しかもクロウが宿泊したのは7月3日のことだからトレーシーとは本当にすれ違いだ。日光といえば73（明治6）年に開業した「金谷・カッテージイン」のちの金谷ホテルを思い出すが、当時の外国人には鈴木ホテルの人気が高かったようである。

日光は古く二荒《にこう》と呼ばれていて、その起源は奈良時代末期に勝道《しょうどう》上人が開いた四本竜寺、それに二荒山《ふたらさん》神社に遡る。家康の霊廟が静岡の久能山から日光東照宮に移されたのは1617（元和3）年、家康が亡くなった翌年のことだ。また、3代将軍家光の霊廟である輪王寺《りんのうじ》大猷院《たいゆういん》がこの日光東照宮に隣接している。

図5-3　日光杉並木[3]

日光には多くの外国人が訪れ、また日光に関する多数の記録を残してきた。例えば第6章で詳しくふれる冒険旅行作家イザベラ・バードは、東照宮の内部や周辺の社寺についてかなり多くの言葉を費やしてまさに激称している。一方トレーシーはというと日本における寺院建築の様式は、少なくとも西洋人の目からすると壮大でもないし美しくもない。場合によっては明らかに醜いものもある、とそっけない[4]。トレーシーの感性に日光は合わなかったようだ。

ただ、多くのグローブトロッターが等しく絶賛する日光杉並木についてはトレーシーも感嘆の声を上げている。トレーシーは旅行記にイラストをあまり掲載していない中で扉を飾る1枚にこの日光杉並木を選んでいる（図5-3）。これは巨大な杉が延々と続く偉容にトレーシーがずいぶん感動したからだろう。

## バックパッカーの必需品

佐倉、日光の旅を終えたトレーシーはいよいよガイドなしで中山道を通って京都へ向かう旅に出る。トレーシーが東京を出発するのは8月7日の深夜のことだ。東京から中山道に向かう旅行についてはすでにキャンベルの例で紹介済みだ。トレーシーの旅はそれから7年後のこともあって、トレーシーは東京から本庄（現埼玉県本庄市）まで乗合馬車を利用している。これは路線バスの馬車版だと考えればよい（次頁図5‐4）。トレーシーが乗り込んだ乗合馬車は、2頭の小馬が2台の客車を引く。どちらの客車も乗客でいっぱいだ。午前0時、約110km先の高崎に向けて東京を出発した。馬車はだいたい10kmから12kmごとに馬を取り替え、本庄に着いたのは午前10時のことだ。真っ直ぐ宿に向かったトレーシーは、そこで夕方の4時まで眠る。馬車では十分に睡眠がとれなかったようだ。

この本庄の宿屋でトレーシーは早速バックパッカー振りを発揮している。翌日勘定をしようと思ったら宿の料金が高い。そう判断したトレーシーは、佐倉および日光の小旅行で泊まった宿の勘定書を示して値段交渉をし料金を下げさせている。また別の宿ではこんなことがあった。明日の早朝に人力車を準備してほしいこと、その料金はいくらか

図5-4　馬喰町三街目中屋旅亭開業図（部分、日本銀行貨幣博物館所蔵）

を、言葉の通じない宿屋の主人になんとか英語で会話して意味を理解してもらおうとする。提示された価格には相場がわからずとも「Ｔａｋａｉ！Ｔａｋａｉ！」と言ってみる。それでも相手が強硬にその価格を提示するならばトレーシーが折れるわけだ。あるいは軽井沢では、宿屋の主人に荷馬の料金を尋ねたところ、どうもふっかけられている様子がする。トレーシーは警察に行って適正価格を調べて1円50銭を1円に値引きさせている。たかが50銭ごときと笑うべからず。こうした交渉ごとが嫌ならばバックパッカーの旅は難しいのである。

さらに木曾路に入った贄川《にえかわ》宿ではこんなことがあった。8月18日のことである。トレーシーは行く先々の宿で宿泊を拒否されて夕暮れになっても泊まる所が見つからない。頼みの綱である最後の宿でも断られる。しかしトレーシーは引き下がらずに、食べ物はどんなものでも構わないし、ただ泊まれればよいと宿の女将を説得する。こうしてトレーシーはこの宿に泊まることができた。そこは巡礼者が泊まるよりもかなり高級な宿だったようだ。

翌日、朝食を食べて宿を出るときのことである。トレーシーが50銭の宿泊代を支払うと、女将が彼に今日はどこで泊まるつもりなのかと尋ねてきた。トレーシーが上松《あげまつ》だと答えると女将は上松にある宿屋宛ての紹介状を書いてくれたのである。

トレーシーは上松に到着すると、すぐに書いてもらった紹介状を持って宿屋の主人の所に行った。主人はトレーシーの顔を見て紹介状に目を通す。すると主人はやおら膝を折り地に頭を付けて挨拶をしたのだ。あちこちの宿で門前払いを食ったトレーシーはここでは上客扱いである。紹介状の威力については第2章でふれたが、これは日本の宿屋についても言える。

ところでトレーシーは日光の旅では大量の食料品を持参していた。トレーシーはその旅を通じてあまりにも多すぎる食料品はかえって旅行者の邪魔になることを学習した。そのため余分な荷物は東京から神戸に輸送するよう段取りした。トレーシーは中山道に旅立つ前日をこの作業にあてている。では、トレーシーは中山道の旅に何を持参したか。必ず持参したと断言できるものが少なくとも三つある。まず、リービッヒの肉エキスだ。トレーシーによると、この肉エキスが半ダースあれば1カ月はもち、なんとか西洋人らしい食事ができるとのことだ⑤。

それからノミ袋である。前章で述べたように日本の宿ではノミが大量に発生する。これへのトレーシー流対策がこのノミ袋にほかならない。これはトレーシーが日光の小旅行の際に自作したもので、2枚の大きなシーツを縫い合わせて袋にしたようなものだ。口にはひもが付いていて締められるようになっている。一応袖もついていたようだが穴はあいていない。寝るときにはこの袋の中に入り首の所でひもを締めてノミの侵入を拒むわけだ。もっとも顔は隠すことはできないし首と袋の隙間からノミが入り込むこともあるだろう。しかし、ないよりかは断然ましという代物だ。しかも折りたたんで簡単に携帯できる。この自作した「文明の利器」を東京から神戸に輸送するとは考えにくい。

それから最後にもう一つ、トレーシーが必ず所持していたと断言できるものがある。旅行案内書、すなわちガイドブックである。トレーシーはガイドなしで中山道の旅をなしとげるのだけれど、ガイドブックなしではこの旅も実現しなかっただろう。こうしていよいよ本章の第2の論点であるガイドブックについて話を進めることになる。

## 『マレーのハンドブック』

すでに本書でふれているガイドブックには、『外国人旅行者のための京都および周辺名所案内』（1873年）と『中部・北部日本旅行案内』（1881年）があった。前者は新島襄と義兄弟にあたる山本覚馬が書いたもので、また後者はアーネスト・サトウとアルバート・ホウズの編著による。いずれも英語で書いてある外国人向けの旅行案内書である。

『中部・北部日本旅行案内』についてもう少し述べると、編著者のサトウは幕末以来、イギリス公使ラザフォード・オールコックやハリー・パークスの部下としてイギリス公使館に勤務した。その間、生麦事件や薩英戦争、明治維新といった日本を変える出来事の中で重要な役割を果たした。大の日本通で日本のことでわからないことがあれば、日本人でさえサトウ氏に尋ねなさいと言ったほどの人物だ。また大の旅行好きで日本各地を旅している。その知識を生かして『中部・北部日本旅行案内』に先立つこと6年前の1875（明治8）年に『日光旅行案内（A Guide Book to Nikko）』を出版している。

一方、もう一人の編著者であるホウズは海軍軍人で英国東洋艦隊に乗務していた。[6] 横浜に滞在したあと佐賀藩士の砲術指南や肥後藩お雇いの砲術指導者になっている。そして築地の海軍兵学校の英語・数学の教師として教壇に立つ。ホウズが『中部・北部日本旅行案内』の編集に携わるのはこの頃で、サトウとは古くからの友人だったこと、自身が旅行好きであること、サトウとよく旅行を共にしたことなどが背景にあったようだ。

なお『中部・北部日本旅行案内』が出版される以前の1871（明治4）年に、イギリス海軍中尉J・H・サンドウィズが箱根や富士山登頂の旅について記した『日本の内地への旅（A trip into the Interior of Japan）』という本を出版しているが、この同行者の中にホウズの名が見える。

ところでサトウとホウズは共作の『中部・北部日本旅行案内』を編纂するにあたり、とある著名旅行案内書の一つにできるだけ準拠するようにした。明治初年当時、旅行案内書の著名ブランドには二つあった。一つはイギリスのジョン・マレーによるガイドブック・シリーズでこれを『マレーのハンドブック』と呼んだ。もう一つはドイツのカール・ベデカーが刊行した旅行案内書でこちらは『ベデカーのハンドブック』と呼ぶ。ベデカーのハンドブックの最初が1828年の出版、マレーのそれは1836年と言われている。ただどちらがハンドブックの嚆矢《こうし》かでは今も議論が続けられているようだ。

マレーやベデカーの特徴は、もはや現在の旅行案内書では当たり前である国（地域）別案内のシリーズ刊行を採用した点だ。体裁は小型のポケット版で、詳細な地図や対象エリアの概略、対象エリア内の観光スポットの解説、宿泊施設の紹介と星印による評価、さらに対象エリアや観光スポットの背景にある歴史や文化についても幅広く言及している。したがって観光案内のみならずその国や地域の歴史文化を知るための格好の資料ともなり得る。その知的水準は通俗な旅行案内書をはるかにしのいでいた。そのため旅行案内書ならばベデカーあるいはマレーと言われるようになる。こうしてサトウとホウズも先行例に倣うことにしたわけだが、もちろん模範に選んだのは母国イギリスの『マレーのハンドブック』だったわけである。

## 日本版『マレーのハンドブック』の生い立ち

サトウとホウズによる『中部・北部日本旅行案内』の初版は1881（明治14）年に出版された。総ページ数489ページで、これとは別に巻末に広告ページが付く。取り扱っている地域は東京・横浜から東海道、京都、大阪、神戸、奈良そして長野や飛驒、北陸、北関東が含まれている。ただ版元はジョン・マレー社ではなく横浜のケリー商会だった。だからサトウらは「まえがき」でマレーに準じて作成した旨を断っている。以後、この書籍は長きにわたって版を重ねる。以下は改訂の経緯だ。

1881（明治14）年　初版　『中部・北部日本旅行案内（A Handbook for Travellers in Central & Northern Japan）』
1884（明治17）年　2版　同
1891（明治24）年　3版　『日本旅行案内（A Handbook for Travellers in Japan）』
1894（明治27）年　4版　同
1899（明治32）年　5版　同
1901（明治34）年　6版　同

1903（明治36）年　7版　同
1907（明治40）年　8版　同
1913（大正2）年　9版　同（図5-5）

第4版以降は日本語の奥付があり、ここには値段が記してある。第4版が5円でそれ以外は7円50銭である。すでに述べたように明治19年時の小学校教員の初任給が5円で、これが明治30年になると8円になっている。したがって、小学校の新人教員の給料1カ月分がマレーのハンドブックの定価だったと考えてよさそうだ。初版から3版の価格は判然としないが、4版以降の価格が目安になるだろう。また、出版部数も明確ではない。マレーのハンドブックの研究者でもある庄田元男氏は、サトウの手紙の調査から、第2版で1000部程度かそれ以上と指摘している。(7) いずれにせよ高価な本書が初版から最終の第9版が出版されるまで約30年間改訂が続けられていることからも、その人気がうかがえよう。

サトウとホウズによるこの著作は旅行案内書という性格から、改訂の都度最新情報が盛り込まれた。その点では第2版および第3版での変更がとても大きい。まず第2版では出版社に変更が出ていて『マレーのハンドブック』を出版するジョン・マレー社の名が挙がっている。(8) これにより2版からは『マレーズ・ハンドブック・ジャパン

（Murray's HAND-BOOK JAPAN）』とも記されるようになった。これによりサトウらの旅行案内書は、名実ともに『マレーのハンドブック』の一員になった。またこの第2版ではページ数が大幅に増えているのも特徴だ。「序説（イントロダクション）」が119ページ、「行程案内」が586ページで、合計700ページを超えるページ数になった。初版は500ページ強だから増頁は約200ページである。

さらに第2版の出版から7年後の91（明治24）年に第3版が世に出るが、こちらの版も旧版から大きな変更があった。まずタイトルが従来の『中部・北部日本旅行案内』から『日本旅行案内』に改められた。「中部・北部日本」が「日本」に変わったわけで、これは内容的に日本全国を取り扱った旅行案内書を自負してのことだと考えてよい。また編著者がサトウとホウズからバジル・ホール・チェンバレンとウィリアム・メイソンに引き継がれた。

図5-5　マレーのハンドブック（左より第3、4、5、7、8、9版、手前は第6版と東京のカラー地図）

前者のチェンバレンはすでに本書で何度かふれた人物である。イギリス海軍軍人の家に生まれ、1873（明治6）年に来日している。最初は海軍兵学寮で教壇に立ち、その後東京大学の教授になっている。日本の古典文学に精通していてジャパノロジスト（日本学者）として著名だった。

もう一方のメイソンは、政府が殖産興業を目的に設置した工部省のお雇い電信技師としてイギリスから来日した人物だ。教養も高く篤実な人物として日本の電信発展に寄与した。85（明治18）年に工部省が廃止されると逓信省《ていしんしょう》に移り、退官後は第一高等学校の教師として教壇に立っている。第3版が出版された1891（明治24）年は、逓信省を退官し第一高等学校に採用されるまでの端境期だったようだ。

このように、日本版の『マレーのハンドブック』には、厳密に言うと『中部・北部日本旅行案内』と『日本旅行案内』の2種類がある。ただ、タイトルが変わったものの、最初に後者のタイトルを用いた『日本旅行案内』は『中部・北部日本旅行案内』に続く第3版として位置づけられている。扉にも「第3版（Third Edition）」と記されている。

以上のように一つの書籍に対して複数の呼称があって煩雑だが、[9] 以下では『マレーのハンドブック』とシンプルに呼ぶことにしよう。必要があれば例えば第2版の『中部・北部日本旅行案内』のように示したいと思う。

## ガイドブックを片手に旅行する

ところで外国人による外国人向けの日本旅行案内書は『マレーのハンドブック』すな

わち『中部・北部日本旅行案内』の初版が最初というわけではない。例えばN・B・デニスによる『中国と日本の開港場（The Treaty Ports of China and Japan）』はその早期の例で、1867（慶応3）年の出版だから元号はまだ明治に変わっていない。明治に入ってからは、第1章で若干ふれたウィリアム・グリフィスが1874（明治7）年に『横浜案内（The Yokohama Guide）』と『東京案内（The Tokio Guide）』を[10]、また翌75（明治8）年になるとアーネスト・サトウが先にふれた『日光旅行案内』を出版している。さらに1879（明治12）年には、日本に12年間居住しているN・マクレオドが『アルバム日本案内（Album. and Guide Book of Japan）』、それから『中部・北部日本旅行案内』が出版される前年の1880（明治13）年には、W・E・L・キーリングが『横浜東京など旅行案内（Tourist' Guide to Yokohama, Tokio, Hakone, Fujiyama, Kamakura, Yokoska, Kanozan, Narita, Nikko, Kioto, Osaka, etc）』を出版している。

では、書誌学的な話はこの程度にしておいて旅行ガイドブックと旅行者との関係について考えてみよう。見知らぬ国を快適に旅しようと思うと適切な情報は不可欠だ。どこが見るべき観光スポットなのか、どうすればそこに至れるのか、快適な宿はどこにあるのか、こうした情報源として旅行案内書は必携の存在になる。これはグローブトロッターにとっても同様だ。

実際、グローブトロッターたちの旅行記を読んでいると、彼らがガイドブックを大いに活用していることがよくわかる。例えば前章で紹介したジョン・フランシス・キャンベルは自身の旅行記でグリフィスの『東京案内』を引用している。[11]また1875（明治8）年に、ありったけの紹介状を携えて来日したベンジャミン・カーティスJr.（第2章参照）も自分の旅行記の中でグリフィスの『東京案内』にふれている。[12]

グリフィスの『東京案内』は全35ページで冊子のようなものだ。これを携行するグローブトロッターがいたとしたら、それよりももっと知名度が高くて内容の濃い『マレーのハンドブック』を所持したグローブトロッターがいないはずがない。その一人に前章でふれたアーサー・クロウがいる。クロウは旅行記の「はじめに」でサトウとホウズの『中部・北部日本旅行案内』に対して謝辞を述べているから、これを所有していたのは明白だ。クロウは横浜に上陸するや否やアーネスト・サトウからディナーの招待を受けている。この席でサトウやホウズから、内陸旅行についての多くの情報を得たと書く。[13]クロウはサトウらと会食して『中部・北部日本旅行案内』の存在を知ってこの案内書を手にしたのだろう。ちなみにクロウの来日は1881（明治14）年6月で、『中部・北部日本旅行案内』の初版出版は同じ年の3月のことである。

また、同じ明治14年に東海道を東京から京都に旅したエドモン・コトー（第4章参照）もどうやら『中部・北部日本旅行案内』の初版を手にしていたようだ。東海道の旅の途中で宮ノ下に投宿した朝、コトーは宿泊した奈良屋から木賀に向けて散歩をするが、ここでコトーは英語のガイドブックを手に進むと、道は容易に発見できたと記している。[14] コトーがそう記したのが9月13日だ。『中部・北部日本旅行案内』の初版は出版済みである。また同書にはもちろん「木賀」の解説もある。このようにコトーが旅した時期や書籍の内容を考えると「英語のガイドブック」とは、その年に出版された『中部・北部日本旅行案内』と考えるのが自然だろう。

## トレーシーも所有していたマレー

では、トレーシーは『マレーのハンドブック』を所有していたのか。答えは、「所有していた」である。トレーシーの旅行記には「ガイドブックの中にある」とか「ガイドブックによると」など、ガイドブックに関する言及が、少なくとも9カ所出てくる。その中には、「サトウが一つや二つ述べたところによると」「マレーのガイドブックが言うには」「マレーのガイドブック（サトウとホウズ）」といった固有名詞も登場する。トレーシーの来日は、クロウやコトーと同じ明治14年の7月だ。したがって彼が手にしたのもやはり『マレーのハンドブック』の初版、つまり『中部・北部日本旅行案内』の初版本だったことがわかる。[15]

しかもバックパック・グローブトロッターであるトレーシーにとってこの『マレーの

ガイドブック』は決して欠くことのできないものだった。トレーシーが記す中山道赤坂でのエピソードがそのことを如実に示している。少々長文ながらトレーシーの文章をそのまま引用したい。

赤坂は近郊で産出する赤や黒、黄、灰、混合色の大理石や紅玉髄《べにぎょくずい》(16)を彫刻した品々の取引で繁栄している小さな街だ。実際、近くにあるどの店舗も石細工屋である。とある店で買い物をしたあと私はそこを離れたのだが、無頓着にもその店に地図付きのガイドブックを忘れてしまったのだ。置き忘れたことがわかるまでたぶん1時間は人力車に乗っていた。もちろん最初はすぐに引き返そうとの思いに駆られた。しかし若干考えたあと、そうしない方がよいと判断した。というのも2人の車夫が車代の追加をどれほど要求するかわからないからだ。そこで私は次の村まで行って車夫たちをそこで休憩させておいた。そして新しい車夫を雇って店にとって返した。その距離約5マイルである。その間、再び本に出会えるか否か、実際は怪しいと思っていた。私は東京にいる間に予防措置として扉の対面ページに日本語で自分の名前と住所を記入しておいた。そのため最終的に手元に戻る可能性はいくらかはある。本はもうなくなっていると私は考えながら石細工屋の入り口にやって来た。すると店の男が私を見ると嬉しそうな顔をした。そしてすぐに彼は紙で包んだ本を出してくれた。しかもそこには私の東京の住所が正確に書いてあった。彼はこれを郵便で送ろうとしていたのだ。彼の配慮に対して私はお礼をしようとした。しかしいかなる申し出も受け入れてもらえなかった。この点において彼はイギリスやヨーロッパ大陸の貿易商とは似ても似つかなかった。[17]

トレーシーの書く赤坂とは現在の岐阜県大垣市赤坂町を指す。この赤坂は近くにある金生山《きんしょうざん》が優良な大理石を産出する。これにより赤坂宿は大理石を加工する宿場町として栄えてきた。トレーシーはその一軒で買い物をした際に『マレーのハンドブック』を置き忘れた。

大事な物を忘れたとき人が動転するのは国や時代が違っても共通だ。トレーシーがガイドブックを石細工の店に置き忘れたのもまさにその状況である。そして、彼が本を取りに戻るまでの行動や考えを追っていくと、トレーシーがどれほどガイドブックを大事な物と考えていたのかは、もはやこまごまと言うまでもないだろう。

それもそのはずだ。ガイドのいないトレーシーにとってガイドブックは頼みの綱である。これを失っては目的地の京都に着くのは困難だ。また京都から先の旅にも大いに影響する。忘れたのなら仕方がない、では済ませられないものだった。また、最悪紛失したのなら再度購入すればよい、というわけにもいかない。そもそも書店の絶対数が現代に比べて圧倒的に少ない上、しかも洋書である。少なくとも片田舎で入手するのはほぼ不可能だ。

トレーシーが入った店の男は外国人が忘れていった本に気がついた。しかし客はもういない。本をめくると住所と氏名が記してある。ならばこれを郵送しようと、紙に包み住所をしたためたわけだ。もうなくなっていると思っていたトレーシーは、これに感激して礼をしようとする。しかし店の男はそれを受け取ろうとはしない。当たり前のことをしたまでという考えだ。

この男の行為は一般的な日本人からするとごく自然だと思う。仮に宛名のないサイフだとしても警察に届けるのが普通の日本人だろう。特に自分が物を落としたときの動転を体験している人ならば、なおさらそうするに違いない。そういうと最近見た新聞のコラムに「この国では落とした財布が返ってくる」と外国の元日本公使が書いていた。そんなことは落とした人の気持ちを察すれば当たり前のことだし、そんな振る舞いは常識的な日本人のごく普通な行為だと言ってもよい。もちろん今も昔も非常識な人物はいるもので、明治の頃も外国人相手のガイドではあからさまにピンハネする人物もいた。序章でふれた内村鑑三はそれを嘆いたわけである。しかし石細工屋の男はそうした非常識な人物ではなく、極めて常識的な、日本のどこにでもいるごく普通の人物だった。

## 佐倉で宿泊しなかった理由

トレーシーは『マレーのハンドブック』を大切にするだけではなく、その影響もかなり受けていた。その一例を示そう。佐倉への小旅行でトレーシーは、臼井に1泊してその翌日に佐倉を訪れたと前に述べた。しかし臼井と佐倉は1・6kmほどしか離れていない。つまりトレーシーはその日のうちに佐倉まで行けたはずなのだ。しかしトレーシーはそうしなかった。これは『マレーのハンドブック』と関係すると考えてよい。

『マレーのハンドブック』は「序説」と「行程案内」の大きく2部から成っていて、「序説」には日本の文化や旅のコツが、また「行程案内」では代表的なルートを取り上げている。そして個々のルートではまず概要を示して詳細を記すという構成をとる。初版の『マレーのハンドブック（中部・北部日本旅行案内）』に取り上げられている行程は全54ルートある。この54番目のルートは「下総、上総、房州への小旅行」というタイトルで、その下に七つの小ルートを紹介している。この中の1番目が「東京から国府台《こうのだい》、成田、芝山、笠森、大多喜、小湊」となっている。この途中に佐倉はある。ここに掲載されている佐倉の行程は次のとおりだ[18]。

| 日本橋から | 里 | 町 | マイル |
| --- | --- | --- | --- |
| 市川 | 3 | 25 | 9 |
| 八幡 | 4 | 18 | 11 |
| 船橋 | 5 | 30 | 14½ |
| 大和田 | 9 | 3 | 22½ |
| 臼井 | 11 | 11 | 27½ |
| 佐倉 | 12 | 11 | 30 |

佐倉に向かったトレーシーの行程を見ると、途中抜けている地名はあるものの『マレーのハンドブック』が示すルートをとったと考えてよい。またそれにも増して注目したいのが本文にある臼井の解説だ。いわく「臼井（宿＊太田屋は広くて快適。奥座敷からは川海老のいる湖の景色が良好。左手に菊屋がある）は印旛沼の南に位置するかなり大きな宿場だ。宿泊には佐倉に行くよりもこちらがお勧めだ。佐倉の宿屋は外国人の受け入れを嫌うからだ(19)」とある。

これを読んだバックパック・グローブトロッターはどうするか。その日のうちに佐倉まで行けるけれど、佐倉の宿は外国人を嫌うと書いてある。しかも右の引用箇所で「宿＊太田屋」の箇所に注目してもらいたい。『マレーのハンドブック』ではお勧めの宿屋に「＊（アスタリスク）」がつく。となると「＊」マークが付く太田屋を行き過ぎて、わざわざ外国人を泊めるのを嫌がる佐倉まで行く旅行者がいるだろうか。十中八九その手前の臼井、しかも太田屋で宿泊しようと思うのではないか。ガイドブックを片手にあてのない一人旅をしたことがある人ならばこの気持ちがわかるはずだ。

そしてこれと同じことを考えたのがトレーシーだった。つまりトレーシーは『マレーのハンドブック』を読んでいたからこそ、佐倉までは行かずに臼井で1泊した。このように考えるとトレーシーのとった不可解な行動も理解できる。

さらにこれはトレーシーの日光の旅であるけれど、彼は大量の食料を柳行李に詰め込んで旅に出た。実は『マレーのハンドブック』の「手荷物」という項に、長旅には西洋の革鞄ではなく柳行李が便利だ、と記してある。[20] 収容物が減るにつれて小さくまとめることができるからだ。トレーシーはこのアドバイスに従って柳行李に荷物を詰めたと考えて間違いない。

加えてトレーシーは京都見物のあとは奈良に向かい、そこから高野山を訪ねている。日光同様、高野山も今や世界遺産の仲間に入っている。しかし、日光よりも高野山の方が辺境のイメージが強い。現代でもそのように思うのだから、交通が不便な明治時代ならばなおさらだろう。トレーシーがなぜ高野山を目指したのかは不明だ。ただし、『マレーのガイドブック』のルート41は丸々高野山の記述にあてられている。これが決め手の一つとなってトレーシーは辺境の高野山へ行こうと考えたのではないか。

## ガイドブックとの微妙な距離感

このようにトレーシーにとって『マレーのハンドブック』はなくてはならない存在だった。だから赤坂で置き忘れたときあれほど動転したわけだ。もっとも、『マレーのハンドブック』に対するトレーシーの接し方は、決して手放しで称賛するという態度ではない。トレーシーが旅行記で『マレーのハンドブック』を引き合いに出すとき、ほぼ漏れなく不満を呈している。

一例を示そう。これは軽井沢に関する記述である。「夏の間、東京の外国人が過ごす良きリゾート地とガイドブックが高く称賛する街を散策してみた。しかし何とも荒涼とした場所でそのように想像するのは困難だ(21)」

また、これは中山道の和田宿のことだ。「ガイドブックが言うには、〝和田は貧相な村〟とのことなので、もちろんここで一夜を明かさないよう計画した。しかし最良の権威は人である――この和田でこうした思いが頭をよぎったのは、ある人がいままで日本で見た中で、最も清潔で大きくて素晴らしい外見の宿に案内してくれたときのことだ(22)」

さらにもう一つ。これはトレーシーが旅行記の最終ページに書いていることだ。「マレーのガイドブック（サトウとホウズ）では、内地で洗濯するのは不可能だと述べている。そして洗濯物は荷物として通運会社に家まで送り届けてもらうよう示唆している。私が思うに一般的な旅行者の場合その必要はない。日本人は下着の洗い方を完全に理解しているからだ[23]」

このようにトレーシーは、ガイドブックの内容と事実に違いがあると、それを半ば手厳しく指摘している。トレーシーはガイドブックを肌身離さず持っていたけれど、ガイドブックに操られているかのような旅はしたくない――。右に掲げた批判的な言葉にはトレーシーのそんな思いが見て取れる。そして同様の精神は現代のバックパッカーも所有しているのではないか。

そういう意味でもアルバート・トレーシー・レフィンウェルはやはり明治ニッポン版のバックパッカーだったのである。

# 第6章
# 冒険旅行家が歩いた日本の奥地

*Adventure travelers walk through unbeaten tracks in Japan*

## 日本一著名なグローブトロッター

アルバート・トレーシー・レフィンウェルはあたかもバックパッカーのように明治ニッポンを旅した。では、彼と同様のバックパッカーは他に存在したか。意外と言うかなるほどと言うか、日本にやって来た牧師など聖職関係者があたかもバックパッカーのようにあちこちを巡っているケースが多い。その中には世界各地の旅行記を残したH・B・トリストラムやウォルター・ディクソンなどがいる。また、イギリスの牧師で日本以外にもヨーロッパや中東を旅して旅行記を書いたジョゼフ・トーマスもそのような人物の一人だ。(1)

トーマスが日本にやって来たのは1895（明治28）年のことで、カナダのバンクーバーから6月20日前後に横浜に上陸している。そして約1カ月半の滞在中にトーマスは積極的に日本のあちこちを旅している。定番の観光地はもちろんのこと、今や世界文化遺産に指定された姫路城や安芸の宮島といった現在の外国人ならば必ず訪れる地域から、さらには四国に渡って松山にも訪れている。たまに旅の道連れがいるが、ほとんど一人旅だ。もちろんガイドも雇っていない。だからバックパック・グローブトロッターの例に漏れずトーマスも『マレーのハンドブック』を携行していた。実際トーマスは『マレーのハンドブック』はとても信頼できると評し、また旅行記のあちこちで引用している。ときには剽窃《ひょうせつ》に近い文章も散見するほどだ。

それはともかく、トーマスは牧師の特権を生かし、旅先では各地の宣教師を訪問してそこに滞在している。その中の一つに麻布にあったエドワード・ビカステスのミッション(2)がある。ビカステスは現在東京品川区にある香蘭女学校の創設者だ。同校の創立は1888（明治21）年のことでトーマスの来日時には麻布永坂町にあった。トーマスはここで意外な人物と面識を得ている(3)。本章の主人公の一人であるイザベラ・ビショップである。旧姓はバードだ。すなわちトーマスが出会ったのはイザベラ・バードにほかならない（図6-1）。

図6-1　蓑と蓑笠をかぶり大館（秋田県）を往くイザベラ・バード(4)

いまやイザベラ・バードは明治期に日本を訪れた冒険的なグローブトロッターの代表と目されていると言っても過言ではない。バードは1831年にイギリスのヨークシャーで生まれた。最初に日本を訪れたのは1878（明治11）年のことで、バードが47歳になる年だ。その後バードは、ジョン・ビショップと結婚するもののしばらくして夫に先立たれている。そして1894（明治27）年から96（明治29）年にかけて3度日本に滞在している。95（明治28）年は避暑で日本を訪れており、このときにトーマスはバードと遭遇した。バードは92（明治25）年に、日本を含むそれまでの世界各地への旅行が認められて、長らく女性の入会を拒否していたイギリス王立地理学協会の特別会員に選ばれている。したがって、その筋の人にとってすでにバードは有名人だ。トーマスがミセス・ビショップに出会ったのはそのような時期だ。

一方、日本におけるバードは、最初の日本旅行について書いた著作『日本奥地紀行（Unbeaten Tracks in Japan）』によって知名度が高い。この著作には東京から新潟経由で東北を縦断し蝦夷地をめぐる旅が記されている。言い換えるとこれは、明治の比較的早い時期に、イギリス人女性が欧米人のあまり足を踏み入れることのなかった日本奥地の旅を記したものだ。つまり、いつ、誰が、どこに旅行したのかという点で、バードの旅行は大変画期的だった。

日本でのバードに対する高い評価は、彼女に関する翻訳書や関連書を見ればよくわかる。『日本奥地紀行』は複数の訳者によって出版されているし、あの民俗学者宮本常一もバードの著作を題材にした作品を著している。またバードの歩いた道を訪ねるといった趣旨の書籍が現在も出版されている。[5] 一人のグローブトロッターに対してこれほど多くの書籍が出ているのはバードくらいのものだろう。

とはいえ「明治期の冒険的旅行家＝イザベラ・バード」という安易な結び付けには注意すべき点が少なくとも二つある。一つはバードがこの日本で冒険的な旅行ばかりをしていたかというと必ずしもそうではなかったという点だ。人力車に乗って著名な観光地も巡っている。もう一つは明治期に冒険的な旅行をしたのは決してバードばかりではないという点だ。特に蝦夷地に限ってみるとバード以上に冒険的な旅をした人物がいる。

本章では以上2点について明らかにすることを主目的に話を進めていきたいと思う。

## 日本観光も存分にしたバード

1878（明治11）年の初来日時におけるバードの旅の概略を示すと、日本の土を踏んだのが5月で、その後6月10日に東京のイギリス公使館を発って日光を目指す。さらに日光から鬼怒川《きぬがわ》沿いを北上して新潟に至る。そして内陸部に入って山形に向かい、天童、新庄、久保田を経由し八郎潟を見て大館、黒石、青森に至る。さらに津軽海峡を渡って函館に向かっている。バードが函館に到着したのは8月12日のことだ。そして蝦夷の奥地を目指すのは8月17日だ。まず森に向かい、ここから船で室蘭に上陸し、さらに東の苫小牧に向かう。そして沙流《さる》川を上って内陸部の平取《びらとり》でアイヌの小屋に2晩宿泊している。ここから来た道を戻り、室蘭からは内浦湾に沿って長万部《おしやまんべ》さらに森に至り函館に戻っている。函館戻りが9月12日である。ここからは汽船を用いて9月17日に横浜に上陸している。

以上のような3カ月に及ぶ日本奥地の旅行が、1973年に高梨健吉の訳で平凡社東洋文庫から出版された『日本奥地紀行』に記してある。(6) 確かにこの『日本奥地紀行』だけ読むとバードの旅は冒険的である。しかしこの旅行記はバードの旅の半分しか語っていない。実は先にもふれたように彼女は日本の奥地以外の「観光地」も多数訪れていて、その点が『日本奥地紀行』から欠落しているからだ。概略を示そう。

奥地旅行から戻ったバードは東京を引き払い横浜から汽船で神戸を目指す。神戸にしばらく滞在したのち京都に向かい、さらに人力車で奈良を目指す。ここから桜井を経由して長谷寺《はせでら》を詣で、宇陀《うだ》を越えて松阪そして伊勢神宮に向かっている。伊勢からは津そして関さらに東海道を経由して京都に戻る。そこから大阪に向かい、ここで3日間滞在して神戸に戻る。それから有馬そして三田《さんだ》(現兵庫県三田市)を訪れる。そのあとの足取りは不明で、12月19日に横浜港を出たとある。結果バードは約7カ月間日本に滞在した。つまり日本奥地の旅行に費やしたのはその間の半分にも満たない(「バードの国内旅行」)。

ではなぜ奥地以外の旅行記が削除されてしまったのか。これは日本語訳『日本奥地紀行』のせいでもなんでもない。バードの『Unbeaten Tracks in Japan』には大きく二つの版がある。一つは1880（明治13）年にジョン・マレー社から出版された上下2巻本、もう一つは同じ出版社から85（明治18）年に出た2巻本を1巻にまとめた省略版だ。2巻本には京都や奈良、伊勢の旅は記されているけれど省略版にはこれらの記載が省かれている。こうした地域は「アンビートン・トラックス＝未踏の地」ではないから省略されてしまったのだろうか。そして、高梨健吉の日本語訳『日本奥地紀行』はこの省略版を訳出したから、日本の奥地を冒険的に旅行したバードが強調される結果になった。

そうした反省からか『日本奥地紀行』で割愛された箇所が楠家重敏氏らの訳で『バード日本紀行』（2002年、雄松堂出版）として訳出された。また2012年から13年にかけて金坂清則氏が『完訳日本奥地紀行』（全4巻）として初版2巻本の完訳に詳細な注を付して平凡社東洋文庫から出版している。ちなみに『バード日本紀行』の解説の中で楠家氏は、『日本奥地紀行』によって作られた従来のバード像に疑問を呈している。[7]しかしいまだ『日本奥地紀行』で作られた女性一人旅の冒険的旅行家バード像が根強く生き残っているようだ。

## バードの国内旅行

北海道
旧室蘭
礼文華
白老
勇払
平取
長万部
有珠
門別
佐瑠太
山越内
室蘭
落部
森
蓴菜沼
峠下
函館
津軽海峡
青森県
岩木山
青森
黒石
弘前
白沢
碇ヶ関
鶴形
大館
小繋
豊岡
虻川
岩手県
久保田(秋田)
神宮寺
秋田県
横手
日本海
鳥海山
院内
金山
新庄
宮城県
山形県
天童
沼
市野々
上ノ山
黒川(追江新)
小松
新潟
米沢
津川
若松
車峠
坂下
福島県
大内
川島
新潟県
五十里
藤原
湯元
今市
富山県
本白根山
日光
栃木県
群馬県
栃木
石川県
長野県
埼玉県
茨城県
伏見
福井県
岐阜県
粕壁(春日部)
京都
大阪
有馬
東京
山梨県
大津
草津
土山
横浜
富士山
千葉県
鈴鹿峠
三田
愛知県
静岡県
津
奈良
二見
神戸
太平洋
宇治
名張
山田(伊勢)
松坂
三輪
三本松
長谷寺

## 女一人旅、実は二人三脚

実際、省略版にはなくて完全版にはある記述を読むと、東北・蝦夷を旅したバードとは異なる横顔が透けて見える。例えば東京から京都を目指す旅行について、初めバードは中山道ルートをとろうと考えていた。しかしこの4日間ずっと雨である。さらに「伊藤」（この人物についてはのちに詳しく述べる）の代わりに雇った召使は英語を話せない。雨や雷のときに人里離れた高山の宿屋に一人取り残されるのはいやだ、と弱気なことを言っている。(8) 結局バードはこの中山道ルートでの京都行きを諦めている。

加えてバードはこんなことも書いている。京都から人力車で向かった奈良の宿屋でのことだ。人で混雑したひどい悪臭のするこの宿屋で、バードはオートミールを作ろうとする。しかし東北・蝦夷の旅では料理を「伊藤」に任せっきりだった。結局自分で作ったオートミールは団子のようになる。バードは心の底から「伊藤」がいればと残念に思うのであった。(9)

しかし東北・蝦夷を冒険旅行したあのバードが、中山道の旅をためらい、オートミールの調理ごときでこんな愚痴を漏らすとは――。『日本奥地紀行』のバード像を前提に考えると、これは何かの間違いじゃないのか、という気すらしてくる。

図6-2　後年の伊藤鶴吉（国立国会図書館デジタル化資料）

実際はどうだったのか。この点を明らかにするには、右に掲げたいずれの記述にも登場する「伊藤」という人物について説明する必要がある。この人物は伊藤鶴吉という名で、バードが行った東北・蝦夷の旅に通訳として同道した男だ（図6-2）。伊藤はバードの通訳を担当したことで、外国人旅行者のガイドとしては明治時代で最も著名な存在になる。例えば中山道を旅したアーサー・クロウは、京都で出会ったL氏夫妻の通訳がミス・バードの国内旅行に同行した伊藤鶴吉だったと記している[10]。またエリザ・シドモアは「ミス・バードのガイドを勤めたことで有名な伊藤[11]」をガイドに雇って日光や京都の旅を共にしている。さらにシャンパン製造の裕福な家に生まれ、写真撮影のため世界一周をしたウーグ・クラフトのガイドも伊藤鶴吉が担当している[12]。

バードは奥地旅行のために日本人通訳兼召使をオーディションし、年齢18歳で身長約147cmの伊藤を選んだのだが、この男に対するバードの第一印象は決してよいものではなかった。しかし東北・蝦夷の旅が終わりになり、伊藤が別の雇い主の元に行く頃になると、伊藤に対するバードの評価は大きく変化していた。バードは伊藤が自分によく

仕えてくれたことに感謝するとともに、バードは伊藤がいなければ身の回りのこともできない自分に気づくのだ。(13)

ではそんな伊藤の存在を念頭に、もう一度バードが記した先のエピソードを検討してもらいたい。まず中山道の旅だけれど、この中山道旅行を取り止めたバードは汽船で神戸に向かい鉄道で京都に入っている。これは天候の理由もあったのだろうが、バードの弱音から判断すると伊藤ほど優れた通訳を得られなかったことが中止の決め手になったと考えてよいと思う。

さらに注目してもらいたいのが、先にもふれた奈良の旅館でオートミールを作るバードだ。バードは「簡単なオートミール」すら調理できず、伊藤がいればと未練がましいことを言う。これは裏返すと、奥地旅行の間、伊藤があれやこれやとバードの世話を焼いていたことを示している。つまり別れるのが残念なほどバードに頼りにされた男が伊藤鶴吉だったわけだ。そして伊藤がいなければオートミールも満足に作れない女性がイザベラ・バードだった。

バードは自らの旅を「女性の一人旅（a lady travelling alone）(14)」と宣言した。しかし右のような事情を考えるとこの言葉も怪しくなってくる。バードの旅は実際は伊藤鶴吉との二人三脚の旅ではなかったか。伊藤がいなければ料理も作れないし中山道の旅もキャンセルしてしまう。実はそんな人物がイザベラ・バードだったのではなかったか、と。

少なくとも彼女の旅は一人旅でなかったのは明らかだ(15)。

## バード以前に蝦夷を旅した人々

このような目でバードを見るようになると、彼女の旅行記の記述も気になってくる。「私の旅行コースで、日光から北の方は、全くのいなかで、その全行程を踏破したヨーロッパ人は、これまでに一人もいなかった(16)」。これはバードが著作の「はしがき」で記している言葉だ。

また蝦夷の内陸部に入る直前の函館ではこう書いている。「昨日私は領事館で食事をして、フランスの公使館ディースバッハ伯爵、オーストリア公使館のフォン・シーボルト氏、オーストリア陸軍のクライトネル中尉に会った。（中略）彼らは食糧や赤葡萄酒をふんだんに用意しているが、とても多くの駄馬を連れて行くので、その旅行は失敗に終わることを私は予言する。しかし私の方は荷物を四五ポンドに減らしているから、成功は疑いない(17)」

さらに平取のアイヌ小屋に過ごし佐瑠太《さるふと》川の上流にさかのぼった際にはこう記している。「たしかに今まで誰一人として、この暗い森につつまれた川の上に舟を浮かべたヨーロッパ人はいない。私はこの数刻を心ゆくまで楽しんだ(18)」。このようにバードは「私の右に出る者はいない」という意味のことを著作のあちこちで記している。

ただ右の記述には明らかな誤りがいくつかある。チャールズ・ロングフェロー（第3章参照）の旅で記したように、彼らは蝦夷地をめぐり、東北の内地を陸行しながら江戸に戻っている。これが1871（明治4）年9月から11月にかけてだ。バードよりも7年早い。だから、日光から北の行程を踏破したヨーロッパ人は決してバードが初めてというわけではない。また蝦夷だけに限った場合、イギリス海軍軍人ヘンリー・セントジョンが1871（明治4）年の蝦夷探検を旅行記に残している。(19)セントジョンは江戸時代から蝦夷を訪れている人物だ。

一方、バードが言う「フランスの公使館ディーースバッハ伯爵、オーストリア公使館のフォン・シーボルト氏、オーストリア陸軍のクライトネル中尉」についてはちょっと説明が必要になる。「ディースバッハ」はフランス公使館3等書記官で、「フォン・シーボルト」はハインリッヒ・フォン・シーボルトのことを指す。彼はシーボルト事件を起こしたフィリップ・フランツ・フォン・シーボルトの次男だ。さらに、「クライトネル中尉」とは、オーストリア＝ハンガリー帝国のグスタフ・クライトナーのことで、このとき彼はセーチェーニ・ベーラ伯爵を隊長とする東洋探検隊の一員として日本にやって来ていた。クライトナーは日光を旅したあと、セーチェーニ伯爵といったん別れてシーボルトらと蝦夷に向かう。3人の目的は蝦夷地の探検だ。ただしシーボルトの蝦夷視察は当時大蔵卿だった大隈重信の委託を受けたものだ。[20] またクライトナーの蝦夷行きはセーチェーニ伯爵の東洋探検の一環と考えるのが適切だ。3人は8月7日に函館に到着するけれど、これはバードがここに到着する5日前のことである。

バードは函館で彼らが蝦夷の内部へ入る様子を見た。そして、「辺地旅行のプロフェッショナル」であるバードから言わせると、駄馬をたくさん連れた彼らの装備はお話にならない。旅行はきっと失敗する。バードはこのように述べたわけだ。さらにバードは、平取のアイヌ小屋で宿泊する前、佐瑠太でシーボルトとディースバッハに出会っている。彼らはバードよりも一足先に平取を訪れていた。

さらにその晩、シーボルトがバードの宿舎を訪れ、アイヌ村についての情報を交換したようだ。「彼らは、蚤や蚊にひどく悩まされ、不自由な生活をして来たので、だいぶ疲れはてていた。しかし、いろんな困難はあっても、山アイヌを訪れることは、長い旅行をするだけの価値がある、というのがシーボルト氏の意見である。[21] 私が思った通り、彼らはその探検に完全に失敗し、クライトネル中尉に逃げ出されてしまった」[22] とバードは書く。

本当にシーボルトの旅は失敗に終わったのか。実はシーボルトがどのようにアイヌの村を旅したのか詳しくはわからない。しかしこのときのアイヌ村訪問については大隈重信宛てに「北海道歴観《れきかん》卑見《ひけん》」という報告書をとりまとめている。そもそもシーボルトは大隈から委託された蝦夷調査だから「完全に失敗する」ようなまねはできない立場にあった。

しかも、バードは『日本奥地紀行』の「はしがき」でアイヌ人の風俗習慣、宗教についてシーボルトが得た情報と比較検討して、あらゆる点で満足すべき意見の一致を見たと記している[23]。バードは、一方でシーボルトのアイヌ村への探検は完全に失敗するだろうと予想し、また全く失敗に終わったと書いた。しかし、その一方でシーボルトがアイヌ村からの探検で得た情報、すなわち全く失敗に終わったはずの旅から得た情報と、自分の得た情報とを比較して意見が一致したと記す。なぜイザベラ・バードはこんな相矛盾することを平気で書いたのだろうか。

またバードはシーボルトらが「クライトネル中尉に逃げ出されてしまった」と書いているけれど、これも完全な誤りである。グスタフ・クライトナーは逃げだしたのではなく、途中でシーボルトらと別れて単独で蝦夷地を探検したのだ。この探検行は彼が1881（明治14）年に出版した旅行記『東洋紀行（Im fernen Osten）』に詳しく記されていて、シーボルトらと別行動をとったときの様子も述べられている。さらにこの旅行記では、8月10日から約3週間に及ぶ蝦夷地旅行が詳しく記されていて、その中身はかなり濃いことがよくわかる。

## 画家兼旅行家の野人ランドー

以上見てきたように、確かにバードは1878(明治11)年に日本の奥地を巡った人物ではあるけれど、日本滞在中、その半分は普通のグローブトロッターと同様に一般的な観光に費やしている。また日本奥地の冒険的な旅行は決してバードが最初なわけでもないし、彼女の右に出る者がいないわけでもない。

この「右に出る者がいない」という点をより明らかにするためにここではもう一人、蝦夷地を徹底的に踏破しつくした人物を紹介しておこう。その人物の名はヘンリー・サベッジ・ランドーという(図6-3)。あえて肩書を記すと画家兼旅行家となるのだろうか。またその冒険的旅行についてはその名「Savage」が示すように誠に「サベッジ＝野人的」なのである。

ランドーは1865年にイタリアのフィレンツェで生まれたイギリス人だ。これは祖父であり著名なイギリスの詩人で作家だったウォルター・サベッジ・ランドーがフィレンツェに住んでいた関係からだ。幼少時に読んだ旅行記で冒険に目覚め、やがて画家を目指してフィレンツェで修業する。15歳の頃から絵画修業のため欧州や中東を旅行し、1888(明治21)年に向かったアメリカでは、ウィリアム・ハリソン米大統領やリンカーン夫人など著名人の肖像画を多数描いている。

肖像画で稼いだ軍資金を手元にその後ランドーは、アメリカからカナダを経由して日本に向かう。ランドーが横浜に上陸したのは1889（明治22）年8月25日のことだ。多くのグローブトロッターと同様、ランドーも横浜から東京、日光、箱根を訪れる。ただ彼の興味は絵を描くことにあった。旅先では主に風景画を描き、また東京では肖像画を描いている。その中には黒田清隆総理夫人、西郷従道《つぐみち》や土方久元の子息の肖像画などがある。

このように書くと、ランドーのどこが冒険的旅行家なのか、いぶかしく思えてくる。しかし、ランドーが旅した蝦夷旅行を知れば、彼がまごうことなき冒険的旅行家であることがわかってもらえると思う。

図6-3　ヘンリー・サベッジ・ランドー[24]

日付ははっきりしないが1889（明治22）年6月の終わりまたは7月初めのことである[25]。著名な法学者の肖像画を描いていたランドーは彼とトラブルになる。これに嫌気がさしたランドーは仕事を途中で放り出して旅に出る。彼に言わせると、「ノマド精神」すなわち一カ所に腰を落ち着ける

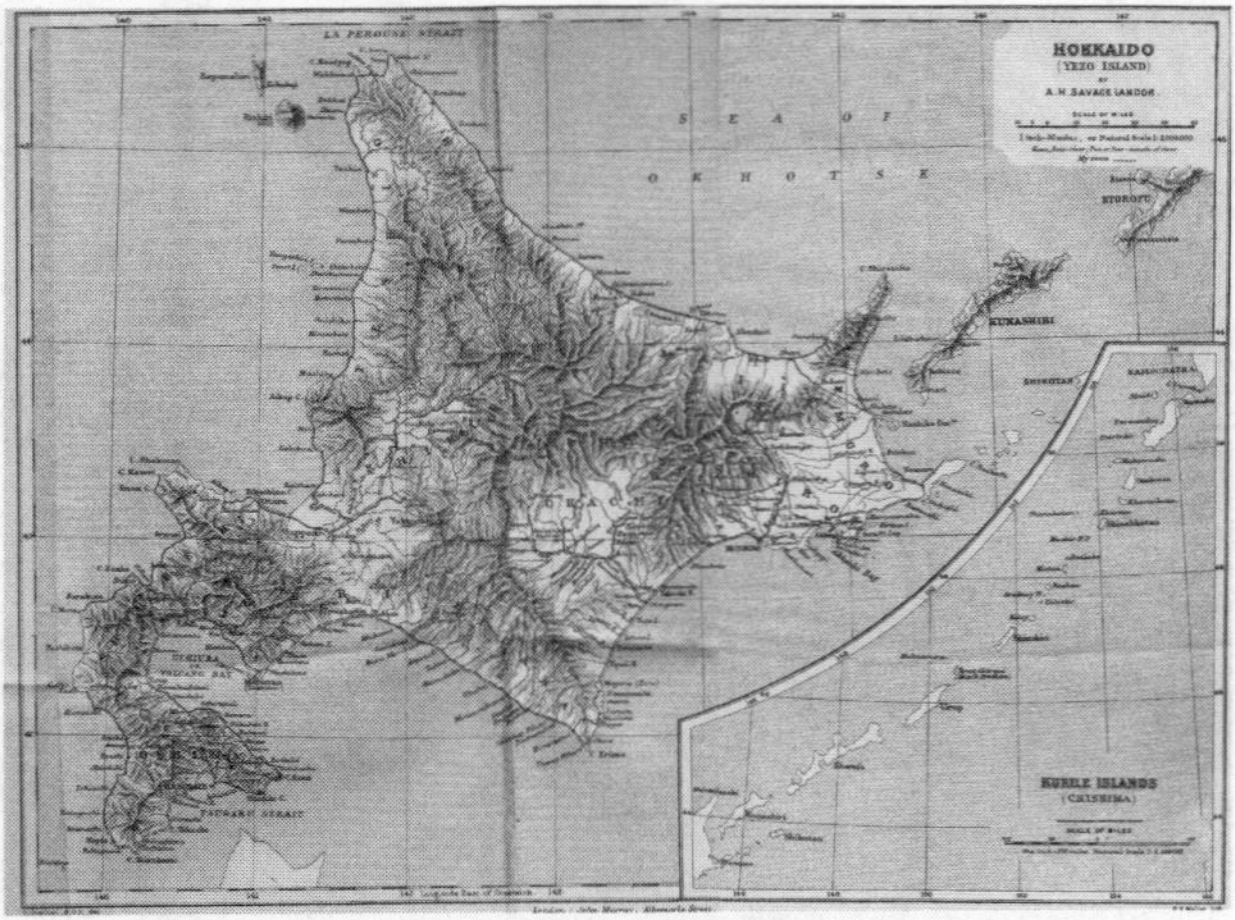


図6-4　ランドーの著作にある蝦夷一周のルート(26)

のではなく、あちこち流浪したいという気分がむくむくと頭をもたげたからだそうだ。高崎、伊香保、郡山、猪苗代を巡って仙台に出て、そこから汽船に乗って函館に向かう。そしてここを出発点にランドーの蝦夷地一周の旅が始まる（図6-4）。

　その行程は約6800㎞を146日で踏破するというもので、北海道を丸々一周するばかりではなく内陸部に深く入り千島列島にも渡っている。荷物は豊富な画材道具以外これといったものもない。食料もテントも持たぬ旅格好だ。また通訳もガイドも付けていない。完全に単独旅行、文字どおり一人旅だ。移動に利用した手段は馬と船、ごく短距離ではあるが石炭運搬車、あとは徒歩である。特に荒れた地では騎馬もできない状況で徒歩に頼るしかなかった。現在、同様の旅を遂行しようと考えただけでも、その大変さが容易に理解できるだろう。

ランドーのとった行程をもう少し詳しく見てみよう。まずランドーは函館から内陸部を森に向かう。ここから船で室蘭に行き紋別《もんべつ》から有珠《うす》と虻田《あぶた》を訪れる。ここから再び室蘭に戻ったランドーは幌別《ほろべつ》、登別、白老《しらおい》を通って苫小牧に至る。

次にランドーは苫小牧から沙流《さる》川を上って平取《びらとり》に至る。バードが至ったのはこの平取までで、ここから来た道を戻っている。ランドーも再び海岸沿いに戻るものの、函館とは方向が逆の襟裳岬を目指す。さらにここから海岸沿いを進んで大津に至り、十勝川を上って帯広など十勝地方一帯を探索している。再び海岸に戻って釧路に至り、内陸部に入っていって阿寒湖や屈斜路湖をその目にして厚岸《あつけし》に向かう。ここからランドーは北海道の最東端にある根室半島を目指し、根室からはせいぜい2人の客しか乗れない小船で色丹《しこたん》島に渡っている。

再び根室に戻るとここから北上して標津《しべつ》から羅臼《らうす》に寄り道して網走に至る。これで全行程の半分をいったかいかないかの距離である。右にオホーツク海を見ながら海岸沿いをどんどん進むとやがて宗谷岬に至る。ここから稚内《わっかない》を過ぎると道は南下する。そして、天塩《てしお》から苫前《とままえ》、留萌《るもい》、増毛《ましけ》と進む。

ランドーはさらに南下して石狩川に至り、川沿いを上って内陸部に入り神居古潭《かむいこたん》、上《かみ》川《かわ》を訪れている。ここから石狩川の急流を丸木舟で空知《そらち》まで下る。そして幌内を経由して札幌に至る。ここに来てランドーはようやく文明に近づくと書いているけれど、旅はまだ終わらない。石炭運搬車で小樽に向かい余市を経由して、岩内《いわない》から寿都《すっつ》と北海道の西海岸を行く。ここから内陸部に入って長万部《おしゃまんべ》に向かい森に至っている。ここでようやく一度通った村に戻ったわけだ。ただ、ここから真っ直ぐ函館に向かうと思いきや、渡《お》島《しま》半島を横切って再び西海岸に出て、松前半島を一周して函館に至っている。これがランドーの旅の概略だ。

## 骨折などへっちゃらな男

すでに述べたようにランドーは食料もテントももたずに旅に出た。よって行く先々で寝泊まりする場所と食料を確保しなければならない。結果としてアイヌが住む家々を泊まり歩いている。例えば平取ではアイヌの長ベンリー（図6-5）の住居で寝泊まりして何日か過ごしている。ここはバードも滞在したが、まだ環境がよかった。例えばランドーが庶野《しょや》（現えりも町）で茶屋の役割も果たす漁師の宿屋に泊まったときのことである。通された部屋はクモの巣だらけで、部屋に入るとハエやウマバエが一斉に飛び立つ。この宿では食料すらない状態だった。また止若《やむわか》では10戸ほどある小屋の一つにランドーは身を寄せる。ここで出てきたのは夕食も朝食も鮭だった。しかしそれは明らかに腐っていた。いかに空腹でもこれは食べられなかった。あるいは十勝の大津ではイノマタヨシタロウという前科者が経営する宿に2晩泊まって16円という法外な料金を請求される。宮ノ下・奈良屋の最上級の部屋と料理で一晩2円50銭だったことを思い出したい（第4章参照）。ランドーは腕ずくの喧嘩も辞さずヨシタロウと対峙する。

もっとも、ランドーが宿泊したのは決して悲惨な場所ばかりではない。その一つが帯広で投宿した渡辺勝《まさる》・カネ夫妻の家だ（次頁図6-6）。渡辺は尾張藩士の子で、依田勉《よだべん》三《ぞう》が設立した北海道開墾を目的とする晩成社に参加して開墾事業に尽くした人物だ。またカネは帯広で開墾のかたわら塾を開いて教育に従事した。ただ、開墾は思うようにいかず晩年の勝は酒におぼれたという。ランドーが渡辺夫妻と過ごしたのは8月15日から17日の3日間だ。ランドーは渡辺夫妻のもてなしに心から感動したようだ。いままでの人生の中で渡辺夫妻ほど文明的で思慮深く寛大な人々に出会ったことがない、と旅行記に記している(28)。

図6-5　ランドーが描いた平取の長ベンリー(27)

ところで北海道の最東端にある根室半島にやって来たランドーは、ここから船で千島列島の一つである色丹島に渡ったと先に書いた。明治期に単独で千島列島

図6-6　ランドーが描いた帯広の渡辺家（帯広百年記念館蔵）

を渡る冒険旅行家はあまり例がない(29)。この色丹島と根室の間に歯舞《はぼまい》諸島（現在は群島）と呼ばれる島々がある。これは水晶島《すいしょうとう》、秋勇留島《あきゆりとう》、勇留島《ゆりとう》、志発島《しぼつとう》などからなる群島だ。実は私事であるけれど、私の母親はこの水晶島に一時住んでおり、第2次世界大戦末期のソ連侵攻で島を引き揚げている。

　その関係もあって私は政府が行う訪問団の一員として水晶島に2度上陸したことがある。水晶島は、船から望むと将棋の駒を倒したような平坦な島だ。大きな波がくれば島ごと洗われるのではないかと思えるような、そんな平らな島である。一般住民はおらずロシアの国境警備隊が駐屯しているのみだ。上陸してみると遠くからは寝かした駒のように見えた島にも起伏があることがわかる。しかし、少々高い場所に上ると周囲を見渡せる。視界を遮る丈の高い木々はなく灌木もどちらかというとまれだ。私が上陸したのはいずれも9月だったから、野草が絨毯のように生い茂っていてアツモリ草が淡い紅紫色の花をつけていた。島の短い夏が過ぎる頃になるとハマナスが白い花をあちこちに咲かせるという。現時点では行きたくてもなかなか行けない土地だからせめて写真を一葉示しておきたい（図6-7）。

図6-7　水晶島とその沿岸（2005年当時）

ランドーの旅に戻ろう。ランドーが北海道西部の天塩からずっと南下して増毛に至ったときのことだ。増毛は天塩地方で最大の日本人部落があった。現在は留萌《るもい》から留萌本線が出ていてその終着駅にあたる。ランドーの全行程で見ると4分の3ほど来たあたりだ。ここでランドーは大怪我をしている。

増毛では大雨で暑寒別《しょかんべつ》川が増水して渡れずランドーは2日間足止めをくらう。[30] 3日目、ランドーはもう待ちきれなくなって、まだまだ水量が多く流れも激しい川を渡ろうと決断する。馬が渡れないことは一目瞭然だったのでランドーは単身川を渡ることに決めた。荷物は二つの包みにして革紐でしっかり結わえる。これを頭の上にのせて革紐に手を通す。そしてランドーは川の中へ入っていった。「危険だからやめろ」と口をそろえて言う現地の人々の言葉を残してだ。

川の中央まで来ると水が口のあたりまで来た。そのとき川岸で何か大声がする。振り返ると、上流から巨大な木の幹がランドーに向かってわずか数メートルのところに迫ってきている。その木と衝突したランドーは何もわからなくなった。そして何十秒かあとランドーは対岸に叩きつけられたのである。ランドーが浅瀬で立ち上がろうとしたとき、左足が河床の二つの石にはさまっていて、運悪くくるぶしの下のかかとの骨を折ってしまう。

この骨折は皮膚から骨が飛び出すほどの大怪我だった。注意してもらいたいのはこの大事故が全行程の4分の3あたりで起こっている点だ。普通ならばできるだけ短距離で、より完全な治療が受けられる場所まで行こうとするものだ。そしてそこでしばし療養して残りの旅は断念して帰途につくのではないか。

しかしランドーはそうはしなかった。応急処置をしたあと旅を続けている。石狩に来ても目前の札幌には向かわずに、それとは反対方向の神居古潭《かむいこたん》そして上川を探検している。さらに大怪我から15日ほど経つと、まだ痛みはひどく歩くこともできないものの馬から自力で降りられるようになったと書いている(31)。石狩川を丸木舟で下っているのも同時期だ。旅行記には病院の話などまったく出てこない。養生したのは12月の初めに東京に戻ってからのことだ。このランドーという人物、いったいどんな精神の持ち主だったのだろう。

大怪我はともかくランドーが蝦夷地をきわめて深く旅したのは明らかだ。対してバードはどうか。「私は淋しいアイヌの地にいる。私の旅行体験の中でもっとも興味があったのは、アイヌの小屋に三日二晩泊まって、まったくの未開人の日常生活を見たり、一緒に暮らしたことであると思う(32)」と語っている。ランドーの蝦夷地の旅はバードよりも

10年もあとのことだ。しかしそれを念頭に置いたとしても、バードの蝦夷旅行はランドーの旅に比較すると表面をなでただけの感は否めない。3日2晩だけでアイヌと一緒に「暮らした」と表現するバードの言葉が何とも虚しく響く。

もっとも、だからといってバードが行った日本奥地旅行が無価値だったかというと、決してそういうわけではない。明治の早い時期に行われた女性グローブトロッターの日本旅行として大きな価値をもつ。

しかし繰り返しになるけれど過大に評価するのは無用だ。バードは東北や蝦夷をめぐるとともに、観光地もあちこち訪れた。またバード以外により冒険的な旅をした人物もいる。そして日本の奥地を旅した人物と問われたら、バード以外にもヘンリー・サベッジ・ランドーのような忘れられた冒険的グローブトロッターのこともぜひとも思い出したいものである。

図6-8　蝦夷を旅するランドー(33)

# 第7章

*Crazy about the race for voyage around the world*

# 世界一周スピード競争に血眼になる

## 80日間で世界一周に挑戦せよ

ジュール・ヴェルヌの『八十日間世界一周』が世間で話題になっていた頃、条件付きではあるけれど世界一周は75日で実現できると主張したのは聖職者でありジャーナリストでもあったエドワード・プライムだった（第1章）。では本当に駆け足で旅行したならば世界一周は80日間で可能なのか。あるいはプライムの指摘した75日まで短縮できるのか。そもそも何日あれば世界一周は可能なのか――。

世界一周が壮挙でなくなる中、こうした疑問が提示されるのは至極自然な成り行きと言ってよい。あとは実際に誰かがそれに挑戦するのを待つだけだ。

比較的早い時期にこの世界一周スピード競争を念頭に旅に出た人物がいる。イギリス人ラルフ・レイランドという海運業を生業にしていた人物だ。レイランドは、ヴェルヌが小説にした80日間での世界一周は一般的に不可能だと思われているけれど、準備を万端に整えればその制限時間内での旅が可能ではないかと考える。そこでとりあえずはだいたい１００日間程度をめどにして世界一周をしてみようと考えた。そして１８７８（明治11）年2月1日、レイランドはロンドンを発って世界一周の旅に出る。彼は6月3日にロンドンに戻ってきているから１２０日間余りで世界一周を達成したことになる。

80日で世界一周に比較するとレイランドの旅は40日以上も超過している。100日間を目安にしても20日以上の超過だ。それももっともで、レイランドはインドや日本でそれぞれ16日間滞在して観光に費やしている。またアメリカのヨセミテ渓谷でも観光に十分の日数を割いている。これらを差し引けばレイランドの旅は大幅に短縮されただろう。しかしせっかく遠くまで足を延ばすのなら観光も楽しみたい。これがレイランドの本音だったと思う。そういう意味で彼の旅はどうしても80日や100日にこだわるという旅ではなかった。

図7-1　ネリー・ブライ(1)

レイランドの旅から約10年後の1889（明治22）年、80日間世界一周に極端にこだわった2名の人物が現れた。一方はエリザベス・コクラン、そして他方はエリザベス・ビスランドでいずれも女性である。この2人のエリザベス、実はどちらもジャーナリストでいずれが速く世界一周を達成できるかを競い合ったのだ。

前者のエリザベス・コクランはネリー・ブライというペンネームをもつ（図7-1）。アメリカで最初に名をなした女流記者として一般的な教養をもつアメリカ人ならば知らぬ人がいないという人物だ。ブライは1864年にペンシルヴァニアの旧家に生まれている。20歳のときにピッツバーグに出て地方紙の新聞記者になり、より大きな成功を求めてニューヨークに出たブライは、のちに新聞王と呼ばれるジョセフ・ピューリツァーの「ニューヨーク・ワールド」紙へ売り込みをはかる。ちなみに公共に資するジャーナリズム、文学、音楽を表彰するピューリツァー賞はジョセフ・ピューリツァーの遺言により設けられたものだ。

ブライがピューリツァーと面会したのは87（明治20）年のことで、ピューリツァーが「ニューヨーク・イブニング・ワールド」紙を創刊するまさに昇り調子の時期だ。ピューリツァーはブライを女性スクープ記者として世に出そうとしたようで、最初に彼女が与えられた仕事はブラックウェルズ島にある精神病院の現地リポートだ。しかもブライ自身が精神病患者のふりをして現地に潜り込むという企画だった。野心満々のブライはこの仕事を見事にこなし彼女の名が注目されるようになる。さらにその後も体当たりでスクープをものにするブライは著名女流記者としてその名を馳せることになる。

一方、エリザベス・ビスランドはブライよりも3歳年上の1861年生まれで、生家はルイジアナ州の裕福な農家だ（図7-2）。しかし南北戦争後に家勢が一気に衰え、彼女はニューオリンズに出て「タイムズ・デモクラット」紙の新聞記者として働く。彼女には詩の才能があり、それが採用の決め手になったようだ。これが82年のことである。彼女注目すべきは当時この新聞でラフカディオ・ハーン、のちの小泉八雲が文芸部長に就いていたという点だ。2人はここで知り合いになるばかりか、恋仲とまではいかないもののかなり微妙な関係になる。少なくともハーンはビスランドに思いを寄せていたようだ。その後ハーンとビスランドは途中音信不通の時期はあるとはいえハーンが死ぬまで文通を続けている。さらにハーンの死から2年後という早いタイミングで、ビスランドは著作『ラフカディオ・ハーンの生涯と手紙（Life and Letters of Lafcadio Hearn)』を出版している。

ネリー・ブライ同様、ビスランドもジャーナリストとしての成功を夢見ていた。87年にはニューヨークに拠点を移して月刊誌「コスモポリタン」の編集者として活躍する。この雑誌はポール・スクリクトによって1886年に創刊されたもので歴史や冒険、旅行、芸術など格調高い内容が売りだった。ただ経営的には厳しかったようで、89年に同誌はジョン・ブリスベン・ウォーカーが買収する。ウォーカーは従来の方針を転換してセンセーショナルな記事を掲載する雑誌へと舵を切る。ビスランドが編集者として働いていたのはこのような時期だった。

図7-2　エリザベス・ビスランド(2)

## 11月14日、ニューヨークを発つ

フィリアス・フォッグ卿の記録に挑戦する世界一周旅行はもともとネリー・ブライが企画として温めていたものだ。彼女はこの企画を「ニューヨーク・ワールド」紙の編集長に提案したけれど受け入れられない。それが1年後、突然採用されることになる。このときの様子をブライは記している。この一節から彼女の人物像を想像できるだろう。

私は編集長のところに行き、そばに座って彼が口を開くのを待った。編集長は何か書いていた紙から目を上げるといきなり切り出した。「明後日、世界一周に発てるかね？」

「すぐにでも発てます」。私は心臓がドキドキするのを抑えながら即座にそう答えた。(3)

さすが体当たりでスクープをものにする記者である。今からすぐにでも旅立てるという強気の返事だ。彼女は翌日を出発の準備に充てる。5番街にあるゴームレイの店で3カ月間ずっと着ていても大丈夫なドレスを注文する。また別の店では夏期でも着られるドレスやハンドバッグを購入している。その夜、社に寄って軍資金を得る。イギリス金貨200ポンド、それにイギリス銀行の小切手だ。200ポンドは当時の円相場で約1260円に相当する。[4] すでに述べたように当時の小学校教員の初任給が5円だから1260円は約250人分の月給に相当する。また、1886（明治19）年の内閣総理大臣の年俸は年額9600円だった。[5] これは月額に直すと800円だから、200ポンドの価値は総理の月収の1・5倍あった。

ブライは金貨をポケットにしまい、小切手は首にかけたセーム革のバッグの中にしまった。あとはいくばくかのアメリカ金貨とお札を用意する。夜更けはいかに荷物を少なくするかで悪戦苦闘だ。そして翌日1889（明治22）年11月14日の午前9時40分、ブライはホーボーケンからオーガスタ・ヴィクトリア号に乗って一路イギリスを目指す。そして「ニューヨーク・ワールド」紙はその日の朝刊で、あのネリー・ブライがフィリアス・フォッグ卿の記録に挑戦する旅を始めた、と大々的に報じたのである。

イギリスからドーバー海峡を渡ってフランスのブーローニュに上陸したブライは、ここから汽車で120㎞ほど南にあるアミアンの街へ向かう。アミアンの駅のプラットフォームでは、何とジュール・ヴェルヌ夫妻が出迎えてくれた（次頁図7-3）。ブライはヴェルヌの自宅へと招かれ、短い面会のあとヴェルヌから「幸運を祈る。ネリー・ブライ」と祝福を受け、彼女は再び旅を続ける。もちろんヴェルヌとの会見は「ニューヨーク・ワールド」紙が仕組んだもので新聞でも報道される。要するにブライの世界一周は、

図7-3　ジュール・ヴェルヌ[6]

ジョセフ・ピューリツァーらが「ニューヨーク・ワールド」紙の話題作りのために仕掛けた一大イベントだった。

一方、ブライとの競争相手になるエリザベス・ビスランドである。ブライが旅立った同日の朝、ビスランドの元に「コスモポリタン」の編集部から急いで社に来るようにとのメッセージが届く。彼女は11時頃社に入ると、そこには編集長とオーナーのウォーカーがいる。彼女が顔を出すなり彼らは「今日ニューヨークを発ってサンフランシスコに向かい、そこから旅を続けて、非常識なほどの限られた時間内で世界一周の旅をしてこないか」と切り出した。

先にもふれたように、その日の「ニューヨーク・ワールド」紙にはネリー・ブライが世界一周の旅に出ることが報道されていた。ウォーカーはこの記事を読むと、「コスモポリタン」からも女性記者を派遣してより速く世界一周をさせ、ネリー・ブライと「ニューヨーク・ワールド」紙を叩こうと考えたのだ。著名な女流記者を出し抜けたら雑誌「コスモポリタン」の名も上がるだろう。こうしてブライの対抗馬としてビスランドに白羽の矢が立ったわけだ。

このときのビスランドの反応はブライと対照的だった。最初ビスランドは彼らが冗談を言っているものだと思った。その後、真剣そのものだということがわかると、彼女はそもそもそんな旅などしたくないと思う。明日は自宅でのお茶会に友人を誘っているし、そんな長旅に着ていく洋服もない。加えてジュール・ヴェルヌのヒーローが打ち立てた偉業を打ち負かせば、自分に悪い評判が立つとも考えられる。そんな悪評などご免こうむりたいという意識も働いた。正直乗り気ではない。これがビスランドの態度だった。

しかし１時間ほどの討議の結果、ビスランドはこの旅への挑戦を決める。彼女にどのような条件が提示されたのかわからないがビスランドはすぐに準備に取りかかる。やはりブライ同様、一番にドレスの仕立て屋に駆け込むところが女性らしい。その夜ビスランドはブライとは反対の方向に向けて世界一周の旅に出た。これは２人の女性記者の対決というよりも「コスモポリタン」が「ニューヨーク・ワールド」に挑戦状をたたきつけたという構図だ。実際ブライは世界一周の半分以上が過ぎるまで競争相手の存在を知らずに旅を続けていたのである。

## ビスランドの日本滞在36時間

ネリー・ブライはニューヨークから東回りで世界一周に向かった。一方、エリザベス・ビスランドは反対の西回りをとる。もちろん両人は日本も通過国の一つに数えている。よって先に日本の土を踏むのはビスランドだ。11月21日の木曜日午後3時、ビスランドはオクシデンタル&オリエンタル汽船のホワイト・スター号でサンフランシスコを発ち、日本の島影が目に入ったのは12月8日のことである。

最初は世界一周に尻込みしていたビスランドではあるが、日本を間近にするにつれて気分は高揚する。まだ見ぬ日本のことを「妖精の国」「エデンの園」「理想郷にとても近い場所」と表現している。さらにその国に住む人々は「大理石のビーナスと同じほど美しい女性」や「アーサー王伝説に登場するガラハッドと同じほど純粋で高潔な男性」[7]だと夢想する。ガラハッドとは円卓の騎士の一人で、物語では最も汚れのない人物として描かれている。そんな男たちが住む国？　さて彼女はいったいどこの国の話をしているのだろうか。

彼女は詩の才能が認められてジャーナリストの世界に入った人物だ。詩的な文章は彼女の才能のなせる技である。しかし明らかに日本を誉め過ぎている。しかも実際に上陸して日本を体験する前の独白だから先入観にとらわれ過ぎだと言われても仕方がない。いや、艀《はしけ》の船頭を間近に見たときでさえ「妖精の国から来た妖精の頭」[8]と書いているから相当なものである。ビスランドは夢見る乙女だったのか。

ビスランドが「妖精の国」に滞在したのは36時間に過ぎない。彼女はそのままホワイト・スター号の乗客として香港に向かうからだ。その間ビスランドは、短い時間の中で「妖精の国」を満喫しようと精力的に動いている。横浜に上陸したビスランドはまず人力車でグランド・ホテルに向かう。当時のグランド・ホテルは横浜を代表する、いや明治ニッポンを代表するホテルの一つとしてグローブトロッターが頻繁に利用した。1873（明治6）年に開業したグランド・ホテルは税関から南南東に向かって走る海岸通りの端、居留地20番にあった。海に面したホテルからは横浜港を見渡せる。その後オーナーが何度か代わりビスランドが来日した89年には株式組織になっている。またこの年の秋に居留地18番、19番（次頁図7-4地図の丸囲み）に新館の増築工事が始まっている。ビスランドはこの新館工事の様子も目にしているはずだ。

グランド・ホテルに投宿したビスランドは、その出資者でありホテル運営にもかかわっていたアメリカ合衆国海軍の主計官ミッチェル・マクドナルドと出会っている。この翌年に来日するラフカディオ・ハーンは、ビスランドの紹介状を通じてマクドナルドと面識を得て、その後2人は生涯の友になる。ちなみにハーンは、アメリカの著名文学雑誌「ハーパーズ・マガジン」誌の通信員として来日したのだが、ひそかに思慕するビスランドが訪れた日本に自分も行ってみたいという想いもあったのではないか。

ビスランドはマクドナルドのエスコートで日本人の住む町へと人力車を走らせる。行き先は本町通りだ。まだお店は開いていて皆忙しそうにしている。軒先には提灯が掛か

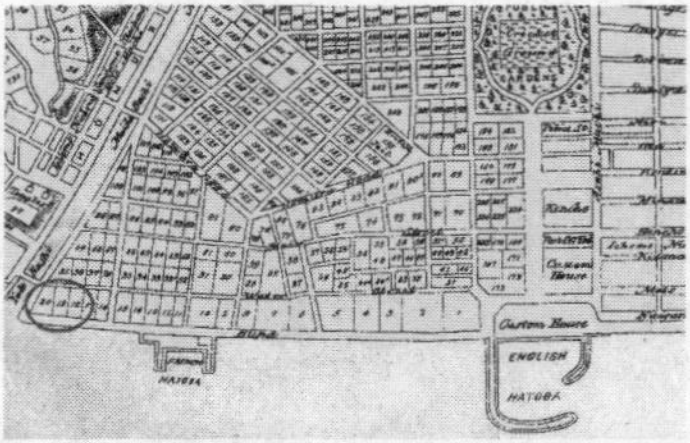

図7-4　『横浜と周辺案内』収録の横浜地図(9)
図7-5　明治10年代のグランド・ホテル（横浜開港資料館蔵）

っている。そのため「提灯の祭り」でもしているかのようでとても明るい。我々は電気のない生活を暗いものだとイメージしてしまうけれど、必ずしもそういうわけではなかったようだ。

翌朝は買い物に出かけ、そのあとは汽車で東京に向かう。東京ではアメリカ公使の邸宅に向かい、そこから東京観光に出かける。茶屋で昼食をとったあと芝増上寺を見物し、それから夕日を見に上野公園へ出かけている。そして汽車で横浜に戻り再びホワイト・スター号の乗客となる。翌朝、富士山の姿をもう一度目にすると視界から日本は消えていった。これがビスランドの体験した日本である。世界一周スピード競争の旅人のせわしない旅だった。しかし本人は、「妖精の国」の滞在に十分満足したようである。

## ブライの日本滞在120時間

一方、東回りのネリー・ブライは、年が変わった1890（明治23）年1月2日に、香港から日本にやって来た。それから日本で120時間すなわち5日間過ごす。ビスランドに比べて滞在が延びたのは横浜からサンフランシスコに向かう船便の都合である。同じ女性記者ながら、ブライの日本を見る目はビスランドと全く異なっていた。ビスランドが詩的な表現を好むのに対してブライの態度はより現実を直視しているように見える。そのため日本のことを「妖精の国」と表現したりはしない。

やはり横浜のグランド・ホテルに投宿したブライは給仕を観察してこのように書いている。「食事は申し分なくサービスも素晴らしい。日本人は静かで迅速で、心から客を満足させようとしている。世界中で出会った給仕たちの中でトップに位置している。しかも青いタイツと白いリネンのジャケットを身につけた彼らは小ぎれいに見える(10)」

これは日本人に対する絶賛だけれど先入観からではなく現実を観察した記述だ。そのためもちろん日本人に対する辛口の批評も見える。例えばブライは日本の男性の和服姿に強い違和感を覚えるとともに、帽子をかぶって身繕いを終えたあと、あの「小さな足」でどうやってそれを運ぶのだろう、と失笑している(11)。ブライは「small legs」と書いているから「小さい足」と記したけれど、これは「短い足」にしてもいいと思う。

ここで再び「妖精の国」についてである。妖精の国という表現は、空想の国や夢に見た国の言い換えともとれよう。しかしそもそも妖精とは「異教の神たち、女神たち、種族の先祖、それにそれらを崇拝したものすべて(12)」のことを指した。また昔話に出てくる妖精は小型な生物であることがほとんどだ。異教徒であり小さな生き物――実は妖精という言葉には話者や書き手が意識するにしろ意識しないにしろこの二つの意味が込められているような気がする。

キリスト教徒から見ると日本はまさに異教徒の国だ。江戸時代には多くのキリシタンが迫害にあったし、明治に入ってもキリスト教への弾圧は続いた。これに加えて外国人にとって日本は妖精のように小さな人々が住む国でもある。古代中国が日本人を「倭《わ》人《じん》」と呼んだことを思い出したい。倭人を素直に読むと「わいじん」、つまり「小さな人」「おちびさん」である。中国の『旧唐書』には倭人がこの国名を嫌って日本と改称したという記事が出ているほどだ。現在の中国では日本の蔑称として「小日本」を用いている。これなどはまさに倭国、または倭人の言い換えにほかならない。要するに「妖精の国」には、異教徒が住む国、小さな人が住む国、こうしたニュアンスが含められていると考えていいと思う。妖精の国と言われて得意顔をしていてはいけないのである。

ネリー・ブライの話に戻そう。ビスランドより日本滞在時間が長いブライは、芸者の踊りを見たり鎌倉へ小旅行に出かけたりしている。あるいは東京から来た新聞記者の取材を受けたりもしている。さらに東京に出かけた折には芝増上寺、上野とお決まりのコースをたどる。

残念ながらブライの旅行記には訪問先やその日時が詳しくは書かれていない。むしろ書かれているのは日本人や日本人の生活についてだ。女性の着物や日本で教えられている英語のこと、あるいは死者の火葬や埋葬についても記す。それから男や女、子供がたこ揚げや独楽《こま》回しに興じる様子、いつも幸せそうな様子の子供、カメラを向けると喜んで被写体になってくれる人々が綴られている。ブライの文章は意外にも体当たりでスクープをものにする記者から想像する大げさなものとは異なっている。むしろブライは観察した事実を淡々と記す書き手のようだ。詩的なビスランドと、やはり対照的である。

ブライが横浜を発ってサンフランシスコを目指したのは1月7日の午前10時55分のことだ。このときブライは、世界一周のレースに再び戻りたいという願望と、この国を離れる後悔とが強く入り交じったと書いているから、ブライも日本が気に入ったようだ。

### 勝負の結末

日本の滞在はエリザベス・ビスランドが36時間、ネリー・ブライが１２０時間で、どちらも日本を十分には観察できなかった。一方、本書のテーマは日本にやって来たグローブトロッターである。すでに述べたように「トロット」とは「早足で行く」ことを指す。したがってグローブトロッターは「世界を早足で旅行する人」という意味合いをもっている。

しかしビスランドやブライの旅はスピードを競っているわけだから「早足」よりももっと速い。つまり「トロット」ではなく「ギャロップ (gallop)」、すなわち全速力で疾走している状態だ。だから彼女たちのことを「グローブトロッター」ではなく「グローブギャラッパー(世界疾走旅行家)」と呼ぶべきかもしれない。

ならばグローブギャラッパーの勝負はどちらに軍配が上がったのか。ブライが乗船したオクシデンタル&オリエンタル汽船のオセアニック号は、サンフランシスコ着が1月20日を予定している(実際には21日着)。一方、ブライがサンフランシスコを目指して太平洋上にいる1月16日、ビスランドはイタリアのブリンディジに到着している。ここからイギリス政府が走らせている郵便汽車に乗ってフランス経由でイギリスを目指す予定だ。しかし汽車に乗ったビスランドに妙な事件が起こる。車中の彼女に「コスモポリタン」から電信が届き、スイスのビルヌーブで4時のパリ行きの汽車に乗り換えよとの指示が届く。そしてフランス北西部の港ル・アーブルから汽船トランスアトランティック号に乗船せよとのことだった。ところがビスランドが準備万端用意してビルヌーブに着くと、トーマス・クック社のパリ支社からエージェントがやって来てトランスアトランティック号はビスランドの到着を待てない、というメッセージをもたらしたのである。

ところがこれはあとからわかったことなのだが、ビスランドの世界一周競争に興味を示していたトランスアトランティック号の船長は、会社の了解を得てビスランドの到着を待っていたというのだ。この間違った情報のため、ビスランドの旅は4日間延びる結果になる。ビスランドにとっては痛恨の4日間である。この事故が何故起こったのか、いまや真実は闇の中だ。しかし、その背景にはライバルである「ニューヨーク・ワールド」紙の何らかの動きがあったと推測したくなる。

ル・アーブルでの乗り継ぎに失敗したビスランドは、ドーバーを越えてサウサンプトンを目指す。翌日出航予定の北ドイツロイド汽船の客船に乗り込もうとの考えだ。しかしこの出航は週末になることが判明する。最後の望みは夜間便でホリーヘッドに向かい、船を乗り換えてアイリッシュ海を越えてアイルランドに入り、さらに汽車を乗り継いで北に向かい、コークの街にあるクイーンズタウンでニューヨーク行きの船に乗るというルートだ。

ビスランドは不眠と疲労、空腹と戦いながら、クイーンズタウンに到着しボスニア号に乗船する。しかし乗船の際に心ない乗客に押されて排水溝に転落して怪我をする。加えて大西洋に現れる1月の嵐で天候は大荒れで船はサッカーボールのように前へ後ろへともて遊ばれた。船客の3分の2は船酔いでビスランド自身も病魔に襲われたかのように倒れ込んだままだ。この悪天候は4日間続きボスニア号の航行も予定より大幅に遅れる。そしてビスランドがニューヨークに戻ったのは乗船してから12日目、世界一周に要したのは76日間だった。

一方のネリー・ブライである。1890（明治23）年1月24日の午後3時51分、サンフランシスコから鉄道でニューヨークを目指していたブライは、ジャージー・シティの駅に到着した。駅には大群衆が押しかけている。彼女がプラットフォームに降り立つと群衆の中から叫び声が上がる。するとブライが到着したことを知らせる号砲が鳴り響いた。ネリー・ブライは、世界一周3万4784㎞を72日6時間11分で達成した。80日間を大幅に下回る記録である。

こうして世界一周スピード旅行の勝者はネリー・ブライに決まった。彼女の名前はアメリカ全土に響き渡る。彼女の名を冠した歌やゲームが作られ、ネリー・ブライという名をもつ競走馬も現れた。一方、勝負に敗れたビスランドは世間からほとんど注目されることはなかった。あの誤情報がなければ——とビスランドは悔やんだことであろう。

## ブライとビスランドのその後

その後も2人のエリザベスはよく似た人生を歩みながらも対照的な結末を迎える。よく似た人生というのは、その後ブライもビスランドも互いに大富豪と結婚をし、さっさとジャーナリズムの道から足を洗う点だ。中には「何てうらやましい」と溜息をつく女性のジャーナリストやライターがいるかもしれない。実際に人がうらやむような人生を実現したのがブライでありビスランドだった。

しかしその後の2人のストーリーは微妙に異なったものになる。ブライの結婚相手はブルックリンの鉄製品製造業者ロバート・シーマンで彼女よりも40歳も年上だった。ブライは1895年にエリザベス・コクラン・シーマンとなり、夫の死後は彼女が会社の経営を継ぐ。しかしマネジメントはブライの手にあまるものだった。しかもブライの信頼した人物が不正経理を働いていて彼女は財産のほとんどを失う。再起をはかるため新たな事業を手がけるが、これもうまくいかない。この頃、彼女の名前が新聞に載る場合、それは訴訟や事業の失敗など不名誉なものばかりだった。その後、生計を立てるためジャーナリストに返り咲くも、すでにブライの時代は過ぎ去っている。復帰後2年ほどした1922年、ブライはニューヨークの病院で亡くなる。

ビスランドの相手はハーバード大卒の弁護士でヨットマンとしても名が知られていたチャールズ・ウェットモアという人物だった。のちにウェットモアも鉄製品製造会社の経営に携わることになるから、ブライとビスランドにはやはり不思議な共通点がある。

ビスランドは上流階級の夫人として社交を楽しむ一方で筆をとることも忘れなかった。その作品の一つが先にもふれたラフカディオ・ハーンの手紙を編纂した『ラフカディオ・ハーンの生涯と手紙』である。また夫が10年間の闘病の末1919年に亡くなると、ビスランドは大邸宅での孤独が耐えられなくなり社会奉仕活動に精を出したり長旅で気を紛らわせたりしている。日本にも訪れていて世界一周スピード競争や生前の夫と訪れたものも含め4度滞在している。一時中断していた執筆活動も再開し、最晩年には2冊の書籍を残し、1929年、ビスランドは莫大な遺産を残してこの世を去る。

一方は一文無しの中、もう一方は巨万の富の中、息を引き取った2人のエリザベスの結末は誠に対照的だった。しかしその最期はどこかほろ苦い点で共通しているかのようにも思える。

## スピード競争はまだ続く

グローブギャラッパーの競争はネリー・ブライに軍配が上がった。しかし勝者になった途端、挑戦を受ける側になるのは世の常である。ブライが記録を達成した4年後の1894（明治27）年3月12日の午前11時、イギリスのジャーナリストでSF作家、ジョージ・グリフィスがロンドンのチャリング・クロス駅を発って世界一周の旅に出た。

若い頃から旅行好きだったグリフィスは、北イングランドで教師になり、その傍ら新聞に記事を寄稿するようになる。やがて出版社主サイリル・ピアソンに雇われて編集者に転身したグリフィスは、雑誌「ピアソン・ウィークリー」をバックにブライがもつ世界一周の最速記録を打ち破るべくチャリング・クロス駅を発ったのである。

グリフィスはドーバーを越えてフランスに入り汽車でナポリを目指す。そこから北ドイツロイド汽船のザクセン号に乗船し香港に向かい、そこでニュルンベルク号に乗り換えて横浜へ至る。これが1894（明治27）年4月17日の夜である。予定では19日にバンクーバーに向けて日本を発つことになっていたが、カナダ太平洋鉄道のエンプレス・オブ・チャイナ号の都合で20日の午後2時に延期された。よってグリフィスの日本滞在期間はビスランドの36時間とさして変わらなかった。

グリフィスの日本に対する印象や日本での行動について簡単に記しておこう。まず日本の第一印象は決してよいものではなかった。彼は日本に初めてやって来る外国人同様、眼前に花咲く妖精の国が広がることを期待していた。しかしグリフィスが見た横浜は東洋の郊外にあるヨーロッパ風の街に過ぎない。グリフィスはがっかりである。

朝食後グリフィスは他の2名と連れ立って東京に出かける。ここでは横浜より日本的なものがあると述べるものの、「横浜より汚く、横浜より乱雑で、横浜より臭い」[13]とぶつぶつ文句を言っている。お決まりのコースである芝増上寺では、これらの建築物を

「奇妙な神を信仰するために捧げられた人形の家」[14]と言うし、茶屋に入っては「家具のない人形の家」[15]のようだとくさす。世間にはマイナス面にしか目を向けない人がいるけれど、この人もそうだったようだ。

そもそもグリフィスにとって何が大切かといえば、できるだけ速く世界一周することだ。仮に船便の接続のタイミングが絶妙で日本に滞在することなくバンクーバーを目指せたとしたら彼は喜んでそうしているだろう。日本見物ができなくてもちっとも後悔しないに違いない。ジュール・ヴェルヌはフィリアス・フォッグ卿について、「彼は旅行をしていたのではなく、いわば円周をえがいていたにすぎなかった。理論力学の法則にしたがって、地球のまわりの軌道を走る物体にほかならなかった」[16]と表現した。これはそのままグリフィスにあてはまると言ってよい。

出航が1日延びたグリフィスが横浜で何をしていたのかわからない。記述がないからだ。20日に横浜を発ったグリフィスは、バンクーバーに上陸し、さらに鉄道で大陸を横断してモントリオール経由でニューヨークに入る。ここで再び北ドイツロイド汽船のトラーヴェ号でイギリスのサウサンプトンを目指す。グリフィスはそこから20分で出発地のチャリング・クロス駅に到着し65日間での世界一周を達成した。これはブライの記録よりも7日間短いものだった。グリフィスの記録は新聞でも報道された。けれども特に大きな話題にはならなかったようだ。

現代に目を転じてみよう。私の友人でもある編集者谷浩彰氏がかつて『世界一周航空券』という本を作った。「世界一周航空券」とは、RWT（Round World Ticket）とも呼ばれるもので、スターアライアンスやワンワールドなどの航空会社連合から発券されている、文字どおり世界一周ができる航空券のことだ。航空会社連合によって規則は微妙に違うものの使用有効期限は1年で滞在できる都市は約15都市だ。ルートはあらかじめ設定しておく必要があるが、各地点間の航空便の予約はオープンになっている。しかも値段が安いのが魅力で30万円台での世界一周も可能だ。

前掲書にはこの航空券を用いたルートをいろいろ紹介しているのだが、その中の一つに「14日間スピード世界一周」がある。例えばスターアライアンスを利用したルートでは東京を全日空で発ってバンコクへ向かい、ここからタイ航空でパリへ向かう。さらにルフトハンザ航空でフランクフルトさらにはニューヨークへと飛び、ラスベガス、ロサンジェルス経由でホノルルに降りる。そしてここから日本へ向かうというルートだ。訪問地の数や各地での滞在日数をさらに切り詰めれば14日間を下回る世界一周も十分可能だろう。

もっとも世界一周のスピードを競うなど、雑誌やテレビの企画としてギャラをもらわぬ限り挑戦しようとする人はいないのではないか。実際、ブライ、ビスランド、グリフィスの3人もバックにスポンサーがついていた。つまり世界一周スピード競争自体が彼らにとってのビジネスだった。だから彼らは「地球のまわりの軌道を走る物体」になって旅をできたのだろう。

# 第8章

# 「ハソネの法則」で見るノーベル賞作家の旅

*Nobel Prize writer's travel seen through the Hasone principle*

## 未来のノーベル賞作家が明治のニッポンを行く

1889（明治22）年4月15日、青年は夜が明けて客船の窓から外を見ると港を認めた。彼が乗っている汽船はペニンシュラ&オリエンタル汽船のアンコーナ号だ。眼前の港は長崎港である。彼がカルカッタ（現コルカタ）を出航したのは3月9日だ。その間のラングーン（現ミャンマーのヤンゴン）、モールメイン、ペナン、シンガポール、香港、広東を経由し約40日間の船旅で長崎に到着した。

多数のサンパンがアンコーナ号の周りにたむろしている。小舟の上には紺色の着物をまとった男たちがいる。青年にとって彼らこそ日本で見る初めての日本人たちだ。セイロン人（スリランカ人）よりもはるかに色は薄いけれど褐色の肌が光っている。石炭を積み込む船も見える。そこに乗っているのは女性ばかりだ。ムスメもいればオバサンもいる。郵便ボートからは役人がやって来た。アンコーナ号に積んだ長崎宛ての郵便物を回収するのだろう。

客船の周りに群がるサンパンからは船長の合図とともに男たちが客船に乗り込んできた。紺色の半纏《はんてん》の背には日本の字が白色で染め抜いてある。ズボンも紺色、紺色の脚半《きやはん》を着けている。裸足の男が多い。甲板でめいめいホテルの名前を叫んでいる。そう、著名なホテルでは専用のサンパンで宿泊客を迎え荷物を運ぶのだ。

もっとも青年の目的地は神戸だから彼らの目当ての客ではない。とはいえアンコーナ号が長崎から神戸に向けて出発するのは12時間後だ。神戸や横浜を目的地にする乗客もひとまず「海の牢獄」から逃れようと甲板に集まってきている。それはそうであろう。目の前に陸地があるのに上陸しないでいられれようか。もちろん青年も陸に上がって、長崎の街を散策するつもりである。

長崎に上陸しようとするこの青年、インドのボンベイ（現ムンバイ）で生まれたイギリス人だ。誕生日は1865年12月30日だから満23歳になる。職業は新聞記者、いや、元新聞記者と言った方がいいかもしれない。インドのアラハバードを本拠にするパイオニア社に所属していたけれど、本国イギリスに帰るため同社を退職した。真っ直ぐ帰国するのも芸がないからここは一つ東回りで日本を訪問し、その足でアメリカを経由して故郷に帰る算段である。しかし富豪のごとく湯水のようにお金を使える立場ではないことを付け加えておこう。

日本での滞在予定は、1カ月といったところだ。その間パイオニア社との契約で定期的に新聞「パイオニア」紙へ日本の紀行文を寄稿する約束になっている。日本は開国して30年以上経つけれど一般的な西洋人にとってはいまだ神秘のベールに覆われた国だ。だから自分の記事もきっと多くの人に読んでもらえるだろうと青年は考えている。

おっと、青年の名をまだ記していない。彼の名はラドヤード・キプリングという（図8-1）。そう、『ジャングル・ブック』で著名な小説家・詩人だ。当時キプリングは、『三兵士』や『高原平話』などの短編を発表していて、インドのイギリス社会ではちょっと知られた書き手だった。しかし1907（明治40）年にノーベル文学賞を受賞して彼の名が不動のものになるのはまだ先のことである。このときのキプリングは大学教授サミュエル・アレクサンダー・ヒルとその妻エドモニアとの3人旅だった。名声もないし、親の遺産を得たわけでもない。インドで編集者および作家として得た収入でイギリスに戻る旅である。

図8-1　ラドヤード・キプリング[1]

## 観光の一般化と「ハソネの法則」

キプリングが日本にやって来た1889（明治22）年は、ネリー・ブライとエリザベス・ビスランドが世界一周スピード競争を始めた年であり、ビスランドは同年の12月に日本を訪れている。またキプリングとまったく同時期に、イギリスで美術雑誌「ステューディオ」を93（明治26）年に創刊するチャールズ・ホーム、その友人で画家のアルフレッド・イースト、さらにはロンドンのウェスト・エンドにリバティ百貨店を開いていたアーサー・リバティとその妻エマらの一行も来日していた。また少々毛色の変わったところでは、ブラバッキー夫人とともに神智学協会を設立した神秘思想家ヘンリー・スティール・オルコット大佐もまったく同時期に来日し、仏教復興を目的に京都知恩院をはじめとした日本各地の寺院や公会堂を巡って講演をしている。そしてキプリングのみならず、ホームやイースト、オルコット大佐は日本での体験を文章として残しているし、またエマは日本で撮った写真集を限定出版している。(2) このように明治22年は様々な人々が来日し、なかなか貴重な記録が多く残る年なのである。(3)

また同年は明治ニッポンにとってもエポックメーキングな時期だった。同年2月11日に大日本帝国憲法が発布されているからだ。が、本書では憲法発布よりも注目したい出来事がある。実はこの年の7月1日に東海道線が全線開通した。これにより東京から名古屋、京都、大阪、神戸が一直線で結ばれることになる。要するに東京都すなわち東の京都と旧京都とを結ぶ交通の便が飛躍的に向上した。大動脈が完成したと言ってよい。

鉄道網の整備が明治ニッポンを漫遊するグローブトロッターの利便性を格段に向上させることは明らかだ。大日本帝国憲法が世界各国と肩を並べる象徴となったように、東海道線全通は日本における近代交通革命の象徴と言ってもよい。利便性の向上はより多くのグローブトロッターを引きつける。平たく言うならばより手軽に旅行ができる時代が到来した、ということだ。こうして日本は1889年という年に憲法発布で「坂の上の雲」を目指す宣言をしたのと同時に、旅行の大衆化すなわち大観光時代を急速に進展させるための号砲をも高らかに鳴らしたのである。

とはいえ日本ばかりでなく一つの地域が観光地として一般大衆に開かれるには、三つの要素がバランスよく整備されることが欠かせない。その三つの要素とは「ハードウェア」「ソフトウェア」「ネットワーク」にほかならない。頭の文字をとると「ハソネ」になる。

私は以前から情報通信の鍵となる要素はこの「ハソネ」だと考えていた。情報通信におけるハードウェアとは端末であり、ソフトウェアとは端末に搭載されるソフトやコンテンツ、そしてネットワークは端末を結びつける情報通信基盤となる。これらのうち一つの要素の性能が高まると、残りの要素の性能向上を促す。ただし、情報通信全体が進展するには、三つの要素がバランスよく発展することが欠かせない。一つでも能力的にレベルの低いものがあれば、他の要素がいくら高い能力を有していたとしても、情報通信全体のパフォーマンスはボトルネック、すなわち最も性能の低い箇所の能力に依存する。つまり全体のパフォーマンスは最も能力の低いレベルに甘んじざるを得ない。私はこれを「ハソネの法則」と呼んできた。

「ハソネの法則」を前提に全体的なパフォーマンスの向上を目指そうとするならば、ボトルネックのパフォーマンス向上をはかり、さらに新たなボトルネックのパフォーマンス向上をはかるといったように、バランスのとれた全体的な改善が欠かせない。ボトルネックではない特定の要素のパフォーマンスをどれだけ向上しても全体の最適化にはつながらないのである。

同じことは、ある特定の地域や国が観光地として一般化する際にも言える。つまり「ハソネ」がバランスよく進展することで、その地域や国の観光地化が初めて進展する。では観光にとっての「ハソネ」とは何か。

まずハードウェアである。これは観光資源そのものを指すと考えればよい。富士山とか日光東照宮とか箱根の温泉である。さらにその観光資源を訪れた旅人をもてなす施設もハードウェアの仲間に入る。これはホテルや休憩所、多様な店舗をイメージすればよい。また観光客誘致のために新たに設けられる施設もこの中に入る。博覧会などもその一つだ。

次にソフトウェアだ。ホテルなどにおけるサービスなどはその一つになろう。そういう意味でホテルはハードとソフトが合体したものだと言えよう。また観光資源が十分そろっていてもこれを上手にＰＲできないならば、それが一般化することは難しい。この役目を果たすものの一つが広告やクチコミだ。あるいはすでに見た旅行案内書もその一つに数えられる。それから社会的な制度もソフトウェアの一つと考えてよい。例えば明治ニッポンでは外国人に対して遊歩区域を設け、外国人がそこから外に出るには外国人旅行免状を必要とした。仮にこれを撤廃すれば、国内旅行はもっと一般化するだろう。つまり制度としてのソフトウェアの運用いかんで観光化は進展もすれば停滞もするということだ。

最後はネットワークである。これはそのまま交通ネットワークと読み替えればよい。先に東海道線が全通した話を書いた。これはネットワークの進展を示す典型と言えよう。そもそも有力な観光資源があってそれに関する情報も行き渡っていたとしても、アクセスする手段が脆弱ならば、これまたその観光資源の一般化は難しい。またネットワークは必ずしも交通網だけに限らない。これ以外にも通信ネットワーク、明治ニッポン的に表現するならば電信網や電話網、郵便網がある。それから荷物を送り届けるには運輸網が必要になろう。さらに旅先で電信振り替えなどを利用しようと思うと金融ネットワークが不可欠になる。

そしていま掲げたハソネのうちどれか一つが突出して進展しても、地域や国全体の観光地化は促進されない。むしろボトルネックになっている要素を進展させることで全体的な底上げがなされる。これが継続することで、その地域やその国は観光地として一般化する。これが観光におけるハソネの法則の考え方だ。

キプリングが来日した１８８９（明治22）年は、明治がちょうど半分を過ぎる時期だ。一方キプリングの日本旅行は滞在期間が４月15日から５月11日までの１カ月弱である。キプリングはこの短い期間に、長崎・神戸・大阪・京都・大津・名古屋・横浜・箱根・日光・東京と、日本の主たる観光地を特に大きな支障もなく巡っている。これも明治半ばに至って、日本の観光におけるハソネがバランスよく進展した賜物と言えるのではないか。

以下、ハソネを念頭に未来のノーベル賞作家の日本旅行に付き合うことにしよう。

## 神戸のオリエンタル・ホテル

キプリングは滞在12時間で長崎をあとにして次の寄港地である神戸を目指す。そして神戸に上陸したキプリングは居留地80番にあるオリエンタル・ホテルに向かう。居留地80番は現在でいうと日本銀行神戸支店の北側にあたる場所だ(4)。実はハードウェアとソフトウェアこれら双方の顔をもつホテルを考える上で、キプリングの宿泊したオリエンタル・ホテルはなかなか興味深い対象なのである。

オリエンタル・ホテルのオーナーはルイ・ベギュー(5)というフランス人で、もともと横浜のグランド・ホテルと並ぶ名門のクラブ・ホテルで料理の腕を振るっていた。その後ベギューは1887（明治20）年に神戸居留地にやって来て、その年の秋または翌88年にオリエンタル・ホテルを開業している。キプリングがオリエンタル・ホテルを訪れたのは開業してまだ2年にもならない時期だ。

# The Oriental Hotel,
LIMITED.

***No. 80, KYO-MACHI, & No. 87, NAKA-MACHI.***

*THE ONE FIRST-CLASS HOTEL OF KOBE.*

RUDYARD KIPLING, in his popular work "From Sea To Sea," writes of this world-renowned house as follows :—

"A house where you can dine........Do not merely feed you...... If the *Pioneer* were a medium for puffs, I would write a leading article upon your potato salad, your beefsteaks, your fried fish, and your staff of highly trained Japanese servants in blue tights, who looked like so many small Hamlets without the velvet cloak, and who obeyed the unspoken wish. No, it should be a poem, a ballad of good living. I have eaten curries of the rarest at the Oriental at Penang, the turtle steaks at Raffles at Singapore still live in my regretful memory, and they gave me chicken liver and sucking pig in the Victoria at Hongkong which I will always extol. But the ORIENTAL at KOBE was better than all three. Remember this, and so shall you who come after slide round a quarter of the world upon a sleek and contented stomach."

図8-2　オリエンタル・ホテルの広告(8)

キプリングはこのオリエンタル・ホテルとそのオーナーであるルイ・ベギューを大絶賛している。スプリングのきいたベッドや電気の呼び鈴、ひねると水も湯も出るホテルの設備もさることながら、何よりもベギューが作る本物の西洋料理がことのほかお気に召したようだ。ポテトサラダ、ビーフステーキ、魚のフライ、どれをとっても絶品だ。その上ワインも極上ときた。しかも青いズボンをはいた細身の日本人給仕はキプリングの要望を即座かつスマートにかなえてくれる。「私はペナンのオリエンタル・ホテルではたぐいまれなるカレー料理を食べた。シンガポールのラッフルズ・ホテルで出た亀のステーキは今だに名残り惜しく、香港のヴィクトリア・ホテルで出た鶏のレバーと仔豚を思い出すと、私の胸は高鳴る。しかし神戸のオリエンタル・ホテルはその三つのホテルのどれよりも良いのだ。どうぞ皆さん、このことを覚えておいてください」[6]と「パイオニア」紙に寄稿したほどである。注目すべきは、キプリングが書いた右の一文をオリエンタル・ホテルが広告に利用している点だ（図8-2）。これは1901（明治34）年に出版された『マレーのハンドブック』（第6版）に掲載されたものだ。[7]広告を見ると「ラドヤード・キプリングは彼の人気作『海から海へ』の中で、世界的に著名なホテルを次のように記している――」と述べた上で、キプリングがオリエンタル・ホテルを絶賛する右に掲げた一文を引用している。

『海から海へ（From Sea to Sea）』とは、キプリングが「パイオニア」紙に掲載した日本の旅行記を改訂した上で1899（明治32）年に単行本としてとりまとめたものだ。また、この広告が掲載された頃には『ジャングル・ブック』も出版されており、キプリングの知名度は世界的になっていた。その世界的作家がべた誉めした文章であるわけだから、その広告価値は非常に高いと言ってよい。

## ハードウェアとしてのホテルの進展

しかしキプリングはオリエンタル・ホテルを誉め過ぎではないのかという気がしないでもない。とはいえ彼もジャーナリストである。理由なしに誉めちぎることもないだろう。となるとキプリングの言葉を額面どおりに受け取るとしたならば、明治の半ばに至ってハードウェアおよびソフトウェアの両面においてホテルのレベルが東洋の著名ホテルと同等かそれ以上になったことになる。ではキプリングは神戸のオリエンタル・ホテル以外に日本でどんなホテルに宿泊したのか。その質はどの程度だったのか。

まず神戸から大阪に向かったキプリングはここで自由亭ホテルに宿泊している。明治初年にジャーディン・マセソン商会の食客のような身分で日本を旅行したエガートン・レアード（第2章参照）を思い出してもらいたい。彼は大阪の自由亭ホテルに泊まり、出された料理を称賛した。このホテルは長崎の料理人・草野丈吉が川口居留地に隣接する梅本町に建てたものだった。ただしキプリングが宿泊したのは草野が中之島に新たに設けた自由亭ホテルで、『マレーのハンドブック』（第2版）では「＊」マークのつくホテルだ。またキプリングは京都でも「＊」がつく也阿弥《やあみ》ホテルに宿泊している（図8-3右上）。このホテルは祇園の東側、現円山公園を登った中腹にあったグローブトロッター御用達のホテルだ。明治10年に自家用スクーナー「サンビーム号」で来日したトーマス・ブラッセイ一家（第3章参照）が宿泊したのもこのホテルだった。

それから横浜でキプリングが利用したのは名門グランド・ホテルだ。キプリングはアメリカ流儀のこのホテルを称賛したわけではない（キプリングは大のアメリカ嫌いだった）。しかしネリー・ブライがグランド・ホテルの料理や給仕を絶賛したことを思い出

図8-3　右上から時計回りで也阿弥ホテル（放送大学附属図書館蔵）、富士屋ホテル（放送大学附属図書館蔵）、日光ホテル[9]、帝国ホテル（長崎大学附属図書館蔵）

してもらいたい。さらに箱根では固有名詞は出てこないものの奈良屋ホテルに投宿しているようだ。もちろんこの頃には富士屋ホテルも開業している（図8・3右下）。東京で宿泊したホテルの名称もキプリングは記していない。当時の東京のホテルとしては精養軒ホテルや日比谷の東京ホテルなどがあった。また、キプリングが来日した翌年の１８９０（明治23）年には、東京ばかりか日本の顔とも言える帝国ホテルが開業する（図8・3左上）。また日光を訪れたキプリングは日光ホテルに宿泊している（図8・3左下）。日光ホテルは１８８９（明治22）年に日光四軒町に開業し、以後、金谷ホテルと並んで日光を代表するホテルになる。

このように明治半ばになると、キプリングのような一般的グローブトロッターが訪れる観光地においてホテルにこと欠くことはなかった。そもそも「ハソネの法則」のハードウェアを念頭に置くと、その主役である観光資源は所与としてある場合が多い。これは富士山をイメージすれば容易に理解できるだろう。しかしその観光資源が僻地にある場合、どうしても旅人を泊める宿泊施設が必要になる。こうしてハードとソフトの合体したホテルは、明治ニッポンが観光化する過程で比較的早い段階から整備が進み、明治20年代の初めに至っては十分な供給がなされるようになった。辺地でない限り宿に困ることはなかった。このように考えてよい。

しかもその中にはキプリングの記述に従うならば、ペナンのオリエンタル・ホテルやシンガポールのラッフルズ・ホテル、香港のヴィクトリア・ホテルといった世界に名だたるホテルにも比肩する施設やサービスを備えるホテルが存在した。要するに明治20年代ニッポンにおけるハードウェアおよびソフトウェア双方の性格をもつホテルは、明治20年代初めまでに大きく進展した。そしてそれを象徴するのが明治23年の帝国ホテル完成となろう。

## 大阪のエッフェル塔に登る

次にハードウェアとしての観光資源に注目してみよう。例えばキプリングは神戸から大阪への小旅行に出かけて大阪城や造幣局を訪れている。また季節が春だったのでキプリングは造幣局の桜の通り抜けを体験している。この通り抜けは現在でも大阪の春の風物詩になっている。これらはいずれもハードウェアとしての観光資源だ。さらにキプリングは大阪城で開かれていた博覧会も訪れている。観光資源という観点で博覧会を考えると、これは大阪城のように古くからあるものではなく新たに創り出された観光資源だ。博物館や美術館の設置も新たな観光資源を創り出す試みの一面をもつと言えよう。

この新たな観光資源という点でキプリングはこの大阪で特筆すべきものに遭遇している。彼らは造幣局の桜を堪能したあと「大阪のエッフェル塔」を訪れているのだ。キプリングによると9階建てのその塔は未完成ながら眺めは抜群で、1、2階部分にある茶店の腰掛けは人で一杯だったという(10)。

大阪に詳しい人ならば、「大阪」「エッフェル塔」といわれると、通天閣を思い出すにちがいない。しかしパリのエッフェル塔を模した通天閣が完成したのは1912(明治45)年でキプリングの訪日よりもずっとあとのことだ。ではキプリングは何を指して「大阪のエッフェル塔」と呼んだのか。実は当時の大阪はちょっとした高層建築物のブームだった。その先駆けとなったのが大阪南方面の繁華街いわゆるミナミの5階建て建造物「眺望閣《ちょうぼうかく》」だ。たかが5階建てと言うなかれ。街じゅう平屋の中にあって眺望閣の偉容は人々の話題の的となり、一躍浪速の人気スポットになった。浪速の物見高い人々がこの高層建造物から文字どおり物見をしたわけだ。これが1888(明治21)年のことだった。さらにこれに負けじと大阪北方面の繁華街いわゆるキタでも同様の高層建造物の建築が計画される。「凌雲閣《りょううんかく》」がそれだ。ミナミは現在の難波周辺、キタは現在の梅田周辺を指す。キプリングが訪れたのはこの凌雲閣である。

5階建てのライバル眺望閣に対して、凌雲閣は9階建てを目指した。各フロアは八角形でまさに八方を眺望できる設計になっており、建物の上にはドーム状の塔が付く。こうして眺望閣を「ミナミの五階」、凌雲閣を「キタの九階」と呼ぶようになった。キプリングが来日した89(明治22)年に、フランス革命100年を記念して第4回パリ万国

図8-4　浅草十二階（国立国会図書館デジタル化資料）

博覧会が5月から半年間開催される予定だった。その最大の呼び物がエッフェル塔だった。だからキプリングは凌雲閣を「大阪のエッフェル塔」と称したのだろう。

さらにもう一点注目したいのが凌雲閣という名称だ。一般に明治期の展望施設で「凌雲閣」といえば、東京浅草にあった12階建ての建造物を想起するのが一般的だ（図8-4）。この建物は「浅草十二階」とも呼ばれ、一躍東京の観光名物になった。その名のとおり12階建てで高さは約65mあったという。しかし浅草凌雲閣がお披露目となるのは1890（明治23）年11月のことで、大阪の凌雲閣開業の翌年のことだ。さらに大阪には凌雲閣以前に眺望閣という高層建築物が存在した。こう考えると明治ニッポンの高層建築物は大阪に始まったと言ってよい。これは進取の精神を大切にする大阪に東京が倣った一例と言えるのかもしれない。

残念ながら未だ完成していなかっため、東京でのキプリングは「浅草十二階」には訪れていない。一方、92（明治25）年に来日したグローブトロッターで、外国人旅行免状の一例(第2章)の中で紹介したアメリカの実業家ロバート・ガーディナーを訪れた一人だ。ガーディナーは浅草十二階について「レンガ造りのこの建物は高さ320フィートで最上の3階部分には電動のエレベーターが備わっている。我々が訪れた際には、手入れが行き届いておらず、階段を上ることで肺の検査を課せられた」[11]と記している。

実はガーディナーが書くように、浅草十二階には日本最初のエレベーターが設置された。請け負ったのは白熱電灯製造の白熱舎を設立した藤岡市助である。同社はのちに東京電気株式会社となり、やがて田中久重の田中製作所をルーツとする芝浦製作所と合併して東京芝浦電気（東芝）となる。つまり藤岡は田中と並ぶ東芝創業者の一人なのだ。また、東芝がいまでもエレベーターに強い企業であることは周知のとおりだ。

ただ、ガーディナーが書くように日本初のエレベーターはうまく稼働しなかったようだ。石井研堂の『明治事物起原』によると、浅草十二階のエレベーターは今日のものに比べると「原始的昇降装置」だったために、「警視庁の注意にて、二十四年五月に撤去せり」[12]とある。ガーディナーが浅草十二階を訪れたのは明治25年だった。すでにエレベーターは撤去されたあとだ。ガーディナーはそこまでは知らず、動いていないエレベーターの扉を見て故障中だと勘違いしたのだろう。

それはともかく「キタの九階」や「浅草十二階」は日本の高層建築の先駆けとしてグ

ロープトロッターの観光スポットになった。これらは新たに創り出された「観光資源＝ハードウェア」だった。現代で言えばさしずめ2012年に開業した東京スカイツリーのようなものだ。明治20年代初頭は観光資源としての高層建築物が登場する時代でもあったわけだ。ちなみに余談ではあるが、東京スカイツリーのエレベーターも東芝製である。幸いこちらのエレベーターは大きなトラブルもなく稼働しているようだ。

## ハードウェアとしての富士山

ハードウェアはもちろん人工建造物だけではない。むしろハードウェアとしての自然のほうが、人工建造物よりも数は桁違いに多く多様性にも富んでいる。そして富士山は日本が誇るハードウェアとしての自然の代表であろう。

来日したグローブトロッターは誰もが富士山を称賛し、旅行記にその自然美を写し取ろうとした。もちろんキプリングもその一人だ。キプリングは4000m（実際は3776m）という富士山の標高を示して、決して高い山ではないと指摘する。しかし富士山が特異なのは、キプリングの言葉を借りるならば「ここではほとんど海抜ゼロメートルという地点に立って、見渡すかぎりのほぼ平坦な景色のなかにたった一つだけ聳えている山を見るのである」という点だ。そう、富士山は、5000m級の山々に囲まれているわけではない。屹立した一個の山だ。キプリングの言葉はさらに続く。「視界を遮るものが何もない中を、私たちの眼はへたばりそうになりながら、その火山の稜線の一つ一つをじっくと辿りながら上に昇っていく。そうしてついにその頂上に到達したときに私たちは、山の巨人ともいうべきこの富士山に匹敵する山はヒマラヤ中のどこを探してもないということを認めない訳にはいかない(13)」

さすがノーベル文学賞を受賞する文豪の文章だ。私にはまねできない。とはいえ、キプリングには失礼だが、私はキプリング以外の人物が富士山について書いた文章が強く印象に残り、それと同じ富士を見ようとその人物がたどったルートを歩いたことがある。その人物とは、この章で若干ふれた、キプリングと全く同時期に来日したグローブトロッターで美術雑誌「ステューディオ」を創刊するチャールズ・ホームだ。

ホームは5月上旬に横浜から宮ノ下に向かい、偶然落ち合った画家アルフレッド・イーストとともに、元箱根を根城に富士山をスケッチしようと待ち構える。しかし、この年は雨が多かったようで、ホームの日記には「またしても雨」「まだ雨が続いている」「再び雨」「またまた雨」の文字が続く(14)。ちなみにイーストも日記を残していて、ホームと同様、雨に対する恨み節を記している。

ホームは人づてに、元箱根から御殿場に行く途中の長尾峠から可能な限り最高の富士山を見ることができると聞いていた。今度午前中に晴れたらぜひそこに行きたい。ホームはこのように考えていた。その日は5月25日にやって来る。朝5時に起きると雲ひとつない快晴だ。ホームは仕度をすると、キャンバスに向かって富士山を描いているイーストの邪魔をしないよう簡単な挨拶だけして、芦ノ湖にボートを滑らせて対岸の湖尻に向かう。ここからしばし平坦な道を歩いたあと、上りの山道になる。富士山はこの山の向こうだ。ホームはこう書いている。

一時間半か二時間登った後に、わたしたちはこの山の頂上に着いた。すると、ああ、本当に、なんとすばらしい眺めなことか！！　なんと描写してよいか言葉がみつからない。これほど美しい光景は人生において初めてなのだ。富士山が目の前に、わたしの真正面に、頂上から裾野まで、姿を現わした。⑮

私がホームと同じルートをたどろうと思ったのはこの一文による。ときは12月でこの月に珍しく前日の箱根はかなり激しい雪だった。まだ雪が残る山道を昇りきると確かにホームが記したのと同じ光景が眼前に広がった（次頁図8‐5）。ホームは「これを見れば、人びとがなぜ富士山を畏敬の念をもって眺めるのか、いやでも理解できる――⑯」と書くが、私もそう思う。宗教心とはこんな感動から生まれるのだろう。いよいよ富士山も世界遺産に登録された。もちろん登録されるに越したことはないのだろうが、この神々しさがあればそれで十分のような気がしないでもない。

図8-5　長尾峠（富士見の丘公園）より

## ソフトウェアとしてのガイドブック

次にソフトウェアの観点からキプリングの旅行記を見よう。やはり最初に取り上げたいのはガイドブックだ。先にもふれたように、いくら観光資源があったとしても、その情報が旅行者に適切に伝わらなければ宝の持ち腐れになるだろう。旅行案内書すなわちガイドブックはこのギャップを埋めるための有力なソフトウェアになる。キプリングもその例に漏れず、「パイオニア」紙向けの記事執筆にガイドブックを大いに活用している。キプリングはガイドブックの名は記していないものの、『マレーのハンドブック』以外は考えられない。

また『マレーのハンドブック』がそうだったように、ガイドブックには広告が掲載されている。情報を提供する側から見ると、ガイドブックは有力な広告媒体として機能するものであった。グローブトロッターにとってガイドブックの本文はもちろんのこと、この広告ページも大いに参考になったはずだ。もちろん広告もソフトウェアなのである。

面白い一例を示そう。手元にある1901（明治34）年出版の『マレーのハンドブック』（第6版）にはエリザベス・グラニエル・プルース[17]という女性の署名が表紙をめくった扉ページに入っていて、さらに「May 12. 1901」と日付も記されている。おそらく彼女が本書を購入した日付だろう。本文には鉛筆書きで行った先にチェックマークやアンダーライン、日付が記入してある。例えば上野公園にはチェックマーク、富士屋ホテルにはアンダーライン、箱根の堂ヶ島には「6月20日」と日付が書き込んである。

さらに広告ページを見ると、ここにはアンダーラインやいくつかのメモが記されている。例えば横浜谷戸坂4番で刺繡品とオーダー刺繡の店を営んでいたミセス高村の広告ページにはアンダーラインが引かれている。また、日光の「SHOBIKWAN（尚美館?）」という美術品と彫刻および漆塗りの家具を扱う店舗では、「テーブルを23・00円で購入」と記している。元箱根で宿泊した松坂屋（多くのグローブトロッターがここに宿泊しており、現在も営業している）には、「3円」というメモがあるから、23円のテーブルがかなり高価であることがわかる（現在価値で約25万円）。おそらく漆塗りの一品だったのだろう。さらに、京都に店を構える紹美栄祐《しょうびえいすけ》の広告にもメモがある。紹美栄祐は金属工芸家としてその名を世界にとどろかせた人物で万国博覧会で多数の金賞を受賞している。プルースは「ここで自分用の飾り留め金を購入」と記している。

これらを見るにつけ、おそらくプルースはガイドブックの広告を見て店舗を訪れ、そこで買い物したものを記録したのだろう。これが正しいとすると広告がショッピングや宿泊に影響を与えていたことがよくわかる。この点に関して1902（明治35）年に『京都日出新聞』（京都新聞の前身）で連載された「外人と京都」という連載記事に次のような文章がある。「大抵外人《たいていがいじん》はモーレーのガイドブックと云《い》ふ赤《あか》い本《ほん》を持《も》っているが、此本《このほん》は頗《すこぶ》る浩瀚《こうかん》なもので、詳細《せうさい》に我国《わがくに》の状況《ぜうけう》が説明《せつめい》してある。従《したがつ》て著名《ちよめい》な各貿易商店《かくぼうえきしようてん》の名《な》は書《か》いてあるので、外人《がいじん》は其《それ》を読《よ》んで先入主《せんにゆうしゆ》になっているから、其処《そこ》へ行《い》かうと云《い》ふのが普通《ふつう》である」[18]。文中にある「モーレーのガイドブック」とは『マレーのハンドブック』にほかならない。現代の我々同様、プルースもガイドブックとそこに載る広告を頼りにしたそんな女性だったのだろう。

このエリザベス・プルースの経歴は皆目見当がつかない。ただ、絵がかなり上手だったようだ。彼女が所有していた『マレーのハンドブック』の中にとじてある箱根の地図の裏に、富士山や芦ノ湖の絵が描かれている（図8-6）。彼女が描いたのだろう。黒の水彩絵の具または墨で描いたシンプルなものながらかなりうまい。富士山の側には「浅《せん》間山《げんやま》からの富士　6月20日」、また芦ノ湖の方には「箱根　6月22日」とある。いずれも1901（明治34）年のことだ。

ガイドブックは明治ニッポンを旅行するグローブトロッターにとってソフトウェアと

して機能した。そして現在、グローブトロッターが携行していたガイドブックは、彼らがどんな旅をしたのか、その情報を我々に提供してくれるソフトウェアでもある。

## 開誘社と喜賓会

図8-6　エリザベス・プルースが描いた富士山と芦ノ湖――1901（明治34）年6月20日および22日

日本語を話せない（あるいは話す気など毛頭ない）外国人にとって、日本人通訳すなわちガイドは欠かせない存在だった。ガイドの善し悪しが旅の善し悪しを決めると断言する旅行者がいるように、グローブトロッターにとってガイドはガイドブックと同様、いやそれ以上になくてはならない存在だった。つまりハードウェア・ソフトウェア・ネットワークの観点で言うと、ガイドはソフトウェアの中心要素の一つとして機能するわけである。

ガイドについて語る際に忘れてはならないのがガイド協会「開誘社《かいゆうしゃ》」の存在だ。開誘社は１８７９（明治12）年[19]に結成されたガイドの事業者組合だ。発起人は通訳の古株連で、伊藤鶴吉をはじめ吉田徹三、堀屋次郎、福山久太郎、平山彦市らが名を連ねていた。伊藤鶴吉はイザベラ・バード（第６章参照）の日本奥地旅行のガイドを務めたあの人物である。

そもそもガイドとは基本的に個人プレーである。通訳の能力のある者が雇い主と個別に契約をして収益を得る。しかしこの形態ではどうしても質の低いガイドが増えてくる。質の低いガイドが増えると、客であるグローブトロッターはガイドとの契約に慎重になり、提示する料金を抑制する。しかし料金があまりに低いと本当に能力のあるガイドは仕事をしようとしなくなる。結果、市場に残るのは質の悪いガイドばかりになる。

これは経済学で言われる「逆選択」という現象にほかならない。開誘社が設立されたのは「ガイド＝ソフトウェア」の質の維持向上と同時に、質の低いガイドと差別化することで逆選択に陥るのを未然に防ぐためだったと言えよう。個人プレーのガイドからガイド事業者組合の成立は明治ニッポンの国内旅行の背景にあったソフトウェアの進展の一つを物語っているのである。

1893（明治26）年9月から11月にかけて日本を訪れたボヘミア（現チェコ）の教育総監ヨセフ・コジェンスキーは、開誘社のガイドを雇ったことを旅行記に記している。それによると通訳の名簿がホテルに保管されていて、ホテルの支配人がガイドとの面会を手配してくれる。料金などの条件については客とガイドが直接交渉する仕組みだった。[20]

もっとも目安になる料金は決まっていて、1891（明治24）年時点で、1人または2人の旅行者で1日につき1ドル、2人を超えると1人につき25セントの加算料金がいる。ガイドの旅行代金は雇い主の支払いで、さらに1日につき1ドルの宿泊代も別途必要になる。[21]当時の為替相場では1ドルが約78銭だった。92（明治25）年時の日雇い労働者の賃金が18銭、[22]95（明治28）年時の大工の手間賃が54銭[23]だったから、これらと比較するとガイドという職業は確かに割の良い仕事であった。

キプリングも神戸で「ミスター山口」というガイドを雇っている。[24]キプリングが宿泊していたオリエンタル・ホテルを通じて手配したのだろう。この点に関してちょっと面白い資料がある。次頁図8-7に示すのは91（明治24）年に出版された『マレーのガイドブック』（第3版）に掲載された開誘社の広告だ。

注目したいのはガイドのリストである。まず横浜を見るとそのトップには「T. ITO」とある。これは伊藤鶴吉のことだと考えて問題ないだろう。伊藤と一緒に開誘社を立ち上げた吉田徹三の名前もある。また横浜にはグランド・ホテルとクラブ・ホテル

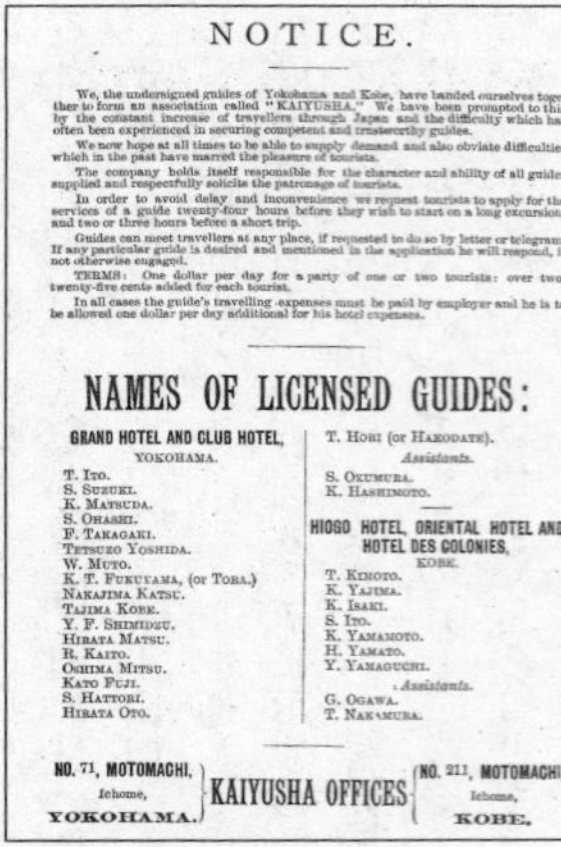
NOTICE.

We, the undersigned guides of Yokohama and Kobe, have banded ourselves together to form an association called "KAIYUSHA." We have been prompted to this by the constant increase of travellers through Japan and the difficulty which has often been experienced in securing competent and trustworthy guides.

We now hope at all times to be able to supply demand and also obviate difficulties which in the past have marred the pleasure of tourists.

The company holds itself responsible for the character and ability of all guides supplied and respectfully solicits the patronage of tourists.

In order to avoid delay and inconvenience we request tourists to apply for the services of a guide twenty-four hours before they wish to start on a long excursion, and two or three hours before a short trip.

Guides can meet travellers at any place, if requested to do so by letter or telegram. If any particular guide is desired and mentioned in the application he will respond, if not otherwise engaged.

TERMS: One dollar per day for a party of one or two tourists: over two, twenty-five cents added for each tourist.

In all cases the guide's travelling expenses must be paid by employer and he is to be allowed one dollar per day additional for his hotel expenses.

NAMES OF LICENSED GUIDES:

GRAND HOTEL AND CLUB HOTEL, YOKOHAMA.

T. Ito.
S. Suzuki.
K. Matsuda.
S. Ohashi.
F. Takagaki.
Tetsuzo Yoshida.
W. Muto.
K. T. Fukuyama, (or Toba.)
Nakajima Katsu.
Tajima Kobe.
Y. F. Shimidzu.
Hirata Matsu.
R. Kaito.
Oshima Mitsu.
Kato Fuji.
S. Hattori.
Hirata Oto.

T. Hori (or Hakodate).

Assistants.

S. Okumura.
K. Hashimoto.

HIOGO HOTEL, ORIENTAL HOTEL AND HOTEL DES COLONIES, KOBE.

T. Kimoto.
K. Yajima.
K. Isaki.
S. Ito.
K. Yamamoto.
H. Yamato.
Y. Yamaguchi.

Assistants.

G. Ogawa.
T. Nakamura.

NO. 71, MOTOMACHI, Ichome, YOKOHAMA. KAIYUSHA OFFICES NO. 211, MOTOMACHI, Ichome, KOBE.

図8-7　開誘社の広告[25]

の名が見られる。つまりこれらのホテルを介せば彼らを雇えたわけだ。

また神戸のリストを見ると、ホテル名には兵庫ホテルとオテル・ド・コロニー、それにキプリングが宿泊したオリエンタル・ホテルの名が挙がっている。さらにその下のガイドのリストをよく見てもらいたい。「Y. YAMAGUCHI」の名がある。残念ながら下の名前はわからないが、この「Y. YAMAGUCHI」がキプリングらのガイドをした「ミスター山口」と考えて問題ないと思う。

ガイド事業者組合である開誘社はあくまでも民間による組織だった。一方、より公共的な立場から日本を旅行する外国人らを支援する組織が誕生した。キプリングの来日から遅れること4年、1893（明治26）年に成立した「喜《き》賓会《ひんかい》」である。英語名は「ザ・ウェルカム・ソサエティ・オブ・ジャパン」あるいは単に「ウェルカム・ソサエティ」と呼ぶ。

喜賓会は、会長に枢密顧問官蜂須《はちす》賀《か》茂韶《もちあき》、幹事長には日本の資本主義社会の生みの親とも言える渋沢栄一が就任し、幹事には三井物産社長益田孝や帝国ホテル支配人横山孫《まご》一郎《いちろう》らが名を連ねた。喜賓会は、はるばる海外からやって来る紳士淑女を歓待して旅行の楽しみと利便性を提供するとともに、彼らとの交際を親密にすることで貿易の発展に資することを目的にした。具体的には、①旅館の設備改善方法の勧告、②ガイドの監督、③景勝地や旧跡などの視察手配、④人物の紹介、⑤ガイドブックおよび地図の発行という五つの活動を念頭に置いていた。喜賓会のこの活動に「ハソネ」を重ね合わせると、中でもソフトウェアの充実に軸足を置いていたことが理解できるだろう。

喜賓会の活動が本格化するのは明治20年代後半以降のことであり、キプリングが来日した明治20年代初めには、喜賓会による観光ソフトの向上策はまだ日の目を見るには至っていない。しかし、喜賓会の成立が提言されたのは1887（明治20）年頃だという[26]。ただ組織の運営形態など諸般の事情があって、成立は93（明治26）年に延びたという経緯がある。つまりキプリングが来日した明治20年代初年には、喜賓会のような組織が必要だという意識が日本の中に芽生えていた。この喜賓会の活動はやがてジャパン・ツーリスト・ビューローに受け継がれ、同組織はそのあと日本交通公社、ＪＴＢと名称を変えて日本の旅行業界を主にソフト面から支えることになる。キプリングが来日した明治20年代初年はその胚胎期に相当するわけだ。

## 進展する交通ネットワーク

「ハソネ」の最後はネットワークについてである。すでに述べたようにキプリングが来日した1889（明治22）年、米原（滋賀県）―馬場（現膳所《ぜぜ》）間が完成し、東海道線新橋―神戸間が全線開通している。これが7月1日のことだ。一方、キプリングは、大阪から京都に向かい、さらに大津を訪れ、ここから船で長浜に行き、汽車で名古屋さらには横浜を目指している。明確な日付はわからないがこれが4月末から5月初めのようだ。だからキプリングは東海道線全線開通をこの目にしたわけではない。

とはいえ東海道線の静岡―浜松間が開通して新橋―長浜間を汽車一本で行けるようになったのは、キプリングが来日した年の4月16日のことだ。だからキプリングは東海道全通を目にすることはできなかったものの、この完成して間もない区間を利用して横浜に向かえた。

キプリングはこの東海道線以外にも大きく変わる日本の交通ネットワークを目撃し、また乗車もしている。その一つに馬車鉄道（鉄道馬車とも呼ぶ）がある。馬車鉄道とは道路にレールを敷き、そこに馬車を走らせるものだ。東京では東京馬車鉄道会社が1882年（明治15）より新橋―日本橋間で営業を始めた（図8-8）。これが日本における馬車鉄道の嚆矢だ。便利な上、廉価だったから人気を博した。馬車鉄道の乗客数は86(明治19)年には600万人、運賃収入13万円[27]にのぼったというから、その人気のほどがうかがえる。

キプリングはこの馬車鉄道に箱根で乗車している。箱根の馬車鉄道はキプリングが来日する前年の88(明治21)年に小田原馬車鉄道として開業した。営業路線は国府津《こうづ》―小田原―湯本(現箱根湯本)である。もうおわかりと思うが、この会社は現在の箱根登山鉄道の前身にほかならない。また87(明治20)年には東海道線横浜・国府津間が全通している。したがって明治21年当時、箱根湯本まで行こうと思うと横浜から鉄道で行けたわけだ。

図8-8　東京名所之内銀座通煉瓦造鉄道馬車往復図(東京都立中央図書館特別文庫室所蔵、歌川広重)

明治初年の箱根旅行を思い出してもらいたい。1871(明治4)年に来日したチャールズ・ロングフェロー(第3章参照)は小田原まで騎乗で行き、小田原から駕籠を用いて箱根宮ノ下に向かった。しかも護衛付きである。また造船会社の経営者でイギリス下院議員を父親にもつエガートン・レアード(第2章参照)は、73(明治6)年に宮ノ下に訪れた。このときレアードは横浜から小田原まで人力車で向かい、ここで1泊したあと翌日駕籠で宮ノ下に向かっている。箱根湯本まで人力車が通れる道が開通するのは76（明治9）年のことである。それからもう10年経って馬車ではあるものの鉄道が通ったわけだ。しかし、ほんの15年ほど前は馬や人力車、駕籠を乗り継いでの旅だったのが、明治20年代初めには横浜から少なくとも箱根湯本までは鉄道でやって来られるようになった。これは交通ネットワークの大進展と言ってよい。

## 人車鉄道に琵琶湖疏水下り

さらに交通ネットワークという観点から、馬車鉄道以上に驚くべき鉄道についてもふれておきたい。人車鉄道である。馬車を「ばしゃ」と読むから「人車」ならば「じんしゃ」と読む。つまりレールの上を走る客車を馬の代わりに人間が引き手ならぬ押し手になる鉄道である。

人車鉄道が最初に開通したのは１８９１（明治24）年、東海道藤枝と焼津《やいづ》間でのことだ[28]。さらに、96（明治29）年3月に小田原―熱海間約25㎞に人車鉄道が開通した[29]。指揮をしたのはのちに甲武鉄道社長などを歴任する甲州財閥の開祖雨宮敬二郎だった。この鉄道を豆相《ずそう》人車鉄道と呼んだ（図8・9）。伊豆国と相模国を結ぶから豆相だ。この豆相人車鉄道は熱海鉄道に変わり1908（明治41）年には一般の鉄道よりも規格が緩い軽便鉄道に切り替わる。そのため人間を動力としたのは10年間強になる。

1899（明治32）年に来日したアメリカ人銀行家ウォルター・デルマーは、この豆相人車鉄道に乗車している。「客車は1・5m四方ほどの箱で6人用の客席があり、きわめて簡便な作りの鉄道上を走る。上り坂では3人の人夫が客車を押し上げ、下り坂になると踏み段に飛び乗るのだ。鉄道は海岸に沿った丘と崖をぬうようにして走っていて、眼前には素晴らしい景色が次々と現れる。（中略）しかし客車が断崖の端の鋭いカーブを猛スピードで走る様はきわめて危険に思えた」[31]と、デルマーは記している。アミューズメント・パークのゴーカートが実用的な乗り物として運用されたというイメージだろうか。しかし、現在の交通法規では営業許可が出る可能性は皆無だろう。

図8-9　人車鉄道（ウェブサイト『日本鉄道切符公園』より）[30]

それからもう一つ長いトンネルの中を船で下る、これまたアミューズメント・パークの呼び物になりそうな乗り物についてもふれておこう。キプリングは京都から大津に向かう途中で琵《び》琶《わ》湖《こ》疏《そ》水《すい》の工事を目撃している。琵琶湖疏水は琵琶湖の水を京都に流す一大事業で、大津市三保ヶ崎の取水点から長等山《ながら》トンネルなど四つのトンネルを経て京都の蹴上船溜《けあげふなだまり》に出る。ここから水は長さ500m近い鉄管を通して落差32m下の蹴上発電所に向かって流れ落ちる。さらにこの水は南禅寺船溜に放出されここから鴨川に至る。全長約11kmで、キプリングが来日した翌年の90（明治23）年に完成している。(32)

京都ではこの疏水を利用して電力発電や灌漑用水に活用したのだが、注目すべきは船を運航し水運や客船の便に活用した点だ。人車鉄道に乗車したデルマーは、いわば「琵琶湖疏水下り」とも言うべきこの船にも乗船している。それによると大津から南禅寺舟溜までの下りには1時間10分要した。また長等山を貫く最も長いトンネルを越えるのに20分かかったという。

もっとも、水は蹴上船溜から南禅寺船溜までは発電用の鉄管または支流に抜ける。そのため船は水上を進めない。この不便を解消すべく両船溜はインクライン（傾斜鉄道）で結ばれた（図8-10）。インクラインとは太いワイヤーロープで架台を牽引する装置で、この架台に船を乗せて客や荷物の乗降なしで落差36mの両船溜間を行き来する。

一方、京都から大津に向かう場合、インクラインで引っ張り上げられた船は蹴上船溜から疏水をさかのぼるわけだが、トンネルのない場所では船をロープで引っ張り、トンネルの中では右側の壁に取り付けてあるワイヤーロープを船頭が引っ張って2時間半から3時間かけて大津側に戻ったとデルマーは記している。(33)川上へ船をロープで引っ張り上げるのは京都保津峡の川下り（これも多くのグローブトロッターが訪れている）と同様だ。

現在、疏水の入り口を琵琶湖のある大津側から見ると、レンガ造りの壁に開いた大きな口に深緑色の水が飲み込まれていく。これを船で下ると思うと私なんかはぞっとする。20分も耐えられるだろうか。少なくとも閉所恐怖症の人には、この交通機関は向いていないように思う。ただ、スリルを味わいたいグローブトロッターにとっては京都保津峡の川下りと並ぶアミューズメントだったのかもしれない。

図8-10　インクライン（国立国会図書館デジタル化資料）

いまや馬車鉄道や人車鉄道、琵琶湖疏水下りはどれも存在しない。現代から見るといずれも特異な交通手段として我々の目に映る。しかし試行錯誤が繰り返されて最終的に次の世代に存続するものが残る。交通ネットワークに限らずこれが発展というものなのだろう。そういう意味で馬車鉄道や人車鉄道、琵琶湖疏水下りに我々は、明治ニッポンの中で発展する交通ネットワークの一端を垣間見ることができる。キプリングはその真っただ中を旅したのである。

# 第9章

# 夫婦で行く憧れのファー・イースト

*Far East of couples' dreams to visit*

## 観光地化が進む明治ニッポン

前章では、明治20年代初めの「ハソネ」が、明治初年に比較すると大きく発展していた点についてふれた。そしてハードウェア・ソフトウェア・ネットワークのバランスのとれた進展がその国や地域の観光の一般化を促すという「ハソネの法則」に従うと、明治20年代初年の日本はグローブトロッターにとってずいぶんと一般的な観光地になってきたと推測できる。

これは日本を訪れたグローブトロッターの人数を明らかにすればことが済みそうだが、このデータを得るのがなかなか難しい。国際日本文化研究所教授の白幡洋三郎氏は、外務省外交資料館の「外国人遊歩規程外無免許旅行雑件」を引いて、１８８８（明治21）年の１年間に横浜グランド・ホテルとクラブ・ホテルに宿泊した外国人の合計を２３３０名だったと記している。ほかにも兵庫県のホテル宿泊者数資料も示しており、87（明治20）年が７１０名、88（明治21）年が１３２７名、89（明治22）年が２０６４名となっている。[1]

またこれ以外の資料としては、前にふれた『京都日出新聞』の「外人と京都」で、京都の主力ホテルに宿泊した外国人の数を掲げており、これも参考になるだろう（２４４

頁「京都の主力ホテルに宿泊した外国人数」）。京都では也阿弥ホテル、京都ホテル、都ホテルが御三家で、最も古いのは本書にも何度か登場した也阿弥ホテルだ。ただ也阿弥ホテルは１８９９（明治32）年に焼失し、１９０２（明治35）年に再建されている。表に示したのは02年4月から6月までの3カ月間の実績である。京都ホテルは１９００（明治33）年と01（明治34）年の2年間のデータがそろっているが、都ホテルは01（明治34）年のみだ。この明治34年に両ホテルに宿泊した外国人は合わせて３９２６人になる。また表からはイギリスとアメリカの宿泊客が他国を引き離しているのがよくわかる。第1回京都博覧会が開催された１８７２（明治５）年当時、京都を訪れた外国人は７７０名だった（第2章参照）。約30年後にはその5倍の外国人が京都を訪れるようになった計算になる。

さらに日本を旅行したグローブトロッターたちが出版した旅行記の点数にも着目してみた。次頁の「日本関連旅行記の年代別出版点数」は明治元〜9年（１８６８〜76）、10年代（77〜86）、20年代（87〜96）、30年代（97〜１９０６）、40年代（07〜12）の5区分で、それぞれの年代に出版された日本に関する旅行記の点数をグラフにしたものだ。基にした資料について簡単に説明しておくと、数値化した書籍は今回の執筆にあたり目を通したものだ。あくまでも旅行記の体裁をとっているものを前提にしていて、日本の文化や政治などを主要テーマにしているものは含んでいない。(2) もちろんこれで明治ニッポンを

## 京都の主力ホテルに宿泊した外国人数[3]

| 国名 | 京都ホテル | | 都ホテル | 也阿弥ホテル |
|---|---|---|---|---|
| | 1900（明治33） | 1901（明治34） | 1901（明治34） | 1902（明治35） |
| イギリス | 713 | 533 | 878 | 165 |
| アメリカ | 610 | 666 | 493 | 188 |
| フランス | 69 | 119 | 72 | 31 |
| ドイツ | 275 | 398 | 367 | 55 |
| ロシア | 45 | 85 | 55 | 10 |
| イタリア | 42 | 47 | 29 | |
| オーストリア | 10 | 34 | 13 | 2 |
| デンマーク | 11 | 3 | 3 | |
| スイス | 16 | 8 | 7 | 3 |
| スペイン | 23 | 15 | 5 | |
| ポルトガル | 15 | 16 | 10 | |
| 清国 | 24 | 18 | 8 | 13 |
| オランダ | 19 | 15 | 25 | 2 |
| インド | | | 4 | |
| 外国人合計 | 1872 | 1957 | 1969 | 469 |
| 日本 | 219 | 241 | 184 | |

※也阿弥ホテルは４月～６月の３カ月間。

## 日本関連旅行記の年代別出版点数（無作為抽出）

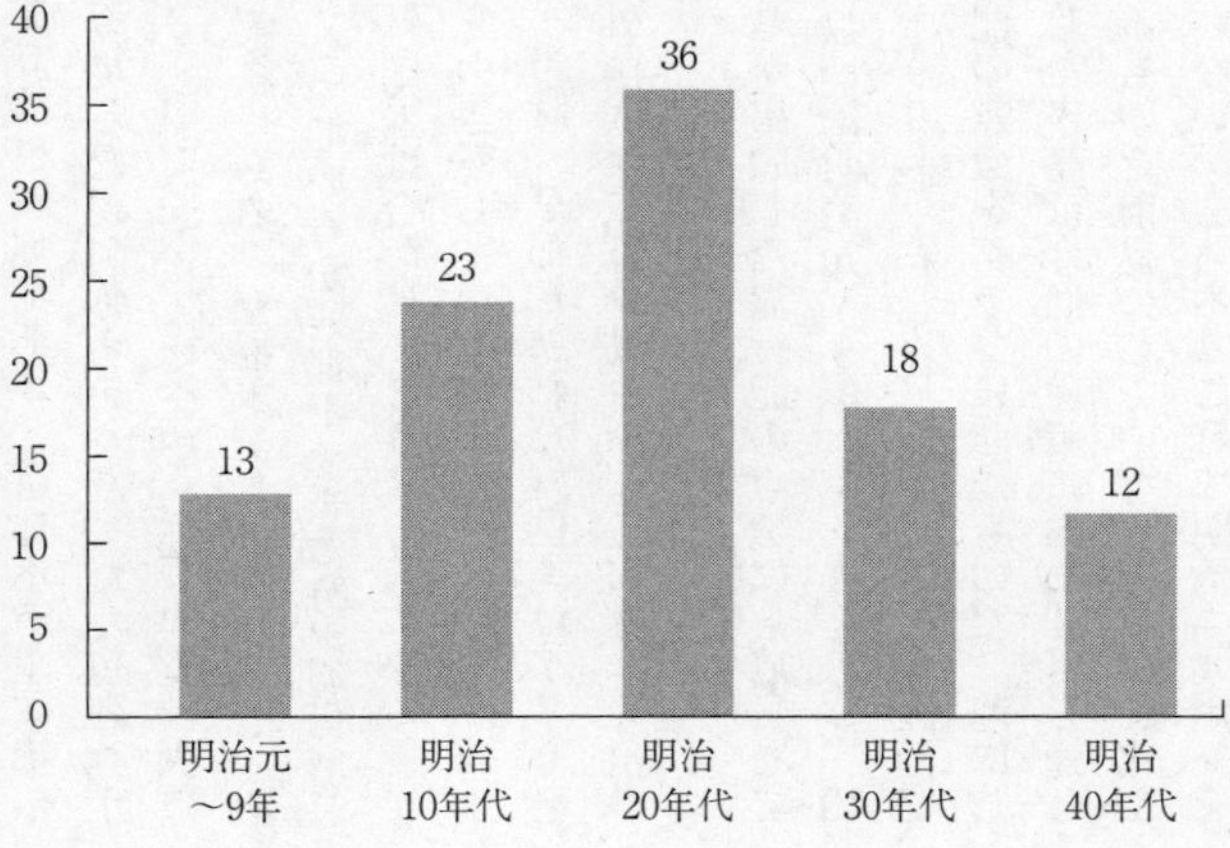

巡ったグローブトロッターの旅行記を網羅したわけではない。また英語の旅行記に偏ってもいる。そのため対象期間に関する書籍を厳密に分類したものでない。

ただしこれらの資料はいつ書かれたかを対象にして選んだものではなく、明治時代に出版されたものならばという条件で手当たり次第に手にしたものの結果を示した。数が多いということは、その時期に書かれた旅行記が比較的容易に手に入ることを示していると考えられる。

この考え方を前提にしてグラフを見ると比較的容易に手に入る旅行記は明らかに明治20年代のものだと言える。また明治40年代が5年ほどしかなかったことを考えると、明治10年代、40年代の出版点数は拮抗していると言えるだろう。30年代はそれをやや下回るので明治20年代の出版点数は突出している。またその推移を見ると、明治1桁代から10年代、20年代と右肩上がりで伸び、20年代をピークにして減少したことが一目瞭然になる。

これらを基礎に推論すると、日本の開国から明治20年代にかけて、グローブトロッターの日本に対する注目度は右肩上がりで増大した。ただ20年代をピークにして、その注目度もやや落ち着いたものになった。このように言えると思う。そしてその背景には日本の希少価値性があったと考えてよい。つまり明治20年代までの日本はまだベールに覆われた神秘の国であり、そこを旅した記録は出版するに値すると考えられた。ところが明治ニッポンへの渡航者が増えるに従って、明治ニッポンの目新しさは減っていく。その結果、明治30年代になると書籍の出版点数が急に減ってしまった。このような仮説が立てられるのではないだろうか。

なお、明治30年代に出版点数が減少した別の理由として1904（明治37）年に起こった日露戦争をその原因に挙げる人もいるかもしれない。確かに同年に来日したグローブトロッターでジャーナリストでもあるジョージ・マレイは、1904年という年は、きわめて限られた数のグローブトロッターしか来日せず、日本人のホテル経営者やガイド、骨董品店などの人々にとって、いままでで最も悪い年の一つだった、と述べている(4)。しかし明治20年代にも日清戦争があったことを考えると、戦争の影響よりもむしろ日本の新鮮度、それを本にしたときの新鮮味があるか否かが出版点数に反映したと考える方が筋がとおるように思う。

## 喜賓会お勧めの観光ルート

一方、出版点数が多くなると玉石混淆が進むのは今も昔も変わらない。見てのとおり明治10年代から20年代にかけて日本に関する旅行記の数はぐんと増える。それと同時に、著者は別人なのに同じような内容の旅行記が増えるようだ。そこでは毎度同じルートが

## 紋切り型グローブトロッターの旅（一例）

*Hugh Wilkinson*『*Sunny Lands and Seas*』1883（明治16）年
1882年３月11日に世界一周の途上で**長崎**に上陸する。
日本滞在は約２週間で**神戸**・**京都**・**奈良**・**大阪**・**東京**・**横浜**・**鎌倉**をめぐる。

---

*Maturin Murray Ballou*『*Due West*』1884（明治17）年
1882年の来日はクックの世界一周ツアーの一環で約１カ月間。
**横浜**・**東京**・**箱根**・**日光**・**神戸**・**京都**・**琵琶湖**・**大阪**・**瀬戸内海**・**長崎**をめぐる。

---

*George Moerlein*『*A Trip around the World*』1886（明治19）年
アメリカ発の世界一周旅行でその途中に日本に立ち寄る。**横浜**や**東京**の話題が中心。**鎌倉**も観光しているが遠くには足を伸ばしていない。日本滞在は1884年12月21日から翌年１月25日までの約１カ月間だった。

---

*William Sproston Caine*『*A Trip round the World in 1887-8*』1888（明治21）年
ウィリアム・ケインは英語の政治家で世界一周の途中で日本に立ち寄った。日本滞在は３週間弱である。**横浜**・**日光**・**鎌倉**を観光して、**京都**、**長崎**をめぐる。**京都**では**保津川下り**を楽しむ。

---

*William Henry Barneby*『*The New Far West and the Old Far East*』1889（明治22）年
**横浜**・**宮ノ下**・**箱根**・**鎌倉**・**江ノ島**・**東京**・**日光**を巡り、**横浜**から**神戸**・**大津**・**京都**を観光する。そして**神戸**から**長崎**を経由して香港を目指す。滞在は約１カ月。

---

*Natalie B. Grinnell*『*A Japanese Journey*』1895（明治28）年
コダックカメラを持った若い女性の旅行記である。**鎌倉**や**東京**を巡り、**上野**では桜を楽しむ。**浜離宮**の**観桜会**や**紅葉館**のディナーを楽しんでいる。その他の訪問先は、**京都**・**神戸**・**日光**である。

---

*Leonard Eaton Smith*『*West and by East*』1900（明治33）年
**横浜**、**江ノ島**・**鎌倉**・**日光**・**東京**・**宮ノ下**・**京都**を観光する。**グランド・ホテル**、**金谷ホテル**、**帝国ホテル**、**富士屋ホテル**、**也阿弥ホテル**に宿泊している。行き先や宿泊先とも、そのままガイドブックに掲載してもいいような行程だ。日本滞在はほぼ１カ月であった。

登場し、同じ観光資源を見物し、それを基にして一般的な印象が語られている。そんな彼らを「紋切り型グローブトロッター」と呼べよう（前頁「紋切り型グローブトロッターの旅（一例）」）。

特に世界一周旅行の途中に日本へ立ち寄るグローブトロッターの滞在日数は短くなりがちだ。そして短い期間に主要観光地を駆け足でめぐろうとするから訪問先も類似する。よって彼らの行程に繰り返し登場する場所をつなげていけば、一般的なグローブトロッターにお勧めの観光ルートが完成するだろう。もっともその作業を我々がする必要はない。その典型を喜賓会のガイドブックに見いだせるからだ。

すでに述べたように、喜賓会とは外国からの客人が日本旅行を快適に過ごせるよう、特にソフトウェア面における観光の改良を目指した組織であった。その喜賓会が１９０７（明治40）年に出版したガイドブック『旅行者のための日本案内（A Guide Book for Tourists in Japan）』（第3版）の中に、喜賓会がお勧めするコースが4種類記されている。「横浜から2週間の旅」「横浜から4週間の旅」「神戸から5週間の旅」「長崎から7週間の旅」である。

これらは喜賓会が勧めるコースだから、いわば日本サイドからグローブトロッターに対して提案する模範的な行程だと考えればよい。では、日本は彼らに対していかなるルートを提案したのか。ここでは喜賓会がお勧めする全コースを２５０から２５１頁に紹介しておきたい（「喜賓会おすすめの観光ルート」）。同書は外国人向けのガイドブックだから表記は英語で図版はそれを訳出したものだ。さて、読者諸兄姉は、どのコースがお好みだろうか。

冒頭に掲げた「横浜から2週間の旅」が旅行記に毎度登場するコースの基本だと考えてよい。もちろんスケジュールや旅行者の興味によってコースは微妙に変わる。しかし快楽や快適を追求する以外にこれといった旅行目的がない場合、訪問先は「横浜から2週間の旅」とたいして変わらない内容になるようだ。仮に旅行期間が1カ月あったとしても、「横浜から4週間の旅」に見られるような、仙台や日本三景の一つである松島を訪れる紋切り型グローブトロッターはほとんどいない（だからこそ紋切り型であるわけだ）。彼らは甲府はもちろんのこと大阪や奈良にすら訪れていない。これは多様な観光地を巡るよりも、1カ所で比較的長く滞在してくつろぎたい、というニーズが強かったからだろうか。

## シカゴのテーラーの日本旅行

日本を巡る旅が画一化される中、紋切り型の旅の記録が増えるのは仕方がない。しかしそれを第三者が読んでもあまり面白くはない。とはいえ旅行している本人はというと、

# 喜賓会おすすめの観光ルート(5)

## 横浜から2週間の旅

1日目　**横浜**（第1の開港場）
2日目　**鎌倉**（著名な鎌倉大仏）と**江ノ島**（絵に描いたように美しい島）への小旅行
3日目　**横浜**から**東京**へ（鉄道で27分）
4日目　**東京**（日本の中心地）
5日目　**東京**から**日光**へ（鉄道で5時間）
6日目　**日光**（日本で最も著名な寺社）から**東京**へ
7日目　**東京**から温泉と絶景の**箱根宮ノ下**へ（鉄道と軽便鉄道、人力車で5時間半）
8日目　**宮ノ下**
9日目　**宮ノ下**から**名古屋**へ（金鯱《きんしやち》で著名）。人力車と鉄道、軽便鉄道で11時間半
10日　**名古屋**から**京都**へ（旧首都）。鉄道で5時間半
11〜13日目　**京都**。**奈良**（古代日本の中心地）への小旅行
14日目　**京都**から**神戸**へ（大きな開港場）。鉄道で1時間半

## 横浜から4週間の旅

1日目　**横浜**
2日目　**鎌倉**と**江ノ島**への小旅行
3日目　**横浜**から**東京**へ
4〜5日目　**東京**
6日目　**東京**から**日光**へ
7〜8日目　**日光**と**中善寺**。美しい湖のある素晴らしい避暑地
9日目　**日光**から**仙台**へ（陸前の中心地）、鉄道で8時間半
10〜11日目　**仙台**から**松島**へ（日本三景の一つ）
12日目　**仙台**から常陸の中心地・**水戸**経由で**東京**（海岸線）。鉄道で9時間15分
13日目　**東京**から**甲府**へ（甲斐の中心地）
14日目　**甲府**。**御岳**《みたけ》への小旅行
15日目　**甲府**から**富士川**の急流で**宮ノ下**へ。馬車鉄道で2時間半、船で7時間半、鉄道で3時間45分、軽便鉄道と人力車で2時間
16〜17日目　**宮ノ下**、**芦ノ湖**へ小旅行
18日目　**宮ノ下**から**名古屋**へ
19日目　**名古屋**から**伊勢の亀山**を経由して**奈良**へ。鉄道で4時間
20日目　**奈良**。**多武峯**《とうのみね》**寺**への小旅行
21日目　**奈良**から**宇治**（茶畑で有名）を経由して**京都**へ。鉄道で2時間
22〜24日目　**京都**。**保津川下り**か**琵琶湖**への小旅行
25日目　**京都**から**大阪**へ。鉄道で50分
26日目　**大阪**から**神崎駅**を経由して**宝塚**へ（著名な温泉地）。1時間
27日目　**宝塚**から**神戸**へ。鉄道で1時間半
28日目　**神戸**

## 神戸から５週間の旅　35日

・神戸　２日
・有馬温泉（素晴らしい避暑地）　２日
・舞鶴（日本海の軍港）と天橋立（日本三景の一つ）　２日
・舞鶴から大阪へ　１日
・大阪と奈良　３日
・京都　６日
・京都から岐阜へ（有名な鵜飼い）または名古屋へ　１日
・名古屋、静岡（駿河の中心地）と久能山　２日
・宮ノ下と芦ノ湖。熱海温泉（有名な間欠泉）　５日
・鎌倉と江ノ島　１日
・鎌倉から日光へ　１日
・日光、中禅寺湖。足尾（日本で最大の銅山）への小旅行　３日
・東京　４日
・横浜　２日

## 長崎から７週間の旅　49日

・長崎（最も古い開港場）汽船で雲仙温泉　３日
・長崎から筑前の中心地・二日市。武蔵温泉と誉れ高い神社太宰府　２日
・二日市から小倉駅を経由して豊前の中心地・中津へ。絵のように美しい耶馬渓《やばけい》　２日
・中津から門司（瀬戸内海の西側入り口を渡る）を経由して下関へ　１日
・下関から宮島へ（日本三景の一つ）　１日
・宮島。広島（安芸の中心地）。岡山（有名な庭園）または生野銀山　２日
・岡山から明石と舞子（瀬戸内海の東側入り口の景勝地として名高い）経由で大阪へ　１日
・大阪。奈良、多武峯寺と吉野山（日本で最も美しい桜）　３日
・奈良から山田へ（名高い伊勢神宮）　２日
・山田から名古屋へ　１日
・名古屋から信濃の中心地・塩尻を経由して、木曽の美しい渓谷を過ぎて長野へ（名高い善光寺）　４日
・軽井沢（素晴らしい避暑地）と浅間火山の登山。草津温泉と伊香保温泉（素晴らしい避暑地）　５日
・伊香保から桐生（生糸生産で名高い）を経由して日光と中禅寺湖　３日
・日光から仙台。仙台から塩釜港を経由して松島　２日
・仙台から水戸経由で東京へ　１日
・東京　４日
・横浜、鎌倉、江ノ島　２日
・宮ノ下　３日
・宮ノ下から京都。東海道線　１日
・京都　４日
・神戸　２日

図9-1　エドワード・バレンタイン・プライス夫妻[6]

その旅が定型化されたものであれ、楽しいか楽しくないかは自分次第である。いや、少なくとも旅行記をしたためたグローブトロッターは、それが楽しい経験であり自分としては非常に価値が高いと思ったからこそ、その経験を親しい人やあるいは見知らぬ人と共有しようと文字にしたのだろう。

確かに定型化された訪問先をめぐる旅行記には感情移入がほとんど不可能な（その結果としてつまらない）ものが多数ある。一方で、訪問先は定型化されているのだけれど、なぜか読んでいてほのぼのとした気持ちになるものもある。その一例としてここでは、アメリカ人エドワード・プライスが奥さんと一緒に日本を旅した記録を紹介したいと思う。

まず旅の主人公であるエドワード・プライスとその夫人（図9-1）についてふれておこう。プライスはペリーが日米和親条約を結んだ１８５４年に生まれた。食品販売店の店員、カウボーイ、銀の採掘、メッセンジャーボーイと数々の職業に就いたのち、シカゴで洋服店Ｅｄ・Ｖ・プライス商会を経営する。これが１８９６（明治29）年のことだ。男性用のスーツやコートをオーダーで仕立てる同社は大成功する。

プライスが夫人同伴で日本にやって来たのは１９０７（明治40）年のことだ。プライスは当年とって53歳で商売の方も現役だ。リタイアした悠々自適の身分ではなく、一時店を部下に任せて仕事の合間をぬってやって来た日本旅行である。2月23日にシカゴを発ち、サンフランシスコから太平洋郵船会社のチャイナ号でハワイに向かう。ここで骨休めをしその後、太平洋郵船会社のモンゴリア号で横浜に到着したのは3月26日のことである。投宿したのはグランド・ホテルだ。以下、プライスの行程について私の解説も含めながら横浜への上陸から日本を離れるまで、その概略をログ形式で紹介しよう。

§

**3月26日（火）**　朝9時半、陸が見えてきた。午後1時に江戸湾に入る。モンゴリア号は横浜港の防波堤内に入り、我々は艀《はしけ》で港に上陸した。税関を通ったあと、初めての人力車に乗ってグランド・ホテルに向かう。プライム氏は筋肉質な車夫に驚き、またグランド・ホテルの日本人スタッフの礼儀の良さを称える。

**3月27日（水）**　天気が悪かったので遠出はせずに近場で買い物をする。この日にモンゴリア号で神戸に向かうはずだったが、荒天のため船の出航が見合わされる。

3月28日（木）　午後3時半に横浜を発って神戸に向かう。

3月29日（金）　午後3時神戸着。ほぼ24時間の航海である。投宿先はキプリングが泊まったオリエンタル・ホテルだ。大変良いホテルだとプライスは記している。石鹸やハム、ベーコン、ピクルスなどがアメリカ製なのが嬉しい。料金は1日4ドルだった。

3月30日（土）　ガイドを雇う。プライスはガイドの名を「Mr. K. Manatto」(7)と記している。1903（明治36）年の『マレーのハンドブック』（第7版）の広告を見ると、ガイド協会「開誘社」(8)から分離した東洋通弁協会の神戸オフィスに「Minato. K」という名のガイドがいる。プライスは「みなと」の「な」にアクセントを置いて「Manatto」と表記したのだろう。

## あまり観光地も巡らないのんびり旅行

3月31日（日）　神戸の兵庫大仏を見たあと午後4時半の汽車で京都に向かう。京都着は午後6時5分で所要1時間35分だった。投宿したのは京都ホテルだ。ちなみにプライスはコダックカメラで撮影した写真を旅行記の中に掲載している。図9-1で示した写真は持参したコダックを用いてここ京都で撮影したものだ。

4月1日（月）　天気が悪いので観光は諦めて骨董店や呉服店を巡る。夜は劇場に出かける。

4月2日（火）　通常より50銭多い1円50銭を払って、ゴムタイヤを装着した新型の人力車に乗る。東本願寺、三十三間堂、八坂神社とお決まりのコースを巡る。また半身の大仏がある方広寺を訪れる。ここもグローブトロッターがよく訪れる観光スポットだ。夜は都踊りを見物する。これも定番だ。

4月3日（水）　青銅や磁器の工房を巡る。晩はガイドの湊[9]（Manatto）と一緒に茶屋で日本食をとる。しかしプライス夫妻はほとんど箸をつけられず、湊がプライス夫婦のも含めて全部たいらげてしまう（これは通訳の役得か！）。午後10時、茶屋を出たプライス夫妻は急いでホテルに戻って洋食をとらざるを得なかった。

4月4日（木）　宇治を経由して奈良に向かう。春日神社と奈良の大仏を見る。兵庫大仏の顔よりはましだが、美人コンテストに出せる代物ではない、とプライスは書く。どういうわけかグローブトロッターの奈良の大仏に対する評価は総じて低い。日帰りで京都に戻る。

4月5日（金）　勧業博覧会と動物園に出かける。午後は京都博物館を訪れ、さらに柔術を見学する。その後、黒谷（金戒光明寺）を訪れる。この寺も定番スポットだ。

4月6日（土）　激しい雨。プライス夫妻はショッピングに時間を費やす。

4月7日（日）　京都駅から東海道線で東京・新橋駅へ。1等車をとるも混雑している。不快な旅になるかと思ったら、幸いモンゴリア号で同乗していた知人がいたのでそこに相席する。午後8時半に横浜の近くを過ぎて12時間かけて新橋に至る。

ちなみに1907（明治40）年3月1日発行の時刻表『汽車汽船旅行案内』を見ると、京都駅午前9時25分発の「最急行」という食堂車つきの汽車がある。(10) この汽車が新橋に到着するのが午後9時だ。プライス夫妻はこの汽車に乗ったのだろう。また夫妻は3日前に帝国ホテル宛てに電信で宿泊の予約をしていた。そのため新橋駅には帝国ホテルからの使いが来ており、プライス夫妻はすぐに大きなダブル・ルームに案内される。やはりネットワークの進展は快適な旅の役に立つ。なおプライスが旅行した当時、電話を持つホテルも多数あり、電話での予約もできたようだ。1899（明治32）年出版の『マレーのハンドブック』（第5版）では、電話番号を掲載した広告が同シリーズで初登場している。

4月8日（月）　皇居を訪れ、晩は吉原をのぞく。もちろん夫妻連れだってなので見物だけである。プライス氏、後ろ髪を引かれる思いがした——かどうかはわからない。

4月9日（火）　東京勧業博覧会を見たのち浅草公園、そして浅草寺を訪れる。

4月10日（水）　日本橋の三越で買い物をし、そのあと芝増上寺、そして築地本願寺を訪ねる。

4月11日（木）　高輪の泉岳寺に出かける。

4月12日(金)　雨。その夜、帝国ホテルでは日露戦争で名を馳せた黒木為楨《ためもと》のアメリカ視察壮行会が開かれていた。残念ながらプライス夫妻はこの会に呼ばれるほどの名士ではない。

4月13日(土)　横浜へ郵便を取りに行く。また太平洋郵船のシベリア号で横浜から発つ友人を見送る。シベリア号はこれで母国に帰りたいと思うほど素晴らしい船だった。プライス氏、ホームシックにかかったのだろうか。夜は帝国ホテルに宿泊しているミューレン夫妻の部屋で夕食をとる。そのあとゲームに興じる。

4月14日(日)　日光へ向かう。投宿先は金谷ホテルである。

4月15日(月)　東照宮などを観光して1日を費やす。

4月16日(火)　人力車で今市(現日光市)に向かいそれから霧降の滝を見物する。

4月17日(水)　日光を離れて東京経由で横浜に向かう。

4月18日(木)　プライス夫人が横浜の中国人の店で注文していたドレスが出来上がる。値段は安く素材もよく縫製も素晴らしい。プライスも中国系の「ア・シン商会」(11)でコートとパンツ2本を注文する。全部で26ドルだ。数日後プライスは出来上がったコートとパンツがぴったりフィットするのに驚いている。思い出してもらいたいのはプライスがプロの仕立屋だということだ。彼が驚くのだから相当の仕上がりだったのだろう。そしてもう一つプライスが驚いているのがその値段で、約25ドルで質の良いスーツを買えると述べている。[12] プライスに言わせると、これはアメリカで販売されている45ドルから50ドルのスーツの価値と等しい。のちにプライスは、「復活祭のお洋服、オーダー・メードで25ドルから」のような、スーツ25ドルをキーワードとする雑誌広告を多数告知するようになる。これは横浜での経験が大いに影響しているのではないだろうか。

4月19日(金) 汽車ではなく人力車で鎌倉に向かい鎌倉の大仏を見学する。

4月20日(土) グランド・ホテルに滞在。

4月21日(日) 天気がとても良好なので横浜周辺を散策する。横浜で競馬を主催する横浜ジョッキー倶楽部を訪れる。その晩、モンゴリア号で一緒だったコリガン夫妻など多くの人々がグランド・ホテルに戻ってくる。皆、モンゴリア号でアメリカに帰るためだ。

4月22日(月) 夕方6時、モンゴリア号が下関で座礁したという知らせが入る。そのため予定では23日または24日だった出航が延期になる。

4月23日(火)～25日(木) 別の手段で帰国できるか汽船会社を調べる。手持ちの資金が少なくなったので自宅に電信で送金を頼む。お金は25日に横浜正金銀行に無事送金された。「ハソネ」のネットワークが進展していなければ、プライスはピンチに陥るところだった。モンゴリア号で帰れない場合、西回りで帰るか、シベリア鉄道経由で戻るのかを判断しなくてはならない。幸いにもモンゴリア号が神戸に到着したと報告を受ける。プライス氏、ほっとする。

4月26日(金)　モンゴリア号が横浜に姿を見せる。しかし、モンゴリア号で天然痘を発症した客がいるなどの噂が流れる。仮にそうだとすると出航は最大で10日遅れることになる。プライス氏、またしても肩を落とす。

4月27日(土)　モンゴリア号が明日の午後3時出発との報告を受ける。プライス氏、喜ぶ。

4月28日(日)　プライス夫妻、モンゴリア号に乗船する。午後4時、錨が上がるとモンゴリア号は大きな汽笛をたてて日本を離れるのであった。

## 夫婦旅行の行き先は人によりけり

以上がプライス夫妻が日本で過ごしたあらましだ。ご覧のように第三者から見ると、とりたててこれといった特徴のない旅である。意外な土地を訪れたわけでもないし、大きなトラブルに巻き込まれたわけではない。トラブルといえばモンゴリア号の遅延くらいだろう。

しかし、訪れた先は神戸・大阪・京都・奈良・東京・横浜・日光で、定番とも言える箱根さえ訪れていない。喜賓会が推奨する訪問地よりもずいぶん少ない。1カ月も時間があるのなら、もう少し別の場所にも行けばよかったのに、と思うのは余計なお世話だろうか。プライス夫妻、長期旅行はこれが初めてで旅慣れていなかったのかもしれない。

実際、同じ夫婦水入らずの旅行でも、プライス夫妻とは対照的な人物がいる。すでに本書に何度か登場しているロバート・ガーディナーとウォルター・デルマーはその一例だ。二人とも奥方を連れての日本旅行だったのだが、いずれも日本各地くまなく旅行している。プライス夫妻と比較する意味で、両名の日本旅行について簡単にふれておこう。

ガーディナーはボストンを拠点にする実業家で、鉄道事業や水道事業、不動産事業で富をなした。第2章でふれた外国人旅行免状の所持者で浅草十二階にも登ったあの人物だ。ガーディナーが夫人とともに日本を訪れたのは1892(明治25)年のことである。ガーディナーは1842年生まれだから、彼が日本に訪れたのは50歳のときである。ガーディナー夫妻の国内旅行期間は3カ月間で、外国人旅行免状の取得は2月9日のことだ。この日から横浜を始点にガーディナー夫妻が巡った地域は次のとおりだ。

横浜→江ノ島→鎌倉→横須賀→箱根→熱海→横浜→東京→日光→東京→名古屋→岐阜→大垣→大津→京都→唐崎→彦根→長浜→米原→京都→大阪→奈良→大阪→神戸→摩耶山→宝塚→淡路島→徳島→富岡(現徳島県阿南市)→高知→神戸→瀬戸内海→門司→下関→長崎→茂木(現長崎市)→時津《とぎつ》(長崎県)→嬉野(佐賀県)→有田→早岐《はいき》(現

佐世保市）↓時津↓長崎↓熊本↓八代↓長崎↓神戸↓横浜

3カ月間という滞在期間の長さはあるものの、プライス夫妻に比較するとガーディナー夫妻がかなり多くの地域を巡っていることがわかるだろう。特に多くのグローブトロッターと比較した場合でも、訪問先に淡路島や徳島、高知が入っているのは少々特殊な例と言える。また、ガーディナーは陶器や磁器の趣味を持っていた。そのため有田まで足を延ばし、有田焼（あるいはその輸出港を指して伊万里焼）の著名製陶会社である香蘭社(13)やそこから分かれた精磁会社(14)の磁器をその目にして大満足している。しかしガーディナー夫妻のように有田まで足を延ばしたグローブトロッターは極めてまれである。実際、当時の有田では白人女性があまりにも珍しいため、人々がガーディナー夫人の髪をさわりにくるほどだった(15)。

日本のあちこちを巡ったガーディナー夫妻はなかなかのグローブトロッター振りを発揮したが、それに輪をかけるがごとく日本のあちこちに足を延ばしたのがウォルター・デルマーとその夫人である。琵琶湖疏水の川下りや豆相人車鉄道に乗車したあの人物である。

デルマーはアメリカの経済学者で貨幣史で一家をなしたアレクサンダー・デルマーの息子だ。1862年にニューヨークで生まれたデルマーは、ロンドンに渡って銀行家になり、やがてロンドンにおける著名アメリカ人投資家となる。デルマーが日本にやって来たのは1899（明治32）年4月のことで、ロンドンから東回りで世界一周をする途上であった。日本滞在は14週間[16]でその間の行程は次のとおりだ。

長崎↓茂木↓瀬戸内海↓神戸↓横浜↓東京↓京都↓奈良↓長谷↓高野山↓和歌山↓大阪↓神戸↓徳島↓金比羅↓尾道↓宮島↓広島↓道後温泉↓松山↓別府↓大分↓延岡↓宮崎↓鹿児島↓球磨川下り↓八代↓有田↓熊本↓長崎↓下関↓岡山↓神戸↓姫路↓生野（兵庫県朝来《あさご》市、銀山が有名）↓宮津（天橋立）↓敦賀↓米原↓大津↓琵琶湖疏水下り↓京都↓伊勢神宮↓二見浦↓鳥羽↓名古屋↓静岡↓鈴川↓御殿場↓宮ノ下↓元箱根↓熱海↓横浜↓東京↓横浜↓函館↓青森↓松島↓塩竈↓猪苗代↓郡山↓日光↓湯元↓足尾↓神戸《ごうど》（群馬県）↓伊香保↓軽井沢↓横浜↓鎌倉↓江ノ島↓横浜↓横須賀↓大船↓東京

南は鹿児島から北は函館まで日本を縦断している。しかも注目してもらいたいのは宮島・天橋立・松島を巡っている点だ。そう、これは日本三景にほかならない。松島や宮島を訪れたグローブトロッターはいるけれど、天橋立の記録は極めてまれだ。さらに明治ニッポンにおいて日本三景全てを巡ったグローブトロッターとなると、管見ながらデ

ルマー夫妻以外の人物を私は知らない。本書を読んでいる方でも、日本三景全てを巡ったことはない、という人はかなりいらっしゃるのではないか。何でも日本三景観光連絡協議会[17]というものがあって「7月21日は日本三景の日」と制定しているそうだ。デルマーはその象徴的人物になれるかもしれない。

またデルマーの旅では鉄道を駆使しているのが特徴だ。図9-2は、デルマーが来日し同年同月に出版された時刻表『汽車汽船旅行案内』付録の鉄道および汽船の航路図だ。

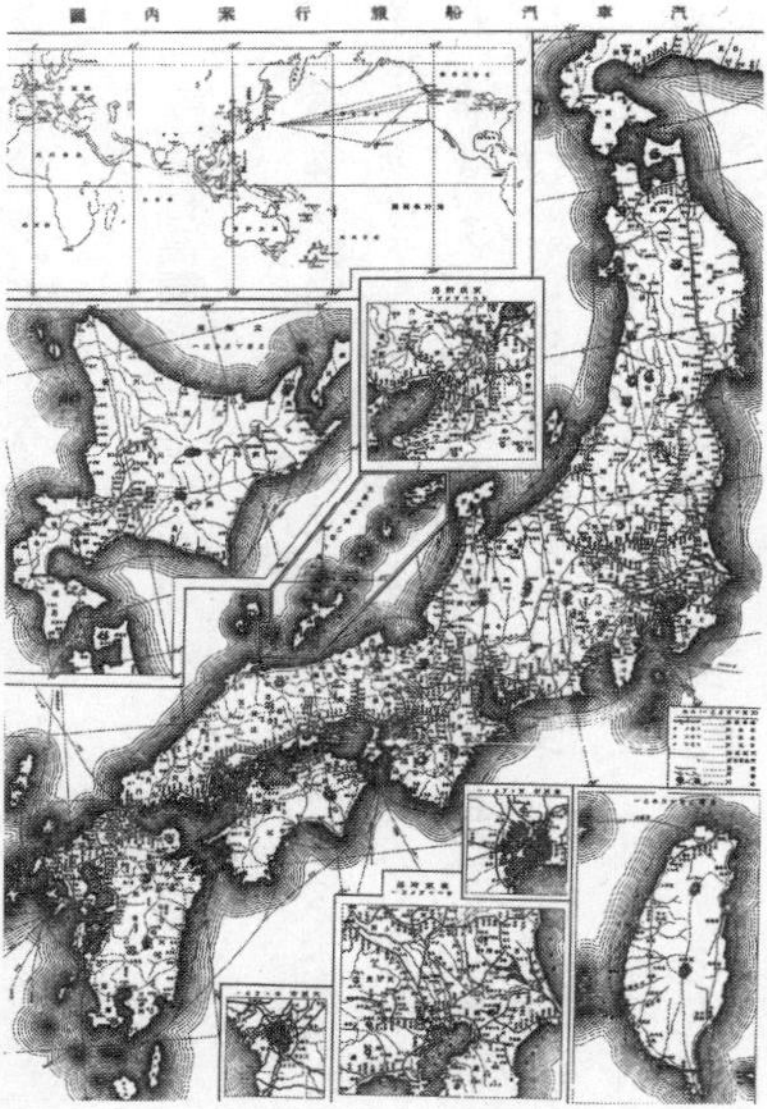


図9-2　『汽車汽船旅行案内』(明治32年4月1日号)の「汽車汽船旅行案内図」[19]

これを見ると、本州の場合、北は青森から西は三田尻(山口県)まで汽車一本で行けるようになっている[18]。また、北海道でも内陸部に鉄道が延びており、九州でも八代(熊本県)まで路線が通じているのがわかる。ハソネの法則でいう交通ネットワークの進展があったからこそ、デルマーの日本をくまなくめぐるような旅も可能になったと言えるだろう。

## 実は高額だったグローブトロッターの旅

このように同じご夫婦の旅でも、プライス夫妻のような旅の仕方もあれば、ガーディナー夫妻やデルマー夫妻のような旅の仕方もある。もちろんいずれが優れているというわけではなくて、旅した本人が満足すればそれでいいわけである。ちなみにこの旅の満足度については次章で徹底的に検討するテーマとなる。

このテーマにふれる前に本書ではどうしても答えておかなければならない問いがある。そう、はたして当時の明治ニッポン旅行の料金はいかほどなのだろうか、という問いについてだ。

本書ではずいぶん前に旅行費用について簡単にふれている。トーマス・クックが売り出した世界一周パッケージ旅行の価格についてだ（第2章参照）。これによると交通費・宿泊費が全て込みで300ギニーまたは金貨1575ドル、交通費のみで200ギニーまたは金貨1050ドルだった。これは1873（明治6）年当時の旅行代金を知る上でとても重要な基準になる。

ギニーはイギリスの旧通貨単位で、1ギニーは21シリングに相当する。また1ポンドは20シリングに相当するから、1ギニーは1・05ポンドで300ギニーは315ポンドになる。また、「300ギニー＝315ポンド」が1575ドルに等しいわけだから、1ポンドは金貨5ドルで取引されていたことがわかる。

では、「300ギニー＝1575ドル」を日本円に直すとどの程度だったのか。1ドルは1円が基本だったが、実際には変動していて長期的には円の価値が下がっている。ただ1874（明治7）年時の為替相場を見ると、1円は年平均1・0158ドルで取引されていた。[20]これで1575ドルを割ると1550円を得られる。つまり明治7年当時、6カ月間世界一周のパッケージ・ツアーには1500円ほど入り用だったわけだ（もちろん食費は別である）。

次にこの1550円の価値である。明治7年当時の大工の手間賃を見ると1日40銭とある。[21]1カ月25日働いたとして月収は10円だ。つまり大工が世界一周するには155カ月分、すなわち12年と11カ月の月収が必要になる（ただし飲まず食わずの旅ではあるが！）。

ではこの1550円は現在の価値に直すとどの程度になるのか。ここでは立ち食いそばを基準に計算してみたい。現在、駅周辺にある立ち食いそばのかけそばだと、安ければ200円で食べられるだろう（筆者の事務所の近くにも同料金で営業する立ち食いそば屋がある）。一方、77（明治10）年のかけそばは1杯8厘である。[22]当時のお金で1550円あればかけそばを19万3750杯食べられる。これを現在の1杯200円に換算すると、その価値は3875万円になる。もちろん現代のかけそば代をもっと高くに見積もると旅行代金もはね上がる。だからこれが汽船や汽車は一等客室、そして一流ホテルに宿泊する世界一周パック旅行の最低限必要なお値段と言える（くどいようだが食費は別途）。なんとなく納得できる料金ではないか。

ただし右に掲げた料金は明治1桁年代の話である。では明治半ば頃はどうだったか。実はうまい具合に旅行にかかった費用を記してくれたグローブトロッターがいる。先にもふれたロバート・ガーディナーがその人だ。ガーディナーは旅行記の「はじめに」で夫婦2人がちょうど4カ月間の日本旅行に要した全費用は1875ドル5セントだった、と記してくれているのだ。この中には、ボストンから横浜の往復チケット（1人435ドル）、寝台車、食堂車、ホテルや宿での費用、食費やワイン、タバコ、友人との娯楽、鉄道、汽船、人力車の代金、日本人従者の手間賃や移動費、給仕への心付け、要するに買い物以外の何もかもが含まれている。[23]

ガーディナーはよくぞ金額を記してくれた。これには大きな価値がある。まず、ガーディナーが来日した1892（明治25）年当時の円ドル為替相場を見ると、100円あたりで69ドル84セントが年平均相場になっている。[24] つまり1円は69・84セント（0・6984ドル）だ。これを除数にして1875ドル5セントを割ると2684・7

79を得られる。よって円ベースで見ると夫妻の旅行代金は2684円77銭9厘だった。

次にこれを当時のかけそばの値段1銭2厘（明治27年当時）(25)で現代の価値に直す。すると2684円77銭9厘あればかけそばを22万3731杯食べられる。かけそばの現代の値段を1杯200円で換算すると22万3731杯の値段は4474万6200円になる。これが92（明治25）年当時におけるガーディナー夫妻2人分すべて込み込みの日本旅行代金だ。彼らの場合、世界一周が目的ではなく純粋に日本旅行が目的だった。したがって1人あたりだいたい2250万円もあれば、アメリカ発で4カ月間（日本滞在は約3カ月間）たっぷりと贅沢な明治ニッポン旅行を楽しめるわけだ。

一方、3カ月間の日本滞在を1カ月に切り詰めたとしても、だいたい費用の46％強を占めるボストンからの鉄道および汽船の費用に変わりはない。この移動費を1050万円と見積もって2250万円から引き算し、残り1200万円を3分の1にしたとする。すると日本に1カ月間滞在する旅行で費用は1人あたり1450万円になる見当だ。このようにより現実的な数字に直すと、ぞろぞろ日本にやって来ていたグローブトロッターたちは、明治ニッポンの大工はもちろん、現代の庶民にも支払い困難な額を、日本の旅に投資していたことがよくわかる。

## お金の額と旅の快適度は比例する

ところで先にプライスが手元不如意になってしまったので、アメリカの自宅に電信を送り横浜正金銀行に送金してもらったと書いた。実はその際にアメリカ・オハイオ州クリーブランドの億万長者コリガン氏が、自分は大きな額の信用状を持っているから私的な小切手で構わないので金貨2000ドルを用意しようと申し出た。信用状とは顧客の依頼に応じて、銀行が他の銀行に対し金銭の支払いを依頼する書面のことだ。プライスは、たかが汽船で知り合っただけなのに、そんな大金融通の申し出を受けるとは正直びっくりした、と述べている(26)。

プライスが記す「クリーブランドの億万長者コリガン氏」とは、石油の投資や製鉄事業で莫大な富を築いたジョンまたはジェームズのコリガン兄弟かその関係者のようである。プライスは自宅から横浜正金銀行にお金を振り込んでもらっているから、この申し出は丁寧に断ったのだろう。もっともここで注目したいのは億万長者コリガン氏の素性ではない。

右に見たように、当時、明治ニッポンを旅行しようと思うとかなりの額のお金が必要だった。それは庶民では手の届かない額である。したがってエドワード・プライスもアパレル業（と当時は言ったかどうかは知らぬが）で大きな富を得たから日本を訪れることができたのだろう。庶民から見るとプライスも大金持ちの一人だ。しかし大金持ちにもレベルがある。上には上がある。プライスから見ればそれがクリーブランドの億万長者コリガン氏というわけだ。

実際、何も不自由のない快適な旅をしようと思うとどうしてもお金が必要になる。投資するお金の額と旅の快適度は比例する。ある面においてこれは正しいのではないだろうか。

プライス夫妻の旅を思い出してもらいたい。彼らは京都から東京に向かう東海道線で1等車の切符をとった。しかし客車が混雑していて不愉快な旅になるのではないかと心配した。このような心配は、より大きなお金を積めばほとんどの場合解消する。また、横浜に友人を見送りに行った際、プライスは友人が乗船する太平洋郵船シベリア号を羨望していた。こうした羨望もお金さえ積めば解消する問題である。

そもそもコリガン氏がキャッシュを融通しようという申し出もプライスの手元にお金がなかったから出た話だ。プライスにうなるほどのキャッシュがあればコリガン氏も融通の申し出をする必要はなかった。「地獄の沙汰も金次第」という言葉がある。「旅の沙汰」も実は同じことが言えるのかもしれない。そして仮に画一的な行き先だとしても、お金の多寡によって旅の快適度は松竹梅と大きく上下する。

ではコリガン氏の上は存在するのか。もちろん存在する。本書のプロローグでクルト・ネットーが分類した5種類のグローブトロッターについて紹介した。その中に由緒ある王侯貴族の一員でたいていは軍艦で来日する王侯型グローブトロッターがあった。さすがのコリガン氏も国賓待遇でやって来る王侯型グローブトロッターにはお金の面で太刀打ちできないだろう。

例えば国賓待遇の客として最も早い例の一つとして、1869（明治2）年に来日したヴィクトリア女王の第2王子エジンバラ公が挙げられよう。明治新政府にとって外国皇族が来日するのはこれが初めてだ(27)。

ほかにも、79（明治12）年来日の元アメリカ大統領ユリシーズ・シンプソン・グラント、いわゆるグラント将軍、81（明治14）年来日のハワイ国国王カラカウア、91（明治24）年来日のロシア皇太子ニコライ、93（明治26）年来日のオーストリア皇太子フランツ・フェルディナントなどの国賓が来日してそれぞれ日本滞在記を残している。

そこには明治政府による豪奢な待遇の旅が記してあり、接遇される側の気分は大変いいものであろう。この快適性は、例えば旅行時間の多くを社交で費やすグローブトロッター――サンビーム号で日本を訪問したブラッセイ夫人を思い起こしてほしい――にとっては垂涎の的であろう。あるいは王侯貴族とは縁遠いグローブトロッター――エドワード・プライスを思い出してもらいたい――にしても、かなわぬ夢とは知りながら一度はそんな体験をしてみたいと、ため息をつくに違いない。やはり王侯貴族や一国政府の重要人物でない限り、国賓待遇の旅は夢の夢なのか。

いや、そんなことはない。ただの民間人でもほぼ国賓待遇で日本を旅した人物がいる。その人の名はジェイコブ・シフという（図9-3）。

## 明治ニッポンを救った男の日本旅行

司馬遼太郎が著した『坂の上の雲』の熱烈な読者ならばジェイコブ・シフの名を知っているに違いない。ご存じのように『坂の上の雲』は、伊予松山出身の秋山好古《よしふる》・真之《さねゆき》兄弟と正岡子規を主人公にした物語だ。特に秋山真之が日本海海戦でバルチック艦隊を撃滅するシーンがハイライトとして描かれている。当時のロシア国王は先のニコライ2世である。しかし、「腹が減っては戦はできぬ」という言葉があるように、「メシ」言い換えると「戦費」がなければ戦はできない。したがって秋山兄弟が戦をできたのも戦費あって

図9-3　ジェイコブ・シフ(28)

のことだった。

ところが日露戦争が勃発した1904（明治37）年2月、当時のニッポンに大国ロシアに伍するためのカネはなかった。ではどうしたのか。手元不如意ならばよその人のカネに頼らざるを得ない。こうして明治政府は外債を発行して世界の投資家から戦費を集めようと計画した。陣頭に立ったのが二・二六事件の際に暗殺される高橋是清である。そして高橋が戦費集めに苦心惨憺する中、日本の勝利に賭けて大口の外債を購入したのがジェイコブ・シフその人だった。

シフはフランクフルトで500年もの歴史をもつ家に生まれた(29)。父親は株式仲買人で敬虔なユダヤ教徒である。もちろんシフも熱心なユダヤ教徒ではあったが、父親と違ったのはフランクフルトに骨を埋める気はさらさらなく、アメリカで一旗揚げたいという思いが強かったという点だ。アメリカに出たシフは父親と同じく株式仲買業で頭角をあらわし、ドイツ系のクーン・ローブ商会のメンバーになる。そして同商会パートナーであるソロモン・ローブの娘と結婚し、やがてクーン・ローブ商会の代表になる。クーン・ローブ商会は鉄道投資で莫大な利益を上げていたが、シフが代表になる1885（明治18）年頃にはアメリカ屈指の投資銀行に成長していた。それはヨーロッパのロスチャイルドと並び称されたあのモルガン商会に次ぐほどであったという。

日露戦争は1905（明治38）年9月5日にポーツマス条約が締結され終戦に至る。

条約ではロシアから賠償金は得られず、また、獲得した領土や権益も決して大きいものではなかった。こうした苦しい条件ではあったけれど戦争は日本の勝利で終結した。この結果シフは、勝利を資金面で支えた日本の大恩人になったのである。

このシフが終戦翌年の06（明治39）年3月、妻および他3組の夫妻とともに日本を訪れるのである。言い換えると日露戦争の大恩人が来日するわけだから、日本政府としても彼を粗末に扱うことができようか。こうしてシフは日本において下にも置かれぬ待遇を受けることになる。

ただしシフは民間人だ。そのためシフが乗る太平洋郵船会社のマンチュリア号が横浜に入港しても祝砲が鳴るわけではない。また天皇の名代がマンチュリア号を訪れてシフを表敬するわけでもない。代わりに高橋是清の秘書と今回のシフの訪日に帯同してあらゆる便宜をはかる日銀の担当者が派遣された。つまりシフは国賓ではないものの日銀が主体となって日本滞在の世話をすることになっていたわけだ。

しかし接遇の主体が日銀であれ、その待遇は国賓と同等のものであった。いや、それ以上だったかもしれない。3月28日、シフは明治天皇と謁見することになる。しかも通常は謁見のみにもかかわらず、シフは明治天皇からねぎらいの言葉をかけられるばかりか午餐をともにしている(30)。加えてその午餐では明治天皇が極めて気さくにシフに接したというから驚きだ。国賓ではない人物に対してこれは破格の待遇と言えよう。それもこれもシフが「日本の危機に際して重要な貢献をした」からにほかならない。

## 大富豪も値切り交渉をする

その後シフは、昼間は観光、夜は華族会館（旧鹿鳴館）や紅葉館等々で蔵相や日銀などが主催する晩餐会に出席して日本滞在を過ごす。天皇主催の観桜会にも出席している。また新橋から汽車で向かった京都観光では、寝台車2両と荷物車1両からなる特別列車が仕立てられている。ほかにも財界人宅への訪問、高橋是清などとのビジネスに関わる交渉、さらにはショッピングと、休む間もない忙しさであった。裏返すと、それはとても充実した旅だったということだろう。実際シフは日記のあちこちで快適で満足いく旅だと記している。

ただ、買い物についてシフがこぼしている点には要注意だ。日光でシフ夫人が買い物をしたあとには次のような記述がある。「ホテルに戻り、きのうわたしが芦ノ湖に行っている間に、最終的にわたしの同意を得てからという条件で妻が買った品物を入念に調べ、商人と値引き交渉をした。買い物で不愉快なのは、値段に関するかぎり、かならず欺かれることだ。指し値をすれば、いくらでも受け入れられるということは、その値段でもおそらく高すぎるのだ」(31)

シフは日本到着早々の横浜では夫人の選んだ品物を気前よく言い値で購入していた。しかし周囲からのアドバイスもあったのだろう、日本の商売人は常に「吹っかける」ことを学んだようだ。日光では言い値で購入はせずに商人に対して値切り交渉を行っている。明治ニッポンの大恩人も商売人には形無しではないか！

さらに京都では次のような記述がある。シフは京都で「日本有数の西村絹織物を訪れて、妻が何点か品物を選んだ」と記している。これが4月22日のことだ。そしてその翌日のことである。「妻は、午前中はホテルにいることを望んだが、わたしはきのう妻が購入した絹織物を見に行った。妻は通常、得られる二〇ないし二五パーセントの値引きをしてもらう勇気に欠けるので、わたしが値引き交渉の貧乏くじを引くことになる」(32)

明治ニッポンを助け、特別列車が出迎えに来るあの男が、2割から2割5分の値引きを得るために店に出かけて行く姿を想像してもらいたい。そして休憩所一軒ごと丸々買い取ったロシアの皇太子（当時）ニコライと比較してもらいたい。やはり大金持ちにも上下があることを痛感させられてしまう。上を見ればきりがないということか。

とはいえあのニコライでさえ金を積んでも買えない旅があろう。例えば旅先の買い物として日本を丸ごと購入することなど、ニコライでさえ叶わぬ夢だった（それを叶えるために戦争というものがあるのかもしれない）。このように考えると、金を湯水のようにつかう旅というものは、どこかで妥協が必要になるものなのだろう。

しかしながら、あまりお金がなくても満足度の高い旅ができることもある。最終章ではそんな旅をしたグローブトロッターについてふれなければならない。

# 第10章

# 明確な目的をもつ旅人たち

*Globetrotters with specific purpose*

## 旅の快適度と満足度

旅の目的は人によって異なる。千差万別だと言ってよい。まだ見たことのない土地をこの目にしたい人もいれば、観光などまっぴらでとにかくのんびりと時間を過ごしたい人もいるだろう。あるいは、旅先で旧交をあたためるのが目的の人もいれば、社交が目的だという人もいるかもしれない。そしてそれぞれがもつ目的が十分達せられたとき、旅の満足度はきわめて高いものになるのだろう。この考え方が正しいとすると、快適度の高い旅と満足度の高い旅は、実は切り分けて考える必要がある。

前章では「投資するお金の額と旅の快適度は比例する」と書いた。しかし「旅には目的がある」を前提に考えるならば、快適度の高い旅が必ずしも満足度の高い旅になるわけではない。旅先の快適なホテルに投宿し、さて、来年はどこを訪れようかと思案する旅人をイメージしてもらいたい。現在の旅に心あらずでは、それがいくら快適なものであっても満足度の高いものとは言えないだろう。

逆に快適度が低いのに満足度が高い旅というのも存在する。それにはヘンリー・サベッジ・ランドー（第6章参照）の蝦夷地の旅を思い出すのが手っ取り早そうだ。ランドーはそもそも快適な旅など念頭になかった。半ば地をはうようにして蝦夷地を一周している。途中骨折をしてもそれでも旅を続けた。しかしこの旅を終えたランドーはきわめて高い満足感を得たに違いない。なにしろ独力で蝦夷地を一周するという当初の目的を見事果たしたのだから。

このように考えると、本当に満足のいく旅をしようと思うと、まずその目的に思いを馳せることが大切だ。そしてその目的を達成するために旅をする。この考え方が正しいとすると、掲げる目的は明瞭で単純な方が達成の可能性は高まり、しかもそのハードルがそれなりに高ければ、それをクリアすることで高い満足度を得られるだろう。というのも、「なんとなく楽しみたい」とか「面白そうなところに行ってみたい」といった不明瞭な目的ではおのずとその達成は困難になるし、低すぎるハードルだと少なくとも高い達成感は得られないからだ。また、「素敵なホテルに泊まって、おいしい料理を食べて、ガイドブックに載っている観光スポットを全部まわって、ちょっぴりスリルある冒険もして、素敵な異性と偶然に出会って――」という、思いつくだけの「したいこと」を目的に掲げてもやはり達成は困難だ。「二兎を追う者は一兎をも得ず」という言葉もあるように、目的が多様だと本来得られるものも得られなくなる。

となると旅の満足度を高めるためには具体的にどのような目的を掲げればいいのか、ということになろう。一つはもうすでに見てきているのだが、旅それ自体を明瞭で単純な目的にすることである。例えば蝦夷地を一周するなどはその典型と言ってよい。中山道をガイドなしで踏破するという目的もなかなか明瞭でシンプルだ。あるいは日本三景をめぐるというのもわかりやすいだろう。さらには、できるだけ短時間で世界一周を実現するというのも――私はこんな旅の目的など立てたくないが――やはり明瞭かつ単純な旅それ自体の目的である。

その一方で、旅それ自体とは異なる目的を掲げることもできよう。もう少しかみ砕いて表現すると、例えば絵を描く、写真を撮る、あるいは何かを蒐集《しゅうしゅう》する、こうした何かをしたいから旅をするという形態をイメージしてもらえればよい。明治ニッポンを訪れたグローブトロッターの中には、旅それ自体とは異なる、明瞭かつシンプルな目的を掲げて、日本のあちこちを旅した人々が大勢いる。そして多くの旅行記を残してくれている。こうしたグローブトロッターたちの旅行記は概してとんでもなく面白い。それは彼らの旅行記には目的達成のための熱意が文章や行間のあちこちにほとばしっていて、それが読み手を熱くさせるからに違いない。

そして紋切り型グローブトロッターの旅と比べながら目的思考型の旅行記を読むと、現代の我々が満足のいく旅行をするための教訓を得られるように思う。いや、「人生は旅」と言うではないか。ならば旅とは「自分の人生を凝縮して疑似体験する行為」とも言えよう。そういう意味で彼らの旅行記は人生そのものについても考えさせられてしまうのである。

## 旅それ自体と異なる目的をもつ

「旅それ自体とは異なる目的」をもつグローブトロッターの旅行記をながめると、そこには何かしらの分類基準が見えてくる。ここでは大きく四つの基準を示したい。①芸術系、②蒐集系、③研究系、④執筆系がそれである。最後の④執筆系とは、執筆するために旅することを意味する。この系統についてはすでにラドヤード・キプリング、あるいはイザベラ・バード（旅行記を出版するのが彼女の目的だったと思われるから、ここに含めてもよいと思う）をとおしてふれている。よって以下では残り①〜③に関連する人物を列挙してみよう。

①芸術系とは日本に来て写真を撮りたい、絵を描きたいといった目的を指す。例えばスコット大佐の第2次南極探検隊に随行した写真家ハーバート・ポンティングなどはその一人だ。またプロのカメラマンではないけれど、世界各地を写真に撮るために世界一周旅行をし、1882（明治15）年8月から約4カ月半日本に滞在したシャンパン財閥の御曹司ウーグ・クラフトもその一人に数えてよい。

一方、絵を描くために来日した画家で滞在記を残している人物としては、イギリスの画家アルフレッド・イーストやアルフレッド・パーソンズ、ベルギー生まれのウォルター・ティンダルなどがいる。またアメリカの画家ジョン・ラ・ファージも日本滞在記を残している。それからオーストラリアの画家モーティマー・メンペスは彼が日本で描いた絵に娘がテキストを加えた書籍を発表している。また少々毛色の異なる人物としてイギリスの工芸家クリストファー・ドレッサーがいる。ドレッサーはサウス・ケンジントン博物館から日本に送られる工芸品を携えて、1876（明治9）年に来日した人物だ。その足で日本の各地にある美術工芸品の産地を巡っており、のちに日本の建築や芸術工芸に関する著作を残している。(1)

次に②蒐集系である。こちらは美術工芸品や動植物の蒐集を目的に日本を旅した人々だ。例えばその一人に、ドレッサーと同じ76（明治9）年に画家フェリックス・レガメーを従えて来日したエミール・ギメがいる。ギメはフランスの実業家で、父親から受け継いだ染料工場のほか船舶会社や化学製品会社を経営していた。その一方で考古学に熱中しスカンジナビア半島やエジプトを訪れ、やがて日本にも足を延ばす。その主目的は日本の宗教について調査することにあった。ギメはこの調査旅行で集めた膨大な宗教画や神像、書籍などを古代ヨーロッパやエジプトの古美術品とともに展示した。これが現在パリにあるギメ博物館にほかならない。

ギメとよく似た人物にアドルフとフリーダのフィッシャー夫妻がいる。ウィーンの大工場経営者の家に生まれたアドルフ・フィッシャーは、幼少時は俳優として活躍するも、いくたびかの旅行を経て東アジアに深い関心をもつようになる。これが高じて夫婦で日本や中国の美術品を蒐集するようになり1913（大正2）年にドイツにケルン東洋美術館を設立する。

また美術工芸品や民具といった人工物ではなく、自然にあるものを蒐集するために旅する人々もいる。古くは江戸時代に来日したイギリス人ロバート・フォーチュンが有名だ。フォーチュンはエジンバラの王立植物園やロンドン園芸協会が経営する庭園で働いていた。その彼がイギリスと中国によって南京条約が結ばれると中国へ植物採集に出向く。それ以後もフォーチュンはインドや1860（万延元）年には日本にも訪れるわけだが、こうした植物採集家のことを世間ではプラント・ハンターと呼んだ。

あるいはこんな人物もいた。リチャード・ゴードン・スミスという男で、1898（明治31）年を振り出しに繰り返して日本を訪れている。その間半ば日本に住むかのように滞在し、大英博物館からの要請で主に日本における海洋生物の標本収集を行った。大英博物館から若干の費用は出たようだが、ゴードン・スミスはほとんど持ち出しで各種標本を本国に送り届けている。その数は少なくとも1000種を超えていた(2)。また日本の伝説や昔話を採集して本にまとめあげている。博物学者兼民俗学者の横顔をもつ人物だ。

さらにはフランスの銀行家で巨万の富を築いたアルベール・カーンも蒐集系グローブ

トロッターの一人と言えるだろう。カーンは1908(明治41)年に世界一周旅行に出掛けて、途中に日本にも立ち寄っている。カーンはのちに同時代の世界を写真や映像に収録することを目的とした「地球映像資料館」を設立するのだが、この世界一周がその契機になったという。カーンのコレクションには、明治41年の来日時に初めてカラーで撮影されたといわれる日本の風景をはじめ、大隈重信や高橋是清らの映像などがあり、いまでも実際にこの目にできる。(3) これらは当時の明治ニッポンを知る上での貴重な資料になっている。

続いて③研究系である。蒐集系と研究系に境をつけるのは難しいけれど、ここでは何かのテーマのもと調査研究するものを研究系、その結果として何らかを蒐集する活動を蒐集系と便宜上考えておこう。ここでは研究系の一人としてイギリスのフェミニズムの先駆者として知られるマリー・ストープスを挙げたい。彼女の経歴は面白くて、フェミニズムに目覚める前は古生物学の研究者でその関係で日本を訪れている。来日時の彼女の日記が残されていて、ここからは目的のためならば人も行かぬ僻地に平気で訪れる研究者魂が見て取れる。

それから、純粋に日本そのものを研究したいという熱意から自費で滞在したパーシヴァル・ローエルも研究系の系統に含められそうだ。ローエルは1883(明治16)年から93(明治26)年にかけて6回ほど日本を訪れており、日本語と日本人の研究を主な目的にした。短期間で日本語が上達したため、在日米国公使館から外交使節団の秘書官に任命されている。このあたりはどこかチャールズ・ロングフェロー（第三章）と似通っているような気もする。しかしローエルは根っからの研究者肌の人だった。日本に対する興味を失ったのに対して、ロングフェローがどちらかというと多趣味な数寄者だってからは天体に熱を上げアリゾナ州フラッグスタッフにローエル天文台を設置している。以後、天文学に没頭し、海王星のまだ向こうに別の惑星が存在すると予測する。のちにこれが発見されて冥王星と名づけられている。

## 桜を描くために有馬へ

このように「旅それ自体とは異なる目的」をもって日本を旅したグローブトロッターは多数いた。ただその目的が旅とかけ離れるほど、彼らのことをグローブトロッターとは呼びにくくなる。この点についてはのちにふれるので、いまのところ彼らもグローブトロッターの一員として扱っておきたい。では彼らが日本でとった旅のいくつかを紹介しよう。事例が多数あるので、どの旅行記を選択すべきか困るところではあるが、ここはやはり私自身が読んで素直に感心したものを取り上げるべきだろう。

最初は画家ウォルター・ティンダルから始めよう。ティンダルは1855年にベルギーで生まれ、最初、油彩の肖像画を得意とした。その後水彩画に転向している。そして世界各地を旅してそれを絵入りの旅行記として出版した。その旅行記にはイギリスの田舎や日本、エジプト、リゾート地で著名なリビエラなどがある。いずれも挿絵がカラーなのが特徴になっていて、これらの旅行記が人気を博し、ティンダルはかなりの富を得たようだ。

ティンダルが日本にやって来たのは5月初旬のことで年代ははっきりしない。旅行記『日本と日本人（Japan & The Japanese）』の出版年が1910（明治43）年なので、これを考えると08（明治41）年前後と考えるのが妥当そうだ。ティンダルはこの旅行記の冒頭で12カ月のうちで最も季節の良い時期に日本を訪れたと自画自賛している。しかし彼は計算違いをしていた。このときの様子があまりにも印象深かったから、私はティンダルを「旅それ自体とは異なる目的」をもったグローブトロッターのトップとして選んだ次第である。

事件が起きたのは5月6日かあるいは7日のことである。その日の朝に神戸に到着したティンダルは大きな西洋風のホテルに投宿する。たぶんオリエンタル・ホテルだろう。日本人ウェイターの洋装が不似合いであるなあ、などとぼんやり考えていたときである。ホテルの支配人からあることを伝えられたティンダルの顔が青ざめる。ティンダルは日本に着いたら真っ先に桜を描こうと計画していた。ところが桜の季節にはあまりにも遅く日本に着いたことをホテルの支配人から聞いたのだ。戸外で絵を描く場合、確かに5月はうってつけの時期だ。しかし特に日本の西側の場合、桜を描くには時期をかなり失している。しかもこの年の桜は春の嵐で早くに散ってしまったというではないか。ティンダルはこの事実を聞いて、素晴らしい昼食を前にしながら食欲が急速に減退する。(4)

ティンダルの落ち込みがあまりにも激しいため、支配人は事実関係を調べるためにその場を離れた。すると神戸から三十数kmほど北の山腹にある有馬では桜がまだ咲いているとの情報だ。ティンダルは翌朝、汽車で生瀬《なまぜ》駅（現西宮市）まで行き、そこから人力車で有馬に向かう。そして一軒の宿屋に駆け込むと、ティンダルは桜が咲いている場所を女将に尋ねる。ようやく意味を理解した女将は、彼女の娘をガイドにつけて桜の咲いている場所に案内させる。

ティンダルらが最初に見つけた桜はすでに葉桜になっていた。やはり来るのが遅かった。ティンダルは悲痛な気持ちになる。すると小さな案内役がこっちに来いと手招きする。小山に沿った右側の道を行くと、あった！　何とも嬉しいことに、2本の小さな桜の木はまだ満開である。ティンダルはすぐに仕事にとりかかった。というのも日が暮れるまで2時間か3時間しかないからだ。そして一気呵成《かせい》に仕上げたのが次頁図10-1に掲げた「有馬の桜木」である。

図10-1　ウォルター・ティンダル画〈有馬の桜木（Cherry Trees at Arima）〉[5]

私は画家ではない。しかし、ティンダルの気持ちはよくわかる。日本に行って桜の絵を描く。これはあまりにも明瞭かつシンプルな目的である。もっとも目的が明瞭かつシンプルであるがゆえに、これが達成されたか否かは容易に判断がつく。そしてこれから旅を始める矢先に達成不可能と通告されたならば、ティンダルの食欲が減退するのもうなずける。

一方、いったん落ち込んだティンダルはまだ桜が残っている場所があるという一報で再び元気を取り戻す。桜が描けるのならばと翌日の早朝、急いで有馬を目指すティンダルの気持ちもこれまたよくわかる。そして実際にまだ残っている桜を目にしたときのティンダルの気持ちはといえば、まさに「あった！」の一言に凝縮されるように思う。

さらに日没まであまり時間がない中、急いで絵を描き始めるティンダルには眼前の風景しか目に入らない。そもそも有馬といえば関西の奥座敷と呼ばれる著名な温泉どころだ。そのため多くのグローブトロッターは保養を目的に有馬へ出かける。しかしティンダルにとってそんなことはどうでもよい。桜が描けるのなら有馬と異なる場所でも一向に構わないのだ。実際ティンダルは絵を描き終わると、その日のうちに有馬をあとにしている。温泉も何もあったものでない。にもかかわらずティンダルの有馬小旅行は桜を描けたという点で所期の目的を果たしており満足度は非常に高かったはずだ。それは第三者から見ると、有馬まで来て温泉も入らずになぜ満足を得られるのかと、首を傾げたくなるようなものかもしれない。しかしティンダルは桜を描ききることで、何となく物見遊山で来たグローブトロッターよりも断然高い満足度を得たと断言できる。

ティンダルのこの小さなエピソードには「旅それ自体とは異なる目的」をもって旅することの本質が凝縮されているように思う。目的をもって旅する人はどこか満たされているように見える。これは旅から高い満足度を得る極意と言ってもよい。そして右のような旅は画家でなければできないわけでもないし、1万kmも離れた外国に出かけなければ達成できない、というものでもない。設定する目的によっては、たとえ画家でなくかつ近距離の旅であったとしても、高い満足度を得ることは可能になる。

もっともティンダルの目的は単に桜の絵を1枚描けば終わりというものでもなかった。日本のあちこちを巡りいろいろな花のある風景を描く。これがティンダルの来日の目的だった。したがって、桜の絵はそのハードル（ティンダルにとってかなり重要なハードル）を一つ越えたに過ぎない。そして次の画題を求めて画家は旅をするわけである。

その後のティンダルの行程をたどると次のようになる。まず、神戸をあとにして京都

図10-2　ウォルター・ティンダル画〈蓮(Lotuses)〉[6]

に向かい、ここから富士の裾野にある精進湖《しょうじこ》に向かう。

さらに甲府、箱根、日光、東京、熱海を訪れ、鎌倉や名古屋に滞在して京都に戻っている。行く先にそれほど特徴があるわけではない。ただしそれは少なくとも定番観光地をめぐる旅ではない。ティンダルにとって何はともあれ花である。花があればそこが著名な観光スポットであろうがなかろうが関係ない。そしてティンダルは行く先々でフジやシャクヤク、ツツジ、ショウブ、キョウチクトウ、ハナズオウ、ハスなど、季節の花々を次々と描いている。なんともうらやましい旅ではないか。

## 人が見向きもしないものが宝になる

ティンダルよりも15年以上も早い1892（明治25）年3月に来日したイギリスの水彩画家アルフレッド・パーソンズの行動もどこかティンダルに似通っている。パーソンズは1847年にイギリスで生まれ、最初は銀行員として働くも絵画への熱意が断ち切れず職を捨てて画家の道へ入る。そして雑誌の挿絵や風景画家として世間に知られるようになる。97（明治30）年にはイギリス王立美術院準会員、1911（明治44）年には正会員になっている。

このパーソンズも神戸に上陸するといきなり、神戸のはずれにある岡本（現神戸市）の梅園に向かっている。その昔は「梅は岡本、桜は吉野」と言われたほど梅で有名だった。しかし昭和初期の大水害や第二次大戦の空襲によってかつての姿は失われてしまった。そのため現在では、梅林を復活させる試みもあるものの「梅は岡本」は完全に過去のものになってしまっている。パーソンズは岡本の梅のことを神戸に着く1時間ほど前に船上で聞いたと記している。[7] ちなみに1891年出版の『マレーのハンドブック』（第3版）には、岡本の梅どころか岡本の地名すら載っていない。伝聞情報にもかかわらず上陸してすぐ岡本に向かっているのだから、この行動力はティンダルと全く同じだ。その後もティンダルと同様、日本各地を転々とするパーソンズであるが、行き先はティンダルよりも多岐にわたっている。例えば桜を求めて奈良からさらには吉野へ向かい、それをみっちりと絵にしている。吉野では1週間ほど旅館辰巳屋に滞在した。ここは『マレーのハンドブック』で「＊」印のつく宿屋で現在も営業を続けている。日中は外で絵を描くパーソンズであるが、夕方には言葉に苦労しながらも宿の家族や女中たちと、豆粒を賭けた「ニジュウイチ」というゲームに興じた。これは花札を使ったオイチョカブのことだろう。パーソンズはゲームが始まってだいたい初めのほうでいつも破産した。

大きな笑いと拍手が起こると皆から寄付を受けて再びゲームが始まるのだ(8)。パーソンズという人、少なくとも気難しい芸術家ではなかったようだ。

それからこんなこともあった。吉野から奈良に戻ったパーソンズは、宿の主人から琵琶湖の沿岸にある彦根に古い庭があることを聞く。またしてもパーソンズはこの伝聞情報をもとに彦根行きを決めている。パーソンズにとって、こと花に関しては『マレーのハンドブック』より伝聞情報に価値があるようだ。彦根でのパーソンズは曹洞宗の万年山天寧寺《てんねいじ》に寄宿している(図10-3、図10-4)。ここは彦根藩井伊家に縁の深い寺で井伊直弼《なおすけ》が造らせた美しい庭園がいまも残る。パーソンズはここの書院を間借りして絵画の制作に取り組んでいる。

季節は初夏から梅雨に向かう時期だ。時間は緩やかに流れ作品もゆっくり仕上がっていく。なんとも贅沢な旅、うらやましい時間の過ごし方である。一方で物見遊山のグローブトロッターにとっては、天寧寺の周囲にある風景など特筆すべきものでなかろう。それは日本のどこか別の場所に行けば見られるであろう風景だ。なにしろガイドブックに見所として掲載すらされていないのだから。これは言い換えると、特定の目的を所有していれば、他人にとってはありきたりなもの、どうでもいいものも、自分にとっては大切な宝物になるということだ。

## 博物館を建てた夫婦の日本旅行

ティンダルやパーソンズは、「絵を描く」という明瞭かつシンプルな目的をもって来日した。そして多数の絵画作品を残した。またそれを旅行記とともに書籍として公表している。これらを総じて考えると、彼らの旅の快適度はいざ知らず満足度は非常に高かったと思う。

図10-3　アルフレッド・パーソンズ画〈天寧寺の私の部屋（My Rooms at Tennenji)〉(9)
図10-4　〈琵琶湖の日没、天寧寺から（Sunset over Lake Biwa, from Tenneiji)〉(10)

一方「旅それ自体とは異なる目的」をもつ人々には、ティンダルやパーソンズが属する美術系のほかに蒐集系や研究系があった。これらの目的で日本にやって来たグローブトロッターについてもふれておきたい。

すでに述べたように、

図10-5　アドルフ・フィッシャーとフリーダ・フィッシャー（courtesy Museum of East Asian Art, Cologne）

アドルフとフリーダのフィッシャー夫妻（図10-5）は東洋美術の愛好家兼蒐集家で、1913（大正2）年にケルン東洋美術館を設立した。これは東アジアの美術を体系的に蒐集したヨーロッパで最初の美術館とも言われている。アドルフ・フィッシャーは独身時代の1892（明治25）年を皮切りに少なくとも7度は日本にやって来ている。またそのうち5回は夫人フリーダ・フィッシャーを同伴しての旅だ。滞日期間は延べ10年を超えるという親日派である。最後の来日は1911（明治44）年のことだ。

アドルフ・フィッシャーが1897（明治30）年に出版した著作『明治日本印象記（Bilder aus Japan）』の中に天竜川の川下りについてふれた箇所がある。彼に言わせると、梅雨入り前のこの川下りは日本で最も壮大な旅の一つに数えられる。しかしながら、「九ヵ月で全世界を見聞できると信じている世界旅行者の月並みな旅行計画には、こうした壮挙はのっていないだろう」(11)と、この箇所でフィッシャーはグローブトロッターを揶揄している。

フィッシャーのこの言葉から、彼は自分自身をグローブトロッターとみなしていないことがわかる。この点は少々重要な点なのでのちに検討するとして、確かにアドルフやフリーダの滞日記に目を通すと、一般的なグローブトロッターが経験しないような記述があちこちに登場する。特に美術品蒐集のために行った彼らの旅はとても印象に残る。そしてこの美術品蒐集のための旅を記録したのが、アドルフよりもむしろ夫人フリーダの滞日記『明治日本美術紀行（Japanisches Tagebuch）』である。

フリーダの滞日記は1898（明治31）年から、ケルン東洋美術館が成立する1913（大正2）年の間に、繰り返して訪れた日本での出来事を綴っている。フリーダの滞日記を読んでいて印象深いのは、彼女の旅が「美術を見る目」を養うためのものであるということだ。そもそも富豪の夫妻が美術品を追い求めて旅するのだからそれは禁欲的な生活とほど遠いものだと想像しがちだ。しかしフリーダが描く彼らの旅はどこか苦行僧を想起させるところがある。旅そのものが真実の美を求めた修行とでも言おうか。ためにフリーダの記録は美術愛好家の旅行記というよりも、美を追究する人間の精神遍歴として読めるのである。

同時に夫妻が訪れている場所にも要注目である。高野山で秘宝を拝観し奈良帝室博物館や京都帝室博物館で秘蔵の美術品を目にする。さらに1905（明治38）年の11月にはあの正倉院宝物庫の中にも足を踏み入れているのだ。これはフィッシャー夫妻の美術品に対する熱意が要人を動かして実現したものである。

また個人蒐集家宅を訪れてコレクションを実見しており、その中には井上馨が集めた絵画・漆器・陶磁器、田中光顕《みつあき》の刀装具コレクション、住友吉左衛門の青銅器コレクション、ほかにも東武グループ創業者の根津嘉一郎や横浜に三渓園を造った原三渓《さんけい》などのコレクションがある。画家との往来も多く、仏画と花鳥画に才能を発揮した巨勢小石《こせしょうせき》や「東の大観《たいかん》、西の栖鳳《せいほう》」と呼ばれた竹内栖鳳、小石とともに京都府画学校の設立に尽力した望月玉泉《もちづきぎょくせん》などがいる。

フィッシャー夫妻が寺宝や美術館・博物館、個人コレクションを巡り、画家と親交を深めてその作品にふれたのは、いずれも自分たちの鑑識眼を高めるためだった。そして肥やした目は自分たちのコレクションを選択する折に活用する。したがってフィッシャー夫妻の日本旅行は、目を肥やすための旅、肥やした目を使うための旅に大別できると言ってもよい。そして、前者の旅も面白いのだが後者の旅もなかなか印象深い。

フィッシャー夫妻は来る日も来る日も2台の人力車に分乗して古美術商をめぐる。そして古い畳にうずくまり彼らの目にかなう品を探し出す[12]。もちろん注意すべきは贋物だ。例えば浮世絵の場合、古い版木であってもていねいに色付けさえすれば、まだまだ何回かの刷りには耐えられる。また昔の図柄を新しい版木に彫って刷ることもある。こうした品物に騙されてはいけないのだ。フィッシャー夫妻がある古美術商を訪れたときのことだ。その屋敷内に大きな木柱があった。もともとは奈良の大寺を支えていた梁だが、鉄のものに取り替えられたためここにある。アドルフが「わたしはすぐに日本に舞い戻ってきますが、もうそのときには、この八世紀の木柱から、おなじ八世紀の古仏が何体か生まれているのでしょうね」と言うと、古美術商は狡猾そうににやりとする。「かたわらには、酸がみたされたバケツのなかに真新しい木彫像が頭部を下にして入れられてあり、バケツからはみ出した背中の部分には、巧妙に炎で焦がされた痕跡がみとめられた。これらの木彫像も瞬時にして、いかにも長年月を生きながらえてきたかのように変身するのだ！」[13]。フリーダはこのように記している。

魑魅魍魎《ちみもうりょう》が住む世界で騙されずにいるには相当の訓練が必要だ。美術品の買い付けには、無価値なものが目の前を通り過ぎるのを忍の一字で耐えなければならない。そうすると、古美術商もその鑑識眼に一目置くようになり、やがて目利きや消息通でない限りお目にかかれない逸品が倉庫から運び出されるとフリーダは書いている。そのためフィッシャー夫妻は古美術商の長話にじっと我慢して耐える。フリーダはこの忍耐を「一種修練のように」[14]と表現している。私が彼らの旅がどこか修行のようだと書いたのはこういう理由からだ。

もっともフィッシャー夫妻には真贋を見極めるだけの眼識があった。また修行に耐える強い意志があった。だからこそケルン東洋美術館が成立するわけである。

## 化石ハンターが北海道を行く

本書もいよいよ終わりに近づいてきたが、本章の最後にもう一名、研究系グローブトロッターとしてどうしても紹介しておきたい人物がいる。イギリスのフェミニズム運動の先駆者で、特にバース・コントロールを提唱した人物として著名なマリー・ストープスである（図10-6）。ただここで注目したいのは女性擁護運動家のストープスではない。そもそもストープスはミュンヘン大学で科学博士号を取得し、王立協会の支援を受けて化石植物を研究するために来日し、帰国後はユニバーシティ・カレッジ・ロンドンやマンチェスター大学で古生物学の講義を行っている。フェミニズム運動に力を注ぐのは1911（明治44）年に結婚してからのことである。

ストープスが日本にやって来たのは1907（明治40）年のことである。彼女は1880（明治13）年生まれだから27歳になる年のことだ。以来、日本滞在は09（明治42）年1月まで続く。その間、東京大学に籍を置いて日本の化石植物についての研究に没頭している。そのためストープスをグローブトロッターと呼ぶのは適切でないかもしれない。ただ彼女は来日した直後に少なくとも2度大きな国内旅行をしている。そのあと小さな旅行も数度試みている。実は彼女が行ったこれらの旅行は、グローブトロッターについて考える上で重要な検討材料を提示してくれる。よってここではストープスがグローブトロッターか否かという議論はいったん棚上げにして、彼女が行った国内旅行についてふれたいと思う。

日本到着から2週間もたたない8月17日、ストープスは東京から北海道に向けて出発した。化石植物を採取するための旅である。ストープスも「旅それ自体とは異なる目的」をもって北海道に旅立ったわけだ。この旅がなかなかハードだった。というのも炭鉱やその周辺を狙って化石植物を採取しようとしたからだ。東京からの同伴者はいない。一人旅である。ガイドは札幌からつくことになっていた。

ストープスが札幌に着いたのは8月19日のことで北海道滞在は約3週間だった。ストープスが採集のために最初に向かった先は夕張炭鉱だ。8月21日に炭鉱の本部に到着し、さらにここから汽車と炭鉱のトロッコを乗り継いで大夕張《おおゆうばり》に向かっている。このときは同行者の数がさらに増えていて10名にふくれあがっていたようだ。ストープスを隊長とした化石植物探検隊である。警護のための警官もいた。

ストープスは背の高い笹をかきわけ川をさかのぼって化石を探し歩く。手にはハンマーそし

図10-6　マリー・ストープス[15]

て暑さをしのぐための扇子を持っている。川をさかのぼるのは転がっている岩を採集するためだ。しかし独力で渡れないような川は同伴者が背負ってくれた。崖を自力でよじ登り目指す岩を削り取る。あるいは炭坑に降りて岩を採取したり、炭坑から出たがらくたに化石植物が潜んでいないかもチェックしたりする。奥地へ進めば家屋もない。よってテント生活である。ただストープスはテントの中よりも星空の下で寝るのを好んだ。また食事も自分たちで作らなければならない。川で捕った鮭が朝食にでてきたこともある。川の深くて静かな場所を選び、そこにダイナマイトを投げ込むのだ。すると爆発とともに死んだ魚が浮かんでくる。人夫がこれを集め串刺しにして火であぶる。(16) まさに快適性とは縁遠い旅行である。

## 明瞭かつ単純な目的

北海道で多数の岩石を採取したストープスが2度目の探検旅行に出かけるのは10月7日のことだ。行き先は西日本の炭鉱とその周辺で2週間強の旅である。こちらもなかなか骨太だった。まず東京から岡山に行き湛井《たたい》(現総社《そうじゃ》市)へ向かう。それから徳山を経由して大嶺《おおみね》(現山口県美祢《みね》市)を訪れている。ここには大嶺炭鉱があり無煙炭の産地として著名だ。当時は海軍の管轄になっていた。そこから埴生《はぶ》炭鉱(現山口県山陽小野田市）に向かい、海を渡って九州に入ると天草から長崎、さらにあの著名な高島炭鉱に訪れている。この高島炭鉱行きでストープスは「ここは海岸線がたった1／2㎞ほどしかないのに2500人もの人口がある」(17)という炭鉱にも訪れている。ストープスは炭鉱名は記していないが、これは端島《はしま》炭鉱（いわゆる軍艦島）だろう。

明治ニッポンを訪れたグローブトロッターは多数いるが軍艦島に立ったのは彼女くらいのものではないか。このように、化石の採取という明瞭かつ単純な目的をもつストープスの旅は、普通のグローブトロッターが訪れない場所を巡っている。また彼女が訪れた範囲は広く、東京を起点にして北海道から熊本まで日本列島を縦断していることがわかる。ストープスはこの旅を日本についてから3カ月弱の間に行っている。同じ3カ月間日本に滞在する他のグローブトロッターと比較すると、彼女の方がよほど「旅行」をしているのがわかるだろう。

もっとも、ストープスの旅先は、グローブトロッターがほとんど訪れなかった場所ばかりではない。日本滞在中に江ノ島にも日光にも箱根にも行っている。またちょっと変わったところでは友人と連れ立って房総半島を縦走する旅も行っている。ストープスの旅行記にはこれらの記述ももちろんある。が、読んでいて特に印象に残るものではない。むしろ意外に思うのは、北海道や九州ではあれだけ厳しい旅をしたストープスが、これらの旅では実に特徴がないという点だ。こと旅に関してだけ言うならば、あたかも異なる2人のストープスがいる感じさえする。

旅の快適度という点では、ストープスにとって日光や箱根の旅の方が断然上だっただろう。では旅の満足度という点ではどうか。これは論をまたぬと思う。なにしろ彼女は娯楽のためにはるばる日本にやって来たのではない。化石採集が旅の目的だった。そしてその目的を遂げるための旅の方が、娯楽や慰安のための旅よりも彼女にとってははるかに満足度が大きかったと言ってよい。そして同じことはウォルター・ティンダルやアルフレッド・パーソンズら画家の旅にも言えるし、アドルフとフリーダのフィッシャー夫妻による美術品蒐集の旅にも言えた。

このように考えると「楽しみのため」といった曖昧な目的の旅は、第三者から見るとその他多くの旅の中に埋没するありふれたものに映るのだろう。そして仮に埋没を避けようとするならば金の力が欠かせなくなる。しかし金では買えないものがある。それは自分自身が情熱を傾けられる「明瞭かつ単純な目的」なのではないだろうか。

# 終章

# グローブトロッターを超えて

*Beyond the common globetrotter*

## 明治末年の自動車旅行

1912(明治45)年4月12日、エセル・マクリーンは残り少ない日本滞在を有効に活用するために自動車をチャーターして小旅行に出た。横浜のオリエンタルが所有する自動車で料金は45円である。もちろん運転手付きだが彼は英語を話せない。もっとも行き先は事前に伝えてあるからマクリーンらに支障はない。

一行は8時半に横浜を出発する。道路は傷んでいるところもあるがまあまあだ。田畑や寺、村を過ぎて自動車は進む。2時間ほど経つと運転手が「鎌倉です」と言った。そこは鶴岡八幡宮から海に向かって並木道が続く中央あたりだった。マクリーンは自動車から降りて八幡宮の階段を上る。そのあと鎌倉大仏を見物し、再び車上の人となったマクリーンは、江ノ島を横目に見ながら宮ノ下に向かう。麓からの登り道は狭く険しい。山道では馬に引かれた車や教師に引率された学童の団体に出会った。子供たちはお弁当を持って歩いている。人力車にも出会った。しかし坂道が急なので乗客は車と一緒に歩いている。それから駕籠に乗っている男女にも出会った。

自動車は箱根宮ノ下に到着し富士屋ホテルの車寄せで止まる。マクリーンはここで昼食をとる。料金は全部で3円だった。昼食後、マクリーンを乗せた自動車は夕方の遅い時間に横浜へ戻ってくる。そしてマクリーンは翌4月13日に太平洋郵船会社のコーリア号に乗船し一路サンフランシスコを目指すのであった。

§

エセル・マクリーンは女性グローブトロッターで同年3月15日に日本にやって来た。世界一周の途上ではなく日本旅行が主目的だった。翌月13日に日本を発っているから日本に滞在していたのはちょうど30日である。マクリーンはこの間の記録を1000部限定の旅行記にとりまとめている(1)。

マクリーンの日本滞在でまず注目したいのが来日したその年月だ。明治45年3月から4月である。明治天皇が崩御するのが同年7月30日である。よって彼女は明治ニッポンのまさに末期を旅行したことになる。

さらにマクリーンが太平洋郵船コーリア号で日本を発った日付にも注目してもらいたい。1912(明治45)年4月13日である。この翌14日、イギリスのホワイト・スターライン・ラインが運行するタイタニック号が北大西洋ニューファンドランド沖で氷山に接触し、やがて沈没する。マクリーンはコーリア号の船上でタイタニック号の沈没を知った。彼女が4月27日に記した旅の最後の記録にこんな一節がある。「汽船タイタニック号に生じた悲惨な事故に関する無線の報告は乗客をぞっとさせ意気消沈させた。でも、何ら私的な恐怖心を生じさせるものではないように思う。というのも、こんな穏やかな海と輝かしい太陽光から、まさにこの太平洋で危険が生じる可能性を想像するのは困難だからだ(2)」

2012年はタイタニック号が沈没してちょうど100年目にあたる年だった。そのためタイタニック関連の話題が相次いだ。ユネスコは海底4000mに眠るタイタニック号の残骸を水中文化遺産の保護に関する条約の対象とすると発表した。また、タイタニック号出航100年を記念するツアーが売り出されて予約が殺到した。さらに関連品がオークションで高値落札されたようだ。その中にはタイタニック号沈没前日の昼食の献立表が1000万円で落札されるというものもあった。

再びマクリーンの旅行記に戻ると、さらに注目したい事実が存在する。マクリーンが小旅行に利用した交通手段である。しかし4月12日を丸1日横浜で過ごすのはもったいない。そこでその1日をたっぷり楽しむために自動車をチャーターして鎌倉・江ノ島・宮ノ下に向かった。

驚くのはマクリーンが朝8時30分に横浜を自動車で出発し、富士屋ホテルで昼食を食べて、その日の夕方遅くに横浜に戻っているという事実だ。その間に鶴岡八幡宮や鎌倉の大仏を見物している。すでに明治末期のニッポンで横浜―宮ノ下間の日帰り自動車旅行が可能になっていたのだ。これを「ハソネの法則」で考えてみると、ハードウェアは自動車、ソフトウェアは運転手、ネットワークは自動車が通行可能な道路ということになろう。これらがバランスよく発展したからマクリーンは10時間かそこらで横浜から宮ノ下までの往復ができた。３要素のうち一つでも不十分だと富士屋ホテルで昼食をとって横浜に戻るのは不可能だった。

『富士屋ホテル八十年史』によると、明治45年頃より自動車を所有する横浜在住の外国人が富士屋ホテルに来館する数が増えたという。また横浜グランド・ホテルには貸自動車部が設けられ、横浜から自動車で来館するグローブトロッターが増えた、とも記している(3)。となるとマクリーンは横浜から自動車で富士屋ホテルを訪れたグローブトロッターの嚆矢《こうし》にきわめて近い。

また、『富士屋ホテル八十年史』が記すように、横浜のグランド・ホテルなどではすでに貸自動車のサービスが行われていることがわかる。マクリーンはチャーターした自動車のことを「オリエンタルに属する」(4)と記している。このオリエンタルとは、「オリエンタル・パレス・ホテル」（居留地11番にあったオリエンタル・ホテルの後身）であろうか。いずれにせよ当時、大型ホテルではグローブトロッターをあてこんだ貸自動車サービスが始まっていたのである。ちなみに富士屋ホテルでもこうした時代の変化を敏感にとらえていた。そして１９１４（大正3）年に、オランダ公使が利用していた7人乗り

図E-1　国府津駅構内の富士屋自動車[5]

幌型の高級車フィアットなど3台をそろえて貸自動車サービスを開始した。これが富士屋自動車株式会社の始まりである（図E-1）。

再度マクリーンの旅行記に戻るとまだ注目すべきことがある。彼女が自動車から見た他の交通機関の光景である。徒歩という最も基本的な交通手段があるかと思えば、馬に引かれた荷車もある。また、人力車もあれば駕籠すらも彼女は目にしている。こうした光景をマクリーンは自動車からながめながら「小旅行に歴史を教わる」[6]と記す。

マクリーンが言うように、この光景は明治ニッポン45年間における交通機関のパノラマを見るかのようだ。江戸時代の主要交通手段だった駕籠がこの時代も利用されているのは驚きだが、これは道が険しい箱根の事情とも関連する。そこに馬車や人力車が走る。徒歩の児童もいる。そして明治末年にはとうとう自動車までが登場した。さらにマクリーンが宮ノ下に向かって道路を走っている当時、小田原の国府津・湯本（現箱根湯本）を走っていた馬車鉄道は1900（明治33）年に全線が電化している。またマクリーンの訪問以降になるけれど、19（大正8）年には箱根湯本―強羅間の鉄道が全通する。グローブトロッターが闊歩した45年間の明治ニッポンで変わらず残っていたものもあっただろう。しかしその一方で交通ネットワークのように劇的な変化を遂げたものもある。同じく街並みもそうだろうし日本人のスタイルや生活習慣もそうだろう。

## グローブトロッター分類私論

本書では劇的に変化するこの45年の間に、日本を訪れたグローブトロッターについてふれてきた。もとより本書で紹介したグローブトロッターが、明治ニッポンを訪れたグローブトロッターのすべてを網羅しているわけではない。とはいえそれなりの量に目をとおすと、やはりグローブトロッターの帰納的分析が可能になるようだ。私が彼らの旅行記を読んでいて頭に浮かんだのは、生産可能性フロンティアと呼ばれるモデルだ。これは二つの財だけを生産する経済を考えたモデルである。このモデルがグローブトロッターの旅にもあてはめられるのではないかという発想である。

次ページの「旅の目的と満足度のフロンティア」に示したのは、生産可能性フロンティアの考え方を利用したグラフだ。グラフは2軸からなり、経済学の場合、それぞれの軸にココナッツや魚といった財をあてはめる。グラフに示している曲線は一方の財の生産が一定のときのもう一方の財の最大限可能な生産量を示す。したがって2財の生産は

旅の目的と満足度のフロンティア

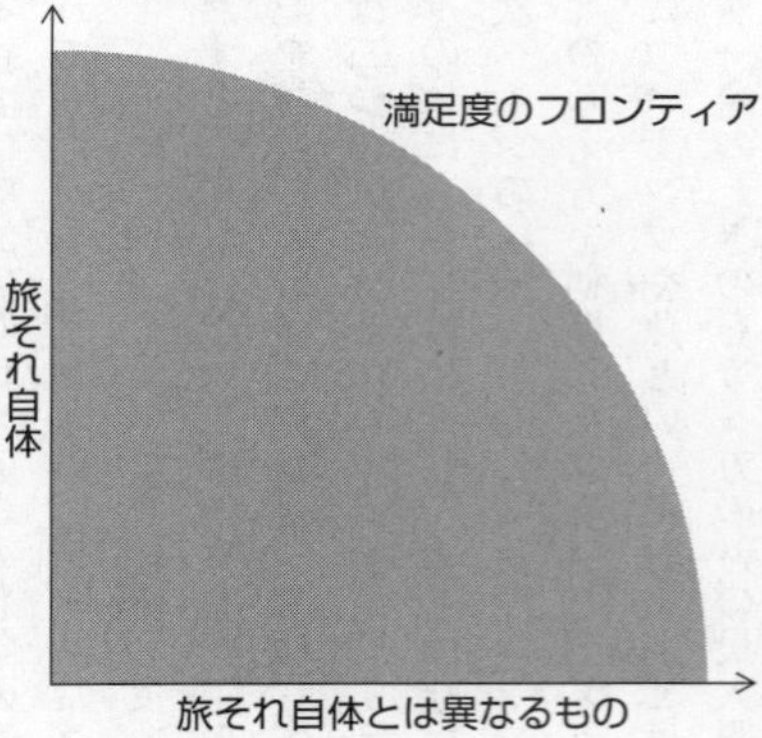


曲線内部のどこかにおさまり、曲線上に位置する場合が最も効率的だということになる。曲線上ではなくアミがかかったどこかに位置するならば非効率だし、また曲線から外にでることはあり得ない。

ここで示した図が経済学の生産可能性フロンティアと異なるのは2軸の意味である。2軸はそれぞれ「旅の目的」を表していると考えてもらいたい。そして縦軸は「旅それ自体」、横軸は「旅それ自体とは異なるもの」とした。そしてこのシンプルなグラフを用いれば、私たちがいままで見てきたグローブトロッターたちを位置づけられるのではないか。どういうことか説明しよう。

「旅それ自体が目的」とは旅をする本来的な目的すなわち「多くの物事を自分の目で確かめ、自分の個人的な体験にする」ことにある。そしてこの目的を達成するために徹底的に旅をすれば縦軸と曲線が交わる点に至る。そしてこの目的が完遂されたら旅の満足度はこの上なく高まるであろう。つまりここでグラフに示している曲線とは「旅から得られる最大限可能な満足度」と言い換えられるわけだ。

私たちが見てきたグローブトロッターで縦軸と曲線が交わる点に近い人たちを挙げてみると、北海道を骨折しながら旅したヘンリー・サベッジ・ランドーはその代表と言えよう。それから雪の中山道を旅した「アイラのキャンベル」ことジョン・フランシス・キャンベル、中山道をガイドなしで一人旅したアルバート・トレーシーらもこちらの系統に分類できそうだ。

一方、縦軸の意味がわかれば横軸の意味も容易に理解できる。「旅それ自体とは異なるものが目的」とは、目的が旅以外でその目的を満足させるために旅が必要になるものだと考えればよい。美術工芸品蒐集のために日本にやって来るというのは、「旅それ自体とは異なるものが目的」の一例と言えよう。そしてこの目的を成し遂げたとき、その人の旅の満足度は横軸と曲線が交わる点に位置することになろう。

この系統に属するグローブトロッターについては第10章で集中して紹介した。ウォルター・ティンダルやアルフレッド・パーソンズらといった画家たちは絵を描くために旅をした。彼らにとって旅は必要なものだったけれど、それで十分ということは全くなかった。旅先で満足する絵が描けてはじめて彼らの目的は成就する。そしてこの目的が達成されて初めて彼らの旅の満足度は高まる。同様のことは修行僧のように美術品蒐集に心血を注いだアドルフとフリーダのフィッシャー夫妻にも言える。また化石植物の採集のためなら険しい山も流れの急な川もものともしなかったマリー・ストープスについてもそうだ。

そして面白いのは、横軸の方向を追求する人々が自身のことをグローブトロッターとは呼ばなくなるという事実だ。アドルフ・フィッシャーの言葉を思い出してもらいたい。彼は自分が計画した天竜川下りについて、「九ヵ月で全世界を見聞できると信じている世界旅行者の月並みな旅行計画には、こうした壮挙はのっていないだろう」と記した。そんなアドルフ・フィッシャーに対して「あなたは何者か？」と質問したら、彼は「東洋美術の研究者である」と答えただろう。少なくとも「私はグローブトロッターである」と返事はしなかったはずだ。

これと同じことが、「旅それ自体とは異なるものが目的」という人たちに言える。ウォルター・ティンダルに「あなたは何者か？」と問うたら「私はグローブトロッターである」と答えるだろうか。そんなはずはない。彼は「私は画家である」あるいはさらに特化して「水彩画家である」と答えたに違いない。マリー・ストープスにしたって同様だ。彼女は自分自身をグローブトロッターとは考えていなかっただろう。「私は古生物学者である」。これが彼女の答えだろう。

彼らの旅を見るとその徹底ぶりに頭が下がる。また旅することを楽しんでいるようにも見える。だから第三者の目に彼らはグローブトロッターとして映る。しかし本人は自分自身をグローブトロッターとは考えていない。どうやら旅それ自体とは異なる目的を追求する旅人は、きわめてグローブトロッター的であるにもかかわらず、グローブトロッターではないという逆説的な現象が生じるようだ。

## 不幸なグローブトロッターたち

それでは2軸にはさまれた曲線は何を意味するのか。ここに位置するグローブトロッターたちは、同時に複数の目的を実現しようとした人たちだと考えればわかりやすい。グローブトロッターの基本的な定義とは、「世界のあちこちを頻繁に旅行する人々」のことだった。このように目的が純粋に旅それ自体だとすると、その人は縦軸のどこかに位置するグローブトロッターとなるだろう。そしてその目的を達成できたと考えたら、そのグローブトロッターは縦軸と曲線が交わる点を占めることになる。

一方、旅の目的が純粋に旅それ自体ではない場合がある。例えば、「快適な旅」というものを考えてみよう。そもそも旅とは日常の快適な生活から離れるわけだ。したがって旅は本来的に快適でない要素を内包する。特に旅それ自体を目的にしてこれを徹底的に追求するならば快適性の追求はあきらめた方がよい。両者はトレードオフの関係、つまりあっちを立てればこっちが立たなくなる関係にあると言える。結果、心から快適でいたければ旅をしないのが一番だ。

しかし、「旅をしないのが一番」と断言してしまうと元も子もない。ならば旅それ自体もある程度満足させつつ、快適性もある程度のレベルを維持するというやり方が考えられよう。ではこの路線で最大限の満足を引き出せたとする。その旅の満足度は、縦軸に「旅それ自体」、横軸に「旅それ自体とは異なるもの」に代えて「快適性」を置いたグラフで、曲線上のどこかに位置することになるだろう。

ただしその位置は曲線が縦軸または横軸と交わる点ではない。というのも、徹底して「旅それ自体」または「快適性」を追求した場合だけにおいて縦軸または横軸と交わる点を占められるからだ。言い換えるとトレードオフの関係では大胆に一方だけを選択し、それで最大限の満足を得られた場合にのみ縦軸または横軸と交わる点を占められる。だから同時に双方を実現しかつ最大限の満足を得た場合、縦軸と横軸とは交じらない曲線のどこかに位置することになる。

自家用の快速艇で世界一周をしたブラッセイ夫妻（第3章参照）を思い出してもらいたい。彼らは自宅という快適性を丸ごと船に乗せて世界を旅しているようなものだ。そういう意味で彼らの旅は、少なくとも「旅それ自体」と「快適性」という二つの要素を両立させることを目指した旅だった。しかしブラッセイ夫人の旅行記を読むと、彼らは繰り返し船酔いに襲われベッドで寝込んでいる。この一点だけからも少なくとも快適性は100%満たされたわけではない。

一方で快適性から離れられないブラッセイ夫妻は旅それ自体という目的の達成もある程度で我慢しなければならない。快適性のことを考えれば富士や日本アルプスの登山は難しい。ましてやサベッジ・ランドーのような旅は論外だ。いきおい開港場や開港市で過ごす時間が多くなる。あるいはそれさえ避けて快速艇という自宅から離れられなくなる。こうして旅それ自体という目的の達成度も100%未満になろう。結果、そうした旅から最大の満足を得た場合、彼らの旅の満足度はよくて曲線上のどこかに位置することになる。

もっともいまの例は、目的が二つの場合である。人というのは欲張りで同時に多数の目的を達成しようとする。その典型が前にもふれた、「素敵なホテルに泊まって、おいしい料理を食べて、ガイドブックに載っている観光スポットを全部まわって、ちょっぴりスリルある冒険もして、素敵な異性と偶然に出会って――」という、思いつくだけの「したいこと」を目的にした旅である。

例えばある旅で10の目的があるとしよう。そしてそれぞれの目的について、それが満たされた状態が100だとしよう。そしてある目的について100に達するには、それのみに力を注がなければならないとする。つまりトレードオフの関係だ。これを念頭にすると10の目的それぞれを満たそうと思うと、ある目的は50、あるものは10、あるものは20のようになってしまうだろう。ここでは単純化のために、10の目的それぞれについて10ずつ達成したとしよう。合計は単純計算で100だ。しかしこれは見かけだけで、その旅がある特定の目的のみについてこれ以上ない100を達成した旅よりも満足度が高くなるとはとうてい考えられない。旅の満足度は目的達成度の単純な合計では測れぬものだろう。

そして「あれもして、これもして」のように「したいこと」が増えるにしたがって、個々の目的の達成度は低くならざるを得ない。先のグラフにあてはめると、こうした人々の満足度は曲線上どころかグラフの原点に徐々に近づいていく、つまり満足度がどんどん小さくなっていく。旅行に出かけてかえって欲求不満に陥る原因は、実はこの点にあるのではないだろうか。

いくつも読んだグローブトロッターの旅行記で興味を覚えなかったものは「あれもしたし、これもした」と記す。しかし結局特に何もしていなかったように見える。となると目的は一つでもいいからそれを完遂することを追求する。このような旅が人を魅了し、また旅する人の満足度を高めるのではないか。

§

シカゴの洋服商エドワード・プライスは、旅行記の終わりでこう述べている。「私は汽船のデッキに立って遠くに消えていく日本の海岸を見ていた。私の短い旅が終わったのだと思い始めたとき、突然ある考えが心をよぎった。私は何を見て何を学んだのか。そこから得られる結論は何なのか[7]」

プライスはこの問いに答えるべく書籍の終わりの何ページかを費やしている。そしてその答えがプライス自身にとって満足のいくものならば、彼の旅は満足度の高いものだったのだろう。

同じことは、明治ニッポンを旅した全てのグローブトロッターに言える。「私は何を見て何を学んだのか。そこから得られる結論は何なのか」。本書で紹介したグローブトロッターはこの問いに即答できる者もいれば、できない者もいるのではないか。

前章の最初に私は「人生は旅である」という言葉を引き合いに出した。これが真だとすると右の問いは、私たちが今際《いまわ》の際すなわち死に際で、自分の人生という旅について自問すべきものだとも言えるわけだ。

私は何を見て何を学んだのか。そこから得られる結論は何なのか。

私は死に際でこの問いに即答できるのだろうか。そしてその答えは自分にとって満足のいくものだろうか――。

ただ、納得できる答えを作り出すためのヒントはグローブトロッターたちが教えてくれた。あれこれ目的を達成しようとするよりも、これはという一つの目的を達成せよ。

しかも他人とは異なる自分ならではの目的を完遂せよ。これがグローブトロッターたちの旅行記から得られる、人生という旅に対する教訓のように思える。

# 文庫版あとがき

私にとって本書『世界漫遊家《グローブトロッター》が歩いた明治ニッポン』（旧版タイトル『グローブトロッター』）はとても思い入れのある一冊だった。

そもそも本書を書くことになったきっかけに思いをめぐらしてみると、拙著『裸はいつから恥ずかしくなったか』（新潮選書、ちくま文庫）を書く際に、資料として読んだB・H・チェンバレン著、楠家重敏訳『チェンバレンの明治旅行案内』（1988年、新人物往来社）に行き着くように思う。この本を読んだのは2008年2月22日だった。そこまで詳しく日付がわかるのは、私は本の奥付などに読了日を記しているからだ。

もちろんその時に本書の明確なイメージをもったわけではない。ただ、チェンバレン本に何か引っ掛かるものがあったのだろう。『裸はいつから恥ずかしくなったか』を出版して約4カ月のちの2010年9月6日にチェンバレン本の原書を注文している。この日付もなぜわかるかと言うと、注文したAbeBooksのサイトに購入ログが残っているからだ。注文したのは本書141頁の写真の中で、地図を開いている第6版の『A

Handbook for Travellers in Japan』であり、偶然にもこの書には第8章で紹介したエリザベス・ブルースの直筆のスケッチ(229頁)が収められていた。

たぶんこの頃に、「明治時代の外国人向け旅行書を頼りに100年前のニッポンを旅する」というアイデアが形になり出したのだと思う。当初は1901年発行の『A Handbook for Travellers in Japan』を基に、100年前の明治ニッポンを旅する架空のルートを立てて、そのルートを実際の世界漫遊家になったつもりで旅をして、見たもの聞いたものを記す。いわば「バーチャルな明治ニッポン旅行記」を書くというイメージだった。

もちろん、100年前の明治ニッポンを旅するのに、『A Handbook for Travellers in Japan』の情報だけでは足りないだろう。そこで同時期に明治ニッポンを旅した外国人の記録を援用しながら、当時の物価や言葉、宿泊施設、観光スポット、食事、流行、移動手段、土産物、浮世絵や骨董などなど、外国人の旅行者の目を通した明治ニッポンを文章にしようと考えていた。メモを見ると、援用しようとした外国人の記録としては、アーネスト・サトウやイザベラ・バード、チャールズ・ホーム、ラドヤード・キップリング、ラフカディオ・ハーン、ヨセフ・コジェンスキー、ポール・クローデル、パーシヴァル・ローエル、リチャード・ゴードン・スミス、ギュスターヴ・グダローらのものが挙がっていて、この中には本書に登場した人物が混ざっていることがわかると思う。

その後、ある出版社の編集者に企画を相談してみたもののドジョウをつかむような返事しかもらえない。他力に頼っていても仕方がないので書き始めることにした。しかし当初の方向ではなかなか収集がつかず、むしろ明治ニッポンを旅した外国人の文献に広くあたって、彼らの文章を通じて明治ニッポンを描くことにした。

このように本書は注文されて執筆を始めたものではない。当然本になる保証もない。それでもいくつもの資料に目を通すうち、私はいわゆる「はまって」しまい、１８６０年代～１９１０年代に書かれた多数の文献を海外から取り寄せることになる。しかもこれらの古書の中には無料の電子書籍版や翻訳されたものがあるにもかかわらず、どうしても本物が欲しくなって購入したものも少なくない（これがまた結構高い）。また、旅行記の記述と同じ道筋を辿るために、東海道で芦ノ湖に向かい、富士屋ホテルでディナーを食べ、中山道を歩いて宿場で泊まり、保津川を船で下って嵐山の茶屋で一休みもした。

人が見れば、本になるかもわからないのに大丈夫なの、と思ったかもしれない。もちろん不安が全くなかったと言えば嘘になるが、以前にも同様の状況は何度かあったので、あまり気になることはなかった。特に執筆中は不安など微塵も感じなかった。

出来上がった原稿を売り込むのにも苦労した。３つほどの出版社に断られたあと、原稿に目を留めてくださったのが朝日新聞出版の当時の編集長・小島清さんだった。小島さんがいなければ、ひょっとするとこの本は日の目を見ていなかったかもしれない。こうして本書が最初に世に出るのは2013年6月となる。

しかし残念ながら旧版は、書評でかなり取り上げてもらったにもかかわらず、重版もかからない結末だった。書き手の目的は本を売ることではない。しかし忸怩たる思いはあった。本書もこのまま世の中から消えるのかと半ば諦めていた。ところがこの本が別の編集者の目に留まった。それが筑摩書房の髙橋淳一さんであり、こうして世に出たのがこの文庫版『世界漫遊家《グローブトロッター》が歩いた明治ニッポン』にほかならない。髙橋さんにはこの場を借りて厚くお礼を申し上げなければならない。

今回の出版にあたりゲラを読んでみると、手前味噌かもしれないが、150年近い昔の明治ニッポンにタイムスリップする感じを実際に覚えた。それと同時に執筆時の記憶が蘇り、私にとってはさらに思い入れの深い本になったように思う。加えて、小島さんや髙橋さんのように、世の中には誰か読んで評価してくれる人がいるのだから、これからも手を抜いた本は書かない、という思いも新たにした。

願わくは読者の皆様にも、本書を通じていまや異邦の地である明治ニッポンを実体験する印象をもってもらえれば幸いだ。ましてや本書が、皆様にとっても思い入れの深い本になったとしたら、それは書き手冥利に尽きるとしか言いようがない。

2016年10月　神戸元町にて筆者識す

# 註

## 序章

（１）以上『八十日間世界一周』の連載事情については新島進編『ジュール・ヴェルヌが描いた横浜』（２０１０年、慶應義塾大学教養研究センター選書）収録の石橋正孝「『80日間世界一周』の成立」を参考にした。

（２）ウィリアム・エリオット・グリフィス著、山下英一訳『明治日本体験記』（１９８４年、平凡社東洋文庫）Ｐ20

（３）William Elliot Griffis『The Mikado's Empire』(1895, Harper & Brothers) Ｐ３３９

（４）ウォルター・ウェストン著、山崎安治、青木枝朗訳『日本アルプスの登山と探検（日本山岳名著全集1）』（１９６２年、あかね書房）Ｐ16

（５）Curt Netto『Papier-Schmetterlinge aus Japan』(1888, T. O. Weigel) Ｐ２１３～２１５

（６）さらにネットーはこの5種類に加え亜種のグローブトロッターとして「絶望型グローブトロッター」「高飛び型グローブトロッター」「イナゴ型グローブトロッター」「愛すべきグローブトロッター」を挙げている。ネットーの日本語訳についてはバジル・ホール・チェンバレン著、高梨健吉訳『日本事物誌1』（１９６９年、平凡社東洋文庫）を参考にした。

（７）内村鑑三著、亀井俊介訳『内村鑑三英文論説翻訳篇 上』（１９８４年、岩波書店）Ｐ88

（８）Arthur H. Crow『Highways and Byeways in Japan』(1883, Sampson Low, Marston, Searle, and Rivington) Ｐvii。なお同書は日本語訳が岡田章雄・武田万里子訳により『クロウ日本内陸紀行』（１９８４年、雄松堂出版）として出版されている。同書では掲載した箇所の訳に「世界漫遊家」を用いている。一方、本章では「グローブトロッター」を用いたかったので拙訳を掲載した。

（９）George Nathaniel Curzon。イギリスの政治家。インド総督。日本については著作『Problems of the Far East』(1894, Longmans, Green, and Co.) で述べている。

（10）Henry Norman。イギリスのジャーナリストで引退後、世界各国を巡る。日本については著作『The Real Japan』（1892, Charles Scribner's Sons）がある。

（11）Rudyard Kipling。ノーベル文学賞を受賞したイギリスの小説家。詳しくは第8章を参照されたい。

（12）Walter Del Mar『Around the World through Japan』（1902, The Macmillan Company）P366〜367

（13）一例を挙げるとSara Jeannette Duncan『A Social Departure』（1890, D. Appleton and Company）やGilbert Watson『Three Rolling Stones in Japan』（1904, Edward Arnold）などがある。もちろん『八十日間世界一周』もその一つである。

（14）アーネスト・サトウ著、庄田元男訳『日本旅行日記1』『同2』（1992年、平凡社東洋文庫）

第1章

（1）Edward Dorr Griffin Prime『Around the World』（1872, Harper & Brothers）P vii

（2）Prime, 前掲書P vii

（3）ジャパン号のスペックはPrime, 前掲書P69による。なおジャパン号は「NIPHON（ニホン）」号とも呼ばれていたようだ。

（4）N. B. Dennys『The Treaty Ports of China and Japan』（1867, Trübner and Co.）P XLIV。これらの金額にどの程度の価値があったかについては第9章を参照してもらいたい。

（5）Prime, 前掲書P87

（6）サンパンは中国語で「三板」と記し平底の小船を指す。また、物資や人を運ぶ中国の伝統的船舶をジャンクと呼んだ。中国語では「戎克」と記す。

（7）ジュール・ヴェルヌ著、田辺貞之助訳『八十日間世界一周』（1976年、東京創元社）P217

（8）Prime, 前掲書P88〜89

（9）山手地区はブラフ（bluff）と呼ばれた。横浜山手に現在も残る西洋館の一つにブラフ18番館がある。また、山手のブラフに対して外岸通りはバンド（bund）と呼ばれた。

（10）Prime, 前掲書P88

（11）エーメ・アンベール、高橋邦太郎訳『アンベール幕末日本図絵 上』（1969年、雄松堂

書店）P208
(12) Prime, 前掲書P95
(13) 下限を明治半ばまでに設定したのは、その頃に人口構成や住民意識で大きな変化があったからと小木は指摘している。詳しくは小木新造『東京時代』（2006年、講談社学術文庫）P245〜247を参照されたい。
(14) 日本国有鉄道『増補改訂鉄道略年表』（1962、日本国有鉄道）。これは西暦で示しているのに注意されたい。旧暦だと仮開業が明治5年5月7日、本開業が同年9月12日になる。
(15) Prime, 前掲書P99
(16) 同書P104
(17) 同書P104
(18) プライムに遅れること約2カ月の1869（明治2）年11月に来日したマルガレータ・ヴェップネルは『北極星と南十字星（The North Star and the Southern Cross）』で「ニホンホテル（Niphon Hotel）」、ジョン・レディ・ブラックは『ヤング・ジャパン』の中で「江戸のホテル（The Yedo Hotel）」と表記する。チャールズ・ロングフェロー（第3章参照）も同様で「江戸ホテル（Yedo Hotel）」と記す。また、サミュエル・モスマンの『ニュー・ジャパン（New Japan）』では、「外国人向けの江戸のホテル（hotel at Yedo for Foreigners）」と記し、ホテルの名前は明記していない。また、オーストリアの元外交官アレクサンダー・ヒューブナーは『オーストリア外交官の明治維新』で「グランド・ホテル」と称している。
(19) R・P・ブリジェンスと表記されることが多い。ここでは堀勇良『日本の美術8　外国人建築家の系譜』（2003年、至文堂）P95に従い「リチャード」とした。
(20) この旧新橋駅は、現在、当時と同じ場所（現・パナソニック東京汐留ビル隣）に、当時と同じ外観で再現されている。
(21) 盛り上げた漆喰の形が海にいるナマコに似ていることからナマコ壁と呼ばれたという。藤森照信『日本の近代建築（上）』（1993年、岩波新書）P53参照。建築史家の藤森氏は同書で、築地ホテル館のナマコ壁を「これだけ大きな建物の表面を黒と白のパターンでおおう例は空前であった」（P94）と評している。

(22) 堀越三郎『明治初期の洋風建築』（1973年、南洋堂書店／「1929年、丸善」の復刻）P21

(23) Prime, 前掲書P105

(24) 堀越三郎、前掲書P25

(25) Margaretha Weppner『The North Star and the Southern Cross Vol.1』(1876, Sampson Low, Marston, Low, and Searle) P218

第2章

(1) 本城靖久『トーマス・クックの旅』（1996年、講談社現代新書）P55

(2) http://en.wikipedia.org/wiki/File:Thomas.Cook.jpg

(3) Thomas Cook『Cook's Tours round the World (Letters from the Sea and from Foreign Lands, Descriptive of a Tour round the World)』(1998, Routledge) P31

(4) 同書P27

(5) 旧暦では明治2年12月25日になる。

(6) Cook, 前掲書P26

(7) 同書P28。クックは人力車を「Gin-rick-sha」と表記している。他の旅行記では「jinriki-sha」や「ricksha」が見られる。

(8) バジル・ホール・チェンバレン著、高梨健吉訳『日本事物誌1』（1969年、平凡社東洋文庫）P330〜331

(9) 石井研堂『明治事物起原』（1926年、春陽堂）P322

(10) Emile Guimet『Promenades Japonaises』(1878, Charpentier) P52

(11) Cook, 前掲書P58

(12) Cook, 前掲書P111〜112。

(13) Cook, 前掲書P112

(14) 為替計算およびこれがどの程度の価値があるかについては、第9章の「実は高額だったグローブトロッターの旅」を参照してもらいたい。

(15) Cook, 前掲書P109

(16) レアードの旅行記には日付が「April, 3rd, 187＿」のように記してある（P176）。また、「Saturday, March 1st」のように日付と曜日が記してある箇所もある（P173）。一方、旅行記の出版年は1875年だ。そこで1870年から1875年について日付と曜日を確認すると1873年に合致することがわかる。

(17) Edward Whitall, W. B. Walter。『JapanGazette, Hong List and Directory for 1872』『The China Directory for 1873』『The China Directory for 1874』のいずれにも、ジャーディン・マセソン商会の項に両名の名が見える。

(18) チャールズ・A・ロングフェロー著、山田久美子訳『ロングフェロー日本滞在記』（2004年、平凡社）P139。著者のチャールズ・ロングフェローについては第3章で詳述する。

(19) Benjamin Robbins Curtis『Dottings round the Circle』（1876, James R. Osgood and Company）Pv。アメリカ人のカーティスJr.は来日すると当時米系で最も幅を利かせていたウォルシュ・ホール商会を頼っている。紹介状ばかりか頼った先もレアードとよく似ている。

(20) Robert S. Gardiner『Japan As We Saw It』(1892, Rand Avery Supply) P21

(21) 岩崎宗純『箱根七湯』（1979年、有隣堂）P96

(22) E. K. Laird『The Rambles of a Globe Trotter in Australia, Japan, China, Java, India, and Cashmere Vol.1』(1875, Chapman & Hall) P197。これは「ノリモン」（駕籠のこと）をローマ字に置き換えたのだろう。ただしレアードは「morimon」と表記している。「There is only a narrow path, and consequently not room for a ginrickisha, so I had to be carried in a morimon ; it is a species of sedan chair, but most uncomfortable, as there is hardly room to stretch your legs, and you have to sit with your knees up to your face; however, there was no help for it ; fortunately wages are cheap, about 2s. a day.」（そこは狭い道で人力車が通れるほどの広さがない。それなので私はノリモンで行かざるを得なかった。これはいすかごの一種で、足を伸ばす広さがなくしかも自分の顔に膝を折り曲げて座らなければならないので極めて乗り心地が悪い。もうお手上げなのだが、しかし料金が安いのがせめてもの幸いで1日2セントである）。このように明らかに駕籠の説明である。ちなみに

レアードは宮ノ下を「Meonoshta」と記している。
(23) 山口堅吉編『富士屋ホテル八十年史』(1958年、富士屋ホテル)P35
(24) Henry Baker Tristram『Rambles in Japan』(1895, The Religious Tract Society)P140
(25) 長崎大学附属図書館の「幕末・明治期日本古写真メタデータ・データベース」(http://oldphoto.lb.nagasaki-u.ac.jp/jp/target.php?id=136)では「右は洋館に建て直す前の奈良屋、左は建築中の富士屋ホテルである。富士屋ホテルは明治11年に開業しているので、その直前の姿を伝える、他に見られぬ貴重な1枚である」と解説している。
(26) 丸山宏「近代ツーリズムの黎明」吉田光邦編『一九世紀日本の情報と社会変動』(1985年、京都大学人文科学研究所)P99
(27) ジャパン・クロニクル社編、堀博、小出石史郎訳『ジャパン・クロニクル紙ジュビリー・ナンバー 神戸外国人居留地』(1980年、神戸新聞総合出版センター)P184
(28) 渓道元編『暁霞生彩』(1940年、星丘重一)口絵
(29) この写真は京都の自由亭で看板に「JEUTEI'S PALACE HOTEL. KIOTO」とあるのがわかる。
(30) E. K. Laird, 前掲書P211
(31) K. YAMAMOTO『The Guide to the Celebrated Places in Kiyoto & the Surrounding Places for the Foreign Visitors』(1873, NIWA)P3
(32) 表紙には「KIYOTO. PUBLISHED BY NIWA.」とある。これは「仁和」のことだろうか。

第3章

(1) チェンバレン、前掲書P237〜238
(2) ロングフェロー、前掲書P22
(3) 同書P45
(4) 同書P65
(5) Mrs. Brassey『A Voyage in the Sunbeam』(1881, Belford, Clarke & Co.)viii
(6) 計算方法は第9章の「実は高額だったグローブトロッターの旅」を参照されたい。ただし簡単化のため、1ポンド=5円で計算している。また基準にした当時の蕎麦の料金は8厘

とした。
(7) Brassey, 前掲書口絵
(8) 帆の張り方の一種で、ひいては帆船の一種を指す。マストは２本かそれ以上で縦帆を特徴とする。
(9) Brassey, 前掲書Ｐ２。ブラッセイと同じく個人所有の蒸気機関付きスクーナー型ヨットで来日したグローブトロッターにチャールズ・ケトルウェルがいる。来日したのは１８８２(明治15)年で、この旅行に同伴したヘンリー・ギルマールは日本で多数の写真を撮影している。この写真と日本の旅行記は小山騰著『ケンブリッジ大学秘蔵明治古写真』(２００５年、平凡社)で紹介されている。
(10) Brassey, 前掲書Ｐ３４０

第４章

(1) アーサー・クロウ著、岡田章雄・武田万里子訳『クロウ日本内陸紀行』(１９８４年、雄松堂出版)
(2) 厳密には京都から中山道を経て日光までの行程にかかった期間を指す。
(3) John Francis Campbell『My Circular Notes Vol.1』(1876, Macmillan & Co.) Ｐ２６７
(4) Campbell, 前掲書Ｐ２７９
(5) 和田英著、信州大学教育学部附属長野中学校創立記念事業編集委員会編『現代口語訳 信濃古典読み物叢書 第二巻 富岡日記』(１９９６年、信濃教育会出版部)Ｐ１０８。この日記の筆者和田英は、キャンベルが富岡製糸場を訪れた当時女工として働いていた。だからキャンベルは英を見ているかもしれない。またキャンベルは、富岡製糸場の設立に奔走し当時製糸場を管理していた尾高惇忠とも出会ったようだ。「They were under strict discipline of stern matrons and a fine old Japanese gentleman superintendent.(工場は厳格な監督官と立派な日本人取締役の老紳士との厳しい訓練下に置かれていた。)」(Campbell, 前掲書Ｐ２７９)。キャンベルは名前こそ記していないが、「立派な日本人取締役の老紳士」とはおそらく尾高惇忠のことだろう。
(6) Campbell, 前掲書Ｐ３２６
(7) Campbell, 前掲書Ｖｏｌ．２Ｐ33
(8) http://ja.wikipedia.org/wiki/ファイル：Eliza_Ruhamah_Scidmore.jpg

(9) エリザ・シドモア著、外崎克久訳『シドモア日本紀行』(2002年、講談社学術文庫)の訳者外崎克久氏によると、シドモアの初来日は1884(明治17)年秋だという。一方、シドモアの東海道の旅は5月とある。したがって、明治17年に旅したとは考えられない。また、出版までの時間を考えると明治24年の旅行は難しいと考えるべきだろう。以上から明治18年から23年の間ということになる。
(10) シドモア、前掲書P190
(11) 保田孝一『最後のロシア皇帝ニコライ二世の日記 増補』(1990年、朝日新聞社)P44
(12) シドモア、前掲書P243
(13) Herbert G. Ponting『In Lotus-Land Japan』(1910, Macmillan and Co.) P254~256
(14) シドモア、前掲書P261
(15) 山口堅吉、前掲書P27
(16) 以下、コトー、前掲書を底本にしているが、この日本語版には誤字、脱字、誤記が非常に多いため、適宜修正して掲載する。ちなみに日本語版のこの個所は「十一月日曜日」となっている。これは明らかに「十一日日曜日」の間違いである。原文では「9月11日日曜日」となっている(Edmond Cotteau『Un touriste dans l'Extrême Orient』(1884, Hachette) P136)。また18日にコトーは「Sinjo」で宿泊したと書き、また翻訳本は「新所」と書くが、おそらくこれは新居宿の誤りだろう。
(17) クロウ、前掲書P199
(18) エドモン・コトー著、幸田礼雅訳『ボンジュール・ジャポン』(1992年、新評論)P158
(19) 週刊朝日編『続値段の明治大正昭和風俗史』(1981年、朝日新聞社)P19
(20) コトー、前掲書P189。
(21) Sir Ernest Mason Satow, A. G. S. Hawes『A handbook for travellers in central & northern Japan』(1881, Kelly & Co.) Pxix
(22) クロウ、前掲書P92~93
(23) Netto, 前掲書P10
(24) Edward Sylvester Morse『Japanese Homes and Their Surroundings』(Harper & Brothers, 1885) P203

(25) コトー、前掲書P113
(26) アドルフ・フィッシャー著、金森誠也、安藤勉訳『明治日本印象記』（2001年、講談社学術文庫）P14～15
(27) Albert Tracy『Rambles through Japan without a Guide』(1892, Sampson Low, Marston & Company) P29
(28) Tracy, 前掲書P100
(29) シドモア、前掲書P258

第5章

(1) Irving A. Watson『Physicians and Surgeons of America』(1896, Republican Press Association) P57
(2) ドイツの化学者ユストゥス・フォン・リービッヒが廃棄される牛肉を活用するために開発したもの。スープにした牛肉を煮詰めて塊にする。1865年に会社が設立され商品化された。
(3) Tracy, 前掲書口絵
(4) 同書P47
(5) 同書P63
(6) ホウズの経歴については、庄田元男『異人たちの日本アルプス』（1990年、日本山書の会）の第三章「第一節 A・G・ホース―日本海軍の真の父――」を参考にした。
(7) 同書P77
(8) 第2版でジョン・マレー社（ロンドン）を筆頭に、ケリー商会（横浜）、ケリー&ウォルシュ（上海・香港）と3社のクレジットがある。
(9) 邦訳版には、楠家重敏訳『チェンバレンの明治旅行案内―横浜・東京編―』（1988年、新人物往来社）と庄田元男訳『明治日本旅行案内』（1996年、平凡社）の2種類がある。前者は第3版の抄訳、後者は第2版の全訳である。また後者から東京近郊のみを取り上げた『明治日本旅行案内 東京近郊編』（2008年、平凡社東洋文庫）も出版されており翻訳版のほうも複雑である。
(10) 『東京案内』の著者クレジットには「BY A RESIDENT（一居住者）」、『横浜案内』には著者のクレジットがないがグリフィスによるものだと考えられている。
(11) Campbell, 前掲書Vol. 1P180
(12) Curtis, 前掲書。P84では横浜から東京への行き方、Ｐ97では浅草に関して引用している。
(13) クロウ、前掲書Ｐ19
(14) コトー、前掲書Ｐ１４８
(15) トレーシーは日本で最初に買い物に行った先は本屋だったと記している（Tracy, 前掲書Ｐ４）。トレーシーはこの本屋で『中部・北部日本旅行案内』を見つけて買い求めたのかもしれない。あるいはガイドブックの購入が買い物の主目的だったのかもしれない。
(16) 玉髄は印材や装飾用に用いる鉱物で、色が紅や橙色をしたものを紅玉髄と呼ぶ。カーネリアン。
(17) Tracy, 前掲書Ｐ１６３〜１６４
(18) Satow, Hawse, 前掲書第1版Ｐ４５９
(19) 同書Ｐ４６１
(20) 同書ＸＶ
(21) Tracy, 前掲書Ｐ１００
(22) 同書Ｐ１０８
(23) 同書Ｐ２８７

第6章

(１) Joseph Llewelyn Thomas『Journeys among the gentle Japs in the summer of 1895』(1897, Sampson Low, Marston & Company)
(２) エドワード・ビカステスは１８８６（明治19）年に来日しており、また91（明治24）年にはビカステスの家族がイギリスから彼を訪ねて日本にやって来た。この時の旅行記がエドワードの妹によって『Japan as We Saw It』(1893, Sampson Low, Marston, and Company）として出版されている。なお同書には、明治24年にあった濃尾地震に遭遇した様子が記されている。震源地は本巣郡根尾谷（現岐阜県本巣市根尾）で、その規模はマグニチュード８・０で世界でも最大級の内陸直下型地震と言われている。死者は７２７３人、全壊・焼失家屋14万２０００戸にのぼったという。特に岐阜県と名古屋の被害がひどかった。
(３) Thomas, 前掲書Ｐ93
(４) Isabella L. Bird『Unbeaten Tracks in Japan Vol. I』(1880, John Murray）Ｐ３３７。ただしこの絵には次の注釈がある。「蓑・蓑笠姿は自分のスケッチから。ただし顔は日本の若い女性に似せてある」。つまり顔はバードと全く似ていないということだ。

（５）金沢正脩『イザベラ・バード『日本奥地紀行』を歩く』（２００９年、ＪＴＢパブリッシング）、釜澤克彦『イザベラ・バードを歩く』（２００９年、彩流社）などがある。
（６）この平凡社東洋文庫版『日本奥地紀行』は２０００年に文庫版の平凡社ライブラリーから同名の『日本奥地紀行』として出版されている。
（７）Ｉ・Ｌ・バード著、楠家重敏、橋本かほる、宮崎路子訳『バード日本紀行』（２００２年、雄松堂出版）収録の楠家重敏「バード『日本紀行』解説」Ｐ３３４〜３３５
（８）同書Ｐ１６１
（９）同書Ｐ２２３〜２２４
（10）クロウ、前掲書Ｐ61
（11）シドモア、前掲書Ｐ１９１
（12）ウーグ・クラフト著、後藤和雄編『ボンジュールジャポン』（１９９８年、朝日新聞社）Ｐ15
（13）イザベラ・バード著、高梨健吉訳『日本奥地紀行』（２０００年、平凡社）Ｐ５０５
（14）Bird,『Unbeaten Tracks in Japan Vol. I』（前掲）Ｐvii。
（15）井野瀬久美惠『女たちの大英帝国』（１９９８年、講談社現代新書）では、白人のレディ・トラベラーの共通項の第一に、男女を問わず白人の同行者がいないことを指摘した上で、ただし現地人のガイドや通訳、荷役は例外としている（Ｐ64）。その意味でイザベラ・バードはレディ・トラベラーだった。しかしそれでもやはり「a lady travelling alone（一人旅）」ではなかった。「一人旅」とは、アルバート・トレーシーやのちに見るヘンリー・サベッジ・ランドーのように、やはり一人で行く旅を指すのだろう。ちなみに『広辞苑』（第5版）は「一人旅」を「ただひとりで旅をすること。同伴者のいない旅」と定義している。
（16）バード『日本奥地紀行』（前掲）Ｐ17〜18
（17）同書Ｐ３４３〜３４５
（18）同書Ｐ３９１
（19）Captain H. C. St. John『Notes and Sketches from the Wild Coasts of Nipon』（1880, David Douglas）
（20）Ｈ．ｖ．シーボルト著、原田信男、ハラルド・スパンシチ、ヨーゼフ・クライナー訳注

『小シーボルト蝦夷見聞記』（1996年、平凡社東洋文庫）P4

（21）海岸部ではなく山間部に住んでいるアイヌを指す。

（22）バード『日本奥地紀行』（前掲）P371～372

（23）同書P19

（24）A. Henry Savage-Landor『Everywhere Vol. Ⅱ』（1924, Frederick A. Stokes Company）口絵

（25）正確な日付はわからないものの「丸々7月から11月――5ヶ月間不在のあとに戻ってきた横浜」とある。Landor, 前掲書 Vol.1 P124

（26）A. H. Savage Landor『Alone With The Hairy Ainu』（1893, John Murray）綴じ込み地図。

（27）Landor,『Alone With The Hairy Ainu』（前掲）P25

（28）A・S・ランドー著、戸田祐子訳『エゾ地一周ひとり旅』（1985年、未来社）P94。渡辺もランドーについて次のように記している。「十五日　英人 A. Henry Savage Landor 氏　有名ノ油絵師来遊　十六日同道シカルベツ　ヲチルシニ至ル　十七日出立サル」。以上は小林正雄編註『帯広市社会教育叢書第八巻渡辺勝・カネ日記』（1962年、帯広市教育委員会）P36による。なお、「渡邊勝・カネ日記」については『エゾ地一周ひとり旅』の訳者戸田祐子氏が同書ですでに紹介されており、筆者はそれを通じて同日記について知った次第である。

（29）前出のヘンリー・セントジョンが千島列島の一つである国後島を1871（明治4）年6月に訪れている。St. John, 前掲書P11

（30）ランドーは「川」としか書いていないが、おそらく暑寒別川のことだろう。

（31）ランドー、前掲書P238

（32）バード『日本奥地紀行』（前掲）P373

（33）Landor,『Alone With The Hairy Ainu』（前掲）口絵

第7章

（1）http://upload.wikimedia.org/wikipedia/commons/5/57/Nellie_Bly_journalist.jpg

（2）『Cosmopolitan Vol. Ⅸ　May–October 1890』

（The Cosmopolitan Publishing Company）収録　の Elizabeth Bisland「A Flying Trip Around the World」Ｐ58（「コスモポリタン」誌１８９０年5月号）

（３）Nellie Bly『Around the World in Seventy-two Days』（1890, The Pictorial Weeklies Company［Dodo Press］）Ｐ３

（４）東洋経済新報社編『明治大正図勢総覧』（１９７５年、東洋経済新報社）によると、明治22年11月の円ポンド為替相場は1円が約３シリング2ペンスとある。1ポンドは20シリングまたは２４０ペンスだから3シリング２ペンスは０・１５８３ポンドに相当する。これで２００ポンドを割ると１２６３円が得られる。

（５）週刊朝日編『値段の明治大正昭和風俗史』（１９８１年、朝日新聞社）Ｐ95

（６）http://ja.wikipedia.org/wiki/ファイル：Félix_Nadar_1820-1910_portraits_Jules_Verne.jpg

（７）Bisland, 前掲書Ｐ１７３

（８）Bisland, 前掲書Ｐ１７６

（９）N. Amenomori『Guide Book for Yokohama and Immediate Vicinity』（The Grand Hotel, Limited）巻末折り込み。

（10）Bly, 前掲書Ｐ１５２

（11）同書Ｐ１５２

（12）バーバラ・ウォーカー、山下主一郎他訳『神話・伝承事典』（１９８８年、大修館書店）Ｐ２４０

（13）George Griffith『Around the World in 65 Days』（2010, Apogee books）Ｐ１３７

（14）Griffith, 前掲書Ｐ１３８

（15）同書Ｐ１３８

（16）ヴェルヌ、前掲書Ｐ91

第8章

（１）http://ja.wikipedia.org/wiki/ファイル：Kiplingcropped.jpg

（２）チャールズ・ホーム著、トニ・ヒューバマン、ソニア・アシュモア、菅靖子、門田園子訳『チャールズ・ホームの日本旅行記』（２０１1年、彩流社）。Sir Alfred East『A British Artist in Meiji Japan』（1991, In Print Publishing LTD）。オルコット大佐著、田中恵美子訳『神智学論文集第1巻　日本の仏教とオルコット大佐　神智学とは』（１９９８年、竜王文庫）。また、エマの写真は『チャールズ・ホームの日本旅行記』に収録されている。

（3）ここで記した人物の交流はなかなか興味深い。キプリングは大津でイーストと出会っているし、日光ではチャールズ・ホームと出会い、一緒に物見遊山に出かけている。また、キプリングはオルコット大佐が同時期に来日していることを知っており、彼に対しては良い印象をもっていない。ブラバッキー夫人とオルコット大佐の神智学協会はインドを拠点としていたから、キプリングはその組織の性格についてよく知っていたのだろう。また、イーストは大津で投宿していた旅館に「H大佐と若いアメリカ人で旅の友」が宿泊したと書いている。イーストは彼らがインドから来たと書いているから、H大佐とは（ヘンリー・）オルコット大佐と考えて問題なかろう。ちなみにイーストはオルコット大佐に対してそれほど否定的な印象はもたなかったようだ。

（4）2010年、旧居留地25、26番および23、24番の半分のエリアに、三井不動産によって複合商業ビル「神戸旧居留地25番」が建設された。ここに「神戸オリエンタルホテル」が新たにオープンしているが、これは初代オリエンタル・ホテルとは何の関係もない。

（5）Louis Begeux。ルイ・ベグーやルイ・ビゴーとも表記され。ここでは澤護著『横浜外国人居留地ホテル史』（2001年、白桃書房）に従ってルイ・ベギューとした。

（6）ラドヤード・キプリング著、H・コータッツィ、G・ウェッブ編、加納孝代訳『キプリングの日本発見』（2002年、中央公論新社）P96

（7）広告には2カ所「……」となった箇所がある。原文では2番目の箇所にベギューの名が記してある。しかしこの広告が掲載された当時、ベギューはオリエンタル・ホテルの経営から手を引いていた。そのためこの箇所が削除された。

（8）Basil Hall Chamberlain, W. B. Mason『A Handbook for Travellers in Japan（6th Edition）』（1901, John Murray）P64（広告ページ）

（9）Gardiner, 前掲書P62

（10）キプリング、前掲書P144

（11）Gardiner, 前掲書P47

(12) 石井研堂『明治事物起原』（１９２６年、春陽堂）Ｐ７５０
(13) キプリング、前掲書Ｐ２２８
(14) ホーム、前掲書Ｐ１１８〜１２１
(15) 同書Ｐ１２３
(16) 同書Ｐ１２３
(17) 筆記体で判別が難しいがElizabeth Graniel Pluhsと読める。
(18) 明治35年10月20日「京都日出新聞」の「外人と京都（六）外人の動静（下）」
(19) １９０１年発行の『マレーのハンドブック』（第6版）の広告に、「弊社の能力は過去22年間継続して試されてきた」という一文がある。これから計算すると、設立は１８７９年となる。なお運輸省『日本ホテル略史』（１９４６年、運輸省）Ｐ16にも１８７９年とある。
(20) ヨセフ・コジェンスキー、鈴木文彦訳『明治のジャポンスコ』（１９８５年、サイマル出版会）Ｐ８
(21) Chamberlain, Mason, 前掲書（第6版）Ｐ４
(22) 週刊朝日編『続続値段の明治大正昭和風俗史』（１９８２年、朝日新聞社）Ｐ２３５
(23) 週刊朝日編『値段の明治大正昭和史』（前掲）Ｐ１２１。なお注に、「東京における１人１日あたりの年平均手間賃」とある。
(24) キプリング、前掲書Ｐ１２６、１３５
(25) Chamberlain, Mason, 前掲書（第3版）Ｐ３（広告ページ）
(26) 吉田光邦編『一九世紀日本の情報と社会変動』（１９８５年、京都大学人文科学研究所）収録、白幡洋三郎「異人と外客」Ｐ１１９
(27) 湯本豪一『図説明治事物起源事典』（１９９６年、柏書房）Ｐ３２６
(28) 伊佐九三四郎『幻の人車鉄道』（２０００年、河出書房新社）
(29) これに先立って１８９５（明治28）年に吉浜・熱海間が開通している。
(30) http://www.kigekiraumen.com/kippu/atamikeibin.htm
(31) Walter Del Mar『Around the World through Japan』(1903, Adam and Chales Black) Ｐ２４７〜２４８。デルマーは人車鉄道を「Pushman-Car Road」と表記している。
(32) さらにここから伏見に至る。明治23年3月に完成したのは大津—鴨川合流点まで。また蹴上発電所は明治24年の完成。
（33）Del Mar、前掲書P230

第9章
（1）白幡洋三郎、前掲書P119
（2）例えば、プロローグでウォルター・デルマーが推薦していたカーゾンやノーマンの著作は含まれていない。例えばヘンリー・ノーマンの『真実の日本（The Real Japan）』は、ジャーナリズムや裁判、教育などの項目で日本を解説している。もちろん、さらに事典的に日本の事物を網羅したチェンバレン（『マレーのハンドブック』の第3版以降の筆者）の名著『日本事物誌（Things Japanese）』も統計の中には含まれていない。また、仕事で日本に長期滞在している者の旅行記も除外している。さらに、明治時代を旅した記録でも、それが当時出版されておらず、のちになって出版されたものも除外した。例えば、チャールズ・ロングフェローやリチャード・ゴードン・スミスの旅行記などはそれに相当する。ただし国賓の旅行記やフィクション系でも実際に日本に来ている作品は数に加えている。
（3）1902（明治35）年10月16日、20日、24日付『京都日出新聞』収録の「外人と京都」（九、十一、十三）
（4）George Murray『The Land of the Tatami』(1906, North-China Herald Office) P1
（5）The Welcome Society『A Guide-book for Tourists in Japan』(1907, The Welcome Society) Pxviii～xxii
（6）Edward Valentine Price『Thirty Days in the Land of the Mikado』(1908, Edward Valentine Price) P55、56
（7）Price, 前掲書P61。本文では「Manatto」、写真のキャプションでは「Mr. K. Manatto」と記している。
（8）Chamberlain, Mason, 前掲書（第7版）巻末広告P4。
（9）湊は当て字である。神戸には楠木正成を祭る湊川神社があるのでこの字がふさわしいと考えた。
（10）『汽車汽船旅行案内 明治四十年三月号』（1907年、庚寅新誌社）P23
（11）Ah Shing & Co. という店舗名からも中国系と考えられる。

（12）Price, 前掲書P122
（13）有田の製陶会社で1875（明治8）年に深川栄左衛門、手塚亀之助、深海墨之助、辻常明らが設立する。1876（明治9）年のフィラデルフィア万博で褒状を受賞し、1878（明治11）年のパリ万博では金賞を授賞している。現在も香蘭社は有田焼の代名詞としてその名を世界にとどろかせている。深川栄左衛門は日本で初めて陶磁器で碍子（電信柱に付ける絶縁用の器具）を製造した人物でもある。
（14）方針の違いから香蘭社から手塚・深海・辻が抜けて、新たに設立した製陶会社。数々の名品を残しながらも十数年でその名は消えてしまった。
（15）Gardiner, 前掲書P109
（16）Del Mar, 前掲書P368
（17）日本三景観光連絡協議会のホームページ（http://www.nihonsankei.jp/）参照。
（18）神戸―三田尻間は山陽鉄道による路線で、三田尻―下関間は1901（明治34）年に開通する。デルマーが来日した当時、この区間は工事中だった。
（19）『汽車汽船旅行案内』（1869年、庚寅新誌社）付録
（20）東洋経済新報社編、前掲書P157
（21）週刊朝日編『値段の明治大正昭和史』（前掲）P121。
（22）同書P71
（23）Gardiner, 前掲書P3
（24）東洋経済新報社編、前掲書P157
（25）週刊朝日、前掲書P71
（26）Price, 前掲書P133
（27）宮内庁編『明治天皇紀　第二』（1969年、吉川弘文館）P160
（28）http://ja.wikipedia.org/wiki/ファイル：Jacob-Schiff.jpg
（29）シフの経歴については田畑則重『日露戦争に投資した男』（2005年、新潮新書）の「第1章　ウォール街の巨人ジェイコブ・シフ」を参考にした。
（30）同書P94
（31）同書P117
（32）同書P152

第10章

（1）ただしドレッサーの場合、日本の訪問は自らの意思というよりも仕事の側面が強かったと言える。そのためグローブトロッターの一人に加えるのは異論があるかもしれない。著作『Japan:It's architecture, art, and art manufactures』（1882, London：Longmans, Green And Co. New York：Scribner and Welford）はパート1が旅行記、パート2が日本文化論になっている。なお、第3章でふれたブラッセイ夫人は、旅行記の中でドレッサーにふれた箇所がある（Mrs. Brassey, 前掲書P350）。ドレッサーとブラッセイ一家は同時期に日本に来ていた。

（2）リチャード・ゴードン・スミス著、荒俣宏、大橋悦子訳『ゴードン・スミスのニッポン仰天日記』（1993年、小学館）P220

（3）貴重な映像を収めたDVD『The Wonderful World of Albert Kahn: Archives of Planet』（2011, BBC Warner）がある。なお、カーンはユダヤ人銀行家であり、来日前にアメリカを経由しているため、ここで同じ銀行家であるジェイコブ・シフと会っていることは十分考えられる。仮にそうだとしたら、カーンが日本で大隈重信や、中でも高橋是清と出会っているのはシフの紹介であろう。

（4）Walter Tyndale『Japan & The Japanese』（1910, The Macmillan Company）P16

（5）Tyndale, 前掲書P26〜27内口絵

（6）同書P110〜111内口絵

（7）Alfred Parsons『Notes in Japan』（1896, Harper & Brothers Publishers）P5

（8）Parsons、前掲書P25

（9）同書P60

（10）同書P75

（11）アドルフ・フィッシャー著、前掲書P11

（12）フリーダ・フィッシャー著、安藤勉訳『明治日本美術紀行』（2002年、講談社学術文庫）P51〜52

（13）同書P120

（14）同書P87

（15）Marie C. Stopes『A Journal from Japan』（1910, Blackie & Son）口絵

（16）同書P17

（17）同書P57

終章

（1）Ethel L. McLean『A Gentle Jehu in Japan』(1912, Dodd, Mead and Company)。１００部限定以外に60部限定の豪華本もあったようだ。
（2）同書Ｐ１４８
（3）山口堅吉、前掲書Ｐ96
（4）McLean, 前掲書Ｐ１４０
（5）同書Ｐ１４１
（6）山口堅吉、前掲書Ｐ98
（7）Price, 前掲書Ｐ１３９

# 解説

宮田珠己

旅好きな友人たちと話していたとき、もしどこにでも行けるとしたら、どこへ行きたいか、という話題になった。

そうだなあ、パタゴニアなんて行ってみたいな、と答えようとした私の機先を制して、ある友人がこう言った。

「明治維新の頃の日本に行きたい」

え、そんなのありか！

だったら私は平安時代とか鎌倉時代とか……と慌てて検討したのだけれど、たしかに過去の日本というのは旅先として魅力的だと思い、とっさの友人の発想に唸らされたのだった。

なるほど、明治の日本か、それは素敵な旅になりそうだ。

私は20代から30代にかけて、ザックを背負っていろんな国を旅してきた。いわゆるバックパッカーである。

旅に求めていたのは、やはりエキゾチシズムだ。日常生活のくびきを逃れ、異世界をさ迷い歩きたい。その世界の風物が見慣れないものであればあるほど魅力的だ。そんな私にとっても、明治の日本は、今までに訪れた多くの海外の国々にも増してエキゾチックな印象を受ける。

自分自身日本人でありながら、なぜ明治の日本に興味を惹かれるのだろうか。そこには自国の歴史をこの目で見たいという気持ちもあるだろうし、古きよき日本への郷愁という安易なロマンチシズムも混じっているかもしれないのだが、それ以上に、明治の日本には、何か現代日本とは断絶した、奇妙な華やかさのようなものが感じられる。

そう感じてしまうのは、明治時代に日本を訪れ、日本についてのいくつもの著作を残したフランス人作家ピエール・ロチのせいかもしれない。

ロチの描く日本は、決して描写が間違っているわけではないのに、そこらじゅうユーモアに満ち溢れた珍妙な国に感じられた。

鳥居というぶっきらぼうな存在に驚き、家が木と紙でできているといって不思議がる。大仏を途方もない冗談みたいだといって笑うかと思えば、フジヤマを地球外のものと見立てて恐怖を感じたりする。ロチはありとあらゆるものに神秘と可笑しみを見出す天才であった。彼の作品を読むにつれ、私は自分の国にもかかわらず、彼の見た日本を見てみたいと思うようになっていった。

作家の手際に惑わされただけかもしれないが、必ずしもそうとは言いきれない。ロチに限らず、当時の西洋人にとって、日本はやはり神秘の国だった。

考えてもみてほしい。日本の北部、オホーツク海周辺などは、明治維新のつい半世紀ほど前まで、海と陸がどうなっているのかさえわからない未知の領域だったのだ。ヨーロッパ人によるアメリカ大陸発見が1492年、南米最南端マゼラン海峡は1520年、ベーリング海峡でさえ1728年には発見されていたのに対し、樺太が島であることが証明されたいわゆる間宮海峡の発見は1808年なのである。とびぬけて遅い。日本周辺は、世界地図のほとんど最後のピースだったと言っていい。

当時の西洋人が、世界旅行を思い描きながら地図をひろげるとき、日本はすごろくでいうあがり、もしくは旅のクライマックスのような存在だったかもしれない。西欧とは極端に違うタイプの高度な文化を持ちながら、長い間、諸外国との接触が極度に制限されていた謎の国。

そして、近代化によって今や彼らとほぼ似た感性を身につけてしまっている現代日本人の私にとっても、そこは神秘に満ちた異世界に思えてしかたがないのである。

この本は、そんな謎の国日本にやってきた外国人旅行者たちの旅日記を紐解きながら、彼らの旅のありようを活写する。

明治の日本を訪れた外国人がどのように日本を見たか、という観点での研究は少なくないが、この本のもう一つの卓抜な視点、彼らがどのように日本を旅したか、については、バックパッカーだった自分の嗜好を差し引いても、読み応えがある。同じ明治といっても、護衛を雇わなければいつ命を狙われるかわからなかった前期と、鉄道が開通し、東海道を楽に旅することができるようになった中期以降では旅の様相もまるで違うのだ。私の知る限り、これまでこのような外国人の旅行スタイルについて詳しく記したものはあまりなく、その意味で、稀有な研究本でもある。

彼らは、予算や旅行免状（いわゆる許可証）、そして治安などの問題に悩ませられながらも、果敢に北海道から九州にいたる日本全土に散らばっていった。トーマス・クック社の世界一周ツアーに参加し有名観光地を巡った者もいれば、単独で奥深く分け入った者もいた。スタイルは違えど、誰もが好奇心に満ちあふれ、当時の日本が旅行ブームに沸きたっていたようすが行間からうかがえる。

なかでも有名なひとりが、『日本奥地紀行』を書いたイギリス人女性イザベラ・バードだ。

『日本奥地紀行』には蝦夷地への旅の過酷さが執拗に描かれているが、なにも彼女だけがそんな冒険旅行をしたわけではなかった。彼女には有能なイトウという日本人ガイドがついたが、ガイドなしで冬の中山道を踏破した旅行者もいれば、ガイドはもとよりテントも持たずにひとりで北海道を一周した（おまけに骨折しながら旅を続けた）豪胆な画家もいたのである。

そういう人間はいつの時代にも必ずいるものらしい。私も世界を放浪していた頃、そうやって他の旅行者が行っていない土地を目指す若者に多く出会った。誰も知らない場所へ行ってみたいという好奇心と同時に、邪推かもしれないが、誰もしていないことをやって優越感を得たい気持ちもあるように見えた。イザベラ・バードにもそのような気持ちがあったらしいことが、この本では指摘されている。そんな話を聞くと、当時の旅行者たちの状況が自分の経験と重なるように思えて、生々しく立ちあがってくる。

さらに著者による旅行者の満足度の分析も腑に落ちた。旅行者には旅それ自体を目的にする者と、旅とは異なることを目的とする者があり、異なる目的とは、たとえば絵を描くとか、美術品の収集とか、化石植物の収集などだが、彼らの満足度は旅の快適さとはまた別のところにあったという。それは現代の旅でもまったく同じだろう。今も昔も旅人は多様だ。

唯一現代との違いで思いつくのは、内省的な旅、いわゆる自分探しのような旅が登場しないことだが、あるいはそれは書かれていないだけで、実際にそういう旅をした者もいたかもしれない。

いずれにしても、明治日本を旅した西洋人旅行者たちは、現代の旅人と変わらない感性の持ち主だったのであり、そう思うとますます彼らの旅が身近なものに感じられてくる。

そしてそのとき、彼らにとって日本という旅先があったことがうらやましく思う。探検家でさえ、地球上にもう探検する場所がないと嘆く現代において、これほどの不思議に満ちた未知の世界を旅することは、もはや不可能にも思えるからだ。

（みやた・たまき／旅行エッセイスト）

# 索　引

〈あ行〉



〈か行〉

本書は二〇一三年六月に朝日新聞出版より刊行された。

張形と江戸女　田中優子

江戸時代、張形は女たち自身が選び、楽しむものだった。江戸の大らかな性を春画から読み解く。図版追加。カラー口絵4頁。（白倉敬彦）

カムイ伝講義　田中優子

白土三平の名作漫画『カムイ伝』を通して、江戸の社会構造を新視点で読み解く。現代の階層社会の問題が見えると同時に、エコロジカルな未来も見える。

暴力の日本史　南條範夫

上からの暴力は歴史を通じて常に残忍に人々を苦しめてきた。それに対する庶民の暴力はいかに興り敗れてきたか。残酷物の名手が描く。（石川忠司）

「幕末」に殺された女たち　菊地明

黒船来航で幕を開けた激動の時代に、心ならずも命を落としていった22人の女性たちを通して描く、もうひとつの幕末維新史。文庫オリジナル。

やくざと日本人　猪野健治

やくざは、なぜ生まれたのか？　戦国末期の遊俠無頼から山口組まで、やくざの歴史、社会とのかかわりを、わかりやすく論じる。（鈴木邦男）

大正時代の身の上相談　カタログハウス編

他人の悩みはいつの世も蜜の味。大正時代の新聞紙上で129人が相談した、あきれた悩み、深刻な悩みが時代を映し出す。（小谷野敦）

万国奇人博覧館　J-C・カリエール／G・ベシュテル　守能信次訳

無名の変人から、ゴッホ、ルソーらの有名人、「聖遺物」「迷信」といった各種事象や営みまで。人間の業と可能性を感じさせる超絶の人生カタログ。

荷風さんの戦後　半藤一利

戦後日本という時代に背を向けながらも、自身の生活を記録し続けた永井荷風。その孤高の姿を愛情溢れる筆致で描く傑作評伝。（川本三郎）

ちろりん村顛末記　広岡敬一

トルコ風呂と呼ばれていた特殊浴場を描く伝説のノンフィクション。働く男女の素顔と人生、営業システム、歴史などを記した貴重な記録。（本橋信宏）

玉の井という街があった　前田豊

永井荷風「濹東綺譚」に描かれた私娼窟・玉の井。しかし、その実態は知られていない。同時代を過ごした著者による、貴重な記録である。（井上理津子）

**呑めば、都**　マイク・モラスキー

赤羽、立石、西荻窪……ハシゴ酒から見えてくるのは、その街の歴史。古きよき居酒屋を通して戦後東京の変遷に思いを馳せた、情熱あふれる体験記。

**戦中派虫けら日記**　山田風太郎

〈嘘はつくまい。嘘の日記は無意味である〉。戦時下、明日の希望もなく、心身ともに飢餓状態にあった若き風太郎の心の叫び。（久世光彦）

**同日同刻**　山田風太郎

太平洋戦争中、人々は何を考えどう行動していたのか。敵味方の指導者、軍人、兵士、民衆の姿を膨大な資料を基に再現。（高井有一）

**富岡日記**　和田英

ついに世界遺産登録。明治政府の威信を懸けた官営模範器械製糸場たる富岡製糸場。その工女となった「武士の娘」の貴重な記録。（斎藤美奈子／今井幹夫）

**釜ヶ崎から**　生田武志

失業した中高年、二十代の若者、DVに脅かされる母子――。野宿者支援に携わってきた著者が、大阪の暗部に肉薄する圧倒的なルポルタージュ。

**ハーメルンの笛吹き男**　阿部謹也

「笛吹き男」伝説の裏に隠された謎はなにか？　十三世紀ヨーロッパの小さな村で起きた事件を手がかりに中世における「差別」を解明。（石牟礼道子）

**自分のなかに歴史をよむ**　阿部謹也

キリスト教に彩られたヨーロッパ中世社会の研究で知られる著者が、その学問的来歴をたどり直すことを通して描く〈歴史学入門〉。（山内進）

**ナショナリズム**　浅羽通明

新近代国家日本は、いつ何のために、創られたのか。日本ナショナリズムの起源と諸相を十冊のテキストを手がかりとして網羅する。（斎藤哲也）

**増補　経済学という教養**　稲葉振一郎

新古典派からマルクス経済学まで、知っておくべき経済学のエッセンスを分かりやすく解説。本書を読めば筋金入りの素人になれる⁉（小野善康）

**辺界の輝き**　五木寛之・沖浦和光

サンカ、家船、遊芸民、香具師など、差別されながら漂泊に生きた人々が残したものとは？　白熱する対論の中から、日本文化の深層が見えてくる。

**闇屋になりそこねた哲学者**　木田元

原爆投下を目撃した海軍兵学校帰りの少年は、ハイデガーとの出会いによって哲学を志す。自伝の形を借りたユニークな哲学入門。（与那原恵）

**現代人の論語**　呉智英

革命軍に参加!? 王妃と不倫!? 孔子とはいったい何者なのか? 論語を読み抜くことで浮かび上がる孔子の実像。現代人のための論語入門・決定版!

**つぎはぎ仏教入門**　呉智英

知ってるようで知らない仏教の、その歴史から思想的な核心までを、この上なく明快に説く。現代人のための最良の入門書。二篇の補論を新たに収録!

**吉本隆明という「共同幻想」**　呉智英

熱狂的な読者を生んだ吉本隆明。その思想は「正しく」読み取られていただろうか? 難解な吉本思想の核心を衝き、特異な読まれ方の真実を説く!

**考現学入門**　今和次郎　藤森照信編

震災復興後の東京で、都市や風俗への観察・採集からはじまった〈考現学〉。その雑学の楽しさを満載し、新編集でここに再現。（藤森照信）

**独特老人**　後藤繁雄編著

埴谷雄高、山田風太郎、中村真一郎、淀川長治、水木しげる、吉本隆明、鶴見俊輔……独特の個性を放つ思想家28人の貴重なインタビュー集。

**紅一点論**　斎藤美奈子

「男の中に女が一人」は、テレビやアニメで非常に見慣れた光景である。その「紅一点」の座を射止めたヒロイン像とは!?（姫野カオルコ）

**桜のいのち庭のこころ**　佐野藤右衛門　塩野米松聞き書き

花は桜の最後の仕事なんですわ。花を散らして初めて芽が出て一年間の営みが始まるんです——桜守と呼ばれる男が語る、桜と庭の尽きない話。

**学問の力**　佐伯啓思

学問には普遍性と同時に「故郷」が必要だ。経済用語に支配され現実離れしてゆく学問の本質を問い直し、体験を交えながら再生への道を探る。（猪木武徳）

**映画は父を殺すためにある**　島田裕巳

〝通過儀礼〟で映画を分析することで、隠されたメッセージを読み取ることができる。宗教学者が教える、ますます面白くなる映画の見方。（町山智浩）

**なぜ日本人は戒名をつけるのか**　島田裕巳

多くの人にとって実態のわかりにくい〈戒名〉。宗教と葬儀の第一人者が、奇妙な風習の背景にある日本仏教と日本人の特殊な関係に迫る。（水野和夫）

**木の教え**　塩野米松

かつて日本人は木と共に生き、木に学んだ教訓を受け継いできた。効率主義に囚われた現代にこそ生かしたい「木の教え」を紹介。（丹羽宇一郎）

**手業に学べ　心**　塩野米松

失われゆく手仕事の思想を体現する、伝統職人の聞き書き。「心」は斑鳩の里の宮大工、秋田のアケビ蔓細工師など17の職人が登場、仕事を語る。

**手業に学べ　技**　塩野米松

伝統職人たちの言葉を刻みつけた、渾身の聞き書き。「技」は岡山の船大工、福島の野鍛冶、東京の檜皮葺き職人など13の職人が自らの仕事を語る。

**江戸へようこそ**　杉浦日向子

江戸人と遊ぼう！　北斎も、源内もみ〜んな江戸のワタシラだ。江戸人に共鳴する現代の浮世絵師が、イキイキ語る江戸の楽しみ方。（泉麻人）

**大江戸観光**　杉浦日向子

はとバスにでも乗った気分で江戸旅行に出かけてみましょう。歌舞伎、浮世絵、狐狸妖怪、かげま……。名ガイドがご案内します。（井上章一）

**ぼくが真実を口にすると　吉本隆明88語**　勢古浩爾

吉本隆明の著作や発言の中から、とくに心に突き刺さったフレーズ、人生の指針となった言葉を選び出し、それを手掛かりに彼の思想を探っていく。

**県民性の人間学**　祖父江孝男

県民性は確かに存在する。その地域独特の文化や風習、気質や習慣など、知れば知るほど納得のトピックを、都道府県別に楽しく紹介する。

**春画のからくり**　田中優子

春画では、女性の裸だけが描かれることはなく、男女の絡みが描かれる。男女が共に楽しんだであろう性表現に凝らされた趣向とは。図版多数。

**江戸百夢**　田中優子

世界の都市を含みこむ「るつぼ」江戸の百の図像（手拭いから彫刻まで）を縦横無尽に読み解く。平成12年度芸術選奨文部科学大臣賞、サントリー学芸賞受賞。

**昭和史残日録 戦後篇** 半藤一利

昭和史の記憶に残すべき日々を記録した好評のシリーズ、戦後篇。天皇のマッカーサー訪問からベトナム戦争終結までを詳細に追う。

**荷風さんの昭和** 半藤一利

破滅へと向かう昭和前期。永井荷風は驚くべき適確さで世間の不穏な風を読み取っていた。時代風景の中に文豪の日常を描出した傑作。（吉野俊彦）

**占領下日本（上）** 半藤一利／竹内修司／保阪正康／松本健一

１９４５年からの７年間日本は「占領下」にあった。この時代を問うことは戦後日本を問いなおすことである。天皇からストリップまでを語り尽くす。

**占領下日本（下）** 半藤一利／竹内修司／保阪正康／松本健一

日本の「占領」政策では膨大な関係者の思惑が錯綜し揺れ動く環境の中で、様々なあり方が模索された。昭和史を多様な観点と仮説から再検証する。

**世界がわかる宗教社会学入門** 橋爪大三郎

宗教なんてうさんくさい⁉ でも宗教は文化や価値観の骨格であり、それゆえ紛争のタネにもなる。世界宗教のエッセンスがわかる充実の入門書。

**移行期的混乱** 平川克美

人口が減少し超高齢化が進み経済活動が停滞する社会で、未来に向けてどんなビジョンが語れるか？ 転換点を生き抜く知見。（内田樹＋高橋源一郎）

**建築探偵の冒険・東京篇** 藤森照信

街を歩きまわり、古い建物、変わった建物を発見し調査する〝東京建築探偵団〟の主唱者による、建築をめぐる不思議で面白い話の数々。（山下洋輔）

**私の幸福論** 福田恆存

この世は不平等だ。何と言おうと！ しかしあなたは幸福にならなければ……。平易な言葉で生きることの意味を説く刺激的な書。（中野翠）

**現代語訳 文明論之概略** 福澤諭吉 齋藤孝＝訳

「文明」の本質と時代の課題を、鋭い知性で捉え、巧みな文体で説く。福澤諭吉の最高傑作にして近代日本を代表する重要著作が現代語でよみがえる。

**軍事学入門** 別宮暖朗

「開戦法規」や「戦争（作戦）計画」、「動員とは何か」、「勝敗の決まり方」など〝軍事の常識〟を史実に沿って解き明かす。（住川碧）